D'OU NOUS VENONS

D'OU NOUS VENONS

ESSAIS

Suivis d'une Étude sur la Décadence des Peuples

PAR

LÉON PONTET

Je parle à la raison ; elle est le plus
parfait, le plus noble et le plus exquis
des sens.

MONTESQUIEU.

PARIS

ANCIENNE LIBRAIRIE THORIN ET FILS

A. FONTEMOING, Éditeur

LIBRAIRE DES ÉCOLES FRANÇAISES D'ATHÈNES ET DE ROME
DU COLLÈGE DE FRANCE, DE L'ÉCOLE NORMALE SUPÉRIEURE

4, RUE LE GOFF, 4

1902

*A la chaîne infinie de mes ascendants,
en général ; à mes ancêtres plus immé-
diats, grands-parents et parents, en
particulier ; à leur souvenir à tous, je
fais l'hommage affectueux de ce livre.*

LÉON PONTET.

Paris, 1902.

L'AUTEUR AU LECTEUR

Les dispositions adoptées dans cet ouvrage, ne sont ni fantaisistes ni imprévues, mais elles sont subordonnées les unes aux autres.

Les divers chapitres qu'il contient forment un enchaînement, aussi croyons-nous utile de prévenir le lecteur, s'il veut se faire une idée exacte de notre travail et se pénétrer ainsi des vérités qu'il contient, de ne pas le lire en papillonnant mais chapitre par chapitre.

Ce livre n'est pas non plus de ceux qui se lisent d'un trait, mais par parties successives.

Après m'être efforcé, pendant plusieurs années, de me dépouiller des préjugés qui pouvaient troubler mon jugement, j'ai consacré plusieurs autres années à l'étude des sciences.

C'est un des fruits de cette étude faite dans ces conditions d'affranchissement, que je présente ici.

Après en avoir pris connaissance, s'il pouvait se faire que le lecteur fut mieux pénétré du lien de solidarité qui l'unit à tous les hommes, ce serait la plus belle récompense qu'il pût m'échoir.

Janvier 1902.

CHAPITRE I

De la disposition d'esprit nécessaire
à l'étude de ces essais.

Parmi les sujets que nous nous proposons de traiter, certains échappent par leur nature à toute expérimentation et ne peuvent être étudiés qu'en ayant recours à l'hypothèse.

Cependant, pour ne pas trop nous égarer dans des théories spéculatives, toujours discutables, nous nous efforcerons constamment d'étayer nos opinions avec des faits observés.

Nous ne nous dissimulons pas les difficultés de l'entreprise, aussi ce n'est pas sans un vague sentiment de crainte que nous les abordons.

Mais les dispositions bienveillantes que je remarque çà et là parmi vous, m'encouragent dans ma tâche et me donnent l'espoir que ces marques de sympathie seront plus nombreuses, alors que nous essaierons d'indiquer les solutions rationnelles des problèmes que nous nous disposons à passer en revue.

Nous allons y procéder méthodiquement et, afin de ne pas fatiguer votre attention, brièvement ; sans pour cela rien négliger des faits qui commenteront nos idées et des autorités qui pourront les justifier.

*
* *

Leibniz nous avait dit : La nature ne fait point de saut.

Chacun s'en est allé répétant depuis : La nature ne fait point de saut : *Natura non facit saltam.*

Avec les progrès de la Chimie, notre grand Lavoisier est venu. Des Dumas, des Pasteur, des Berthelot se sont adonnés à l'étude des infiniment petits, des atomes, des molécules, des lois de l'affinité ; et avec eux une partie de l'humanité pense : La nature fait des sauts.

Car, en effet, les expériences des chimistes ne laissent planer aucun doute sur la matière inorganique : c'est par saut que l'hydrogène passe à l'oxygène, l'oxyde de carbone au gaz carbonique, qu'un corps simple passe à un corps composé. De manière que voilà une opinion séculaire battue en brèche, parce que son auteur n'avait envisagé en l'exprimant qu'un des côtés de la nature : les corps organisés.

Il en a été de cela comme de toutes les sciences. Les éléments de contradiction sont si fréquents, qu'il semble que l'on devrait rester toujours indécis sur les conclusions qu'elles nous offrent.

A qui de nous n'est-il pas en effet arrivé de douter, alors que nous en soumettions de nouveau le criterium à notre expérience et après un certain temps,

— 10 —

d'une vérité admise comme irréfutable ? Nous croyons ne pas nous tromper en avançant qu'il n'y en a aucun.

L'homme n'est jamais le même. Son cerveau voit les choses sous un angle spécial qui s'élargit ou se rétrécit selon les adaptations qu'il fait de ses facultés. Aujourd'hui, sous telle influence, il pensera de telle manière ; et après quelques années, alors qu'il s'en sera dégagé et que certaines circonstances et modifications seront survenues, il pensera de telle autre.

C'est grâce à ce sentiment de doute que l'homme reprend la question sous un autre point de vue, et finit par apprécier ce qu'il en doit prendre et ce qu'il doit en laisser.

Veuillez le remarquer, toute science commence par l'hypothèse, qui ouvre toutes grandes les portes sur l'inconnu ; se poursuit par l'expérimentation qui doute, tâtonne, infirme ou confirme ; et finit par la foi qui s'empare sur une autre base de la mentalité de l'observateur.

C'est en quelque sorte un cycle qui a sa genèse dans une foi intuitive et sa fin dans une foi rationnelle, en passant par le doute : deux optimismes reliés par le scepticisme.

Dans la nature il n'y a rien de simple. Tous les faits y sont infiniment complexes et de formes variables.

L'existence de l'homme est d'une durée trop courte et ses aptitudes sont trop restreintes pour qu'il lui soit possible d'embrasser l'ensemble des connaissances.

C'est pour cela qu'il est obligé de faire converger toutes ses facultés, en y consacrant tous ses instants, sur un point spécial.

Mais alors ses facultés, tournées constamment vers un but unique, perdent peu à peu, sans qu'il s'en aperçoive, l'habitude de voir en deçà et au delà du sujet qui l'intéresse et l'homme oublie ainsi la notion exacte des choses. Il devient exclusif et systématique. Les générations futures étudient ses efforts en y apportant une mentalité nouvelle; modifient le système, le font évoluer vers un sens plus large et plus vrai : c'est ainsi que se perfectionnent les sciences.

Dans tout système gît une part de vérité. La pensée n'est point menteuse.

La philosophie en affirmant par Leibniz que la nature ne fait point de saut, rapportait tout aux êtres organisés. La science expérimentale ne croyant exclusivement dans l'univers qu'en une action mécanique, ne voit que l'élément inorganique : Les deux ont raison dans le particulier.

Les hommes apportent dans leurs études tout un passé, toute une mentalité — soit héréditaire, soit inculquée avec les premières notions — qui se réveille à tout moment pour lutter contre ce qui tend à la diminuer ou à la contredire.

De sorte que l'intelligence, maintenue en tutelle, est empêchée d'avoir une idée adéquate, complète, des choses.

Cette absence du libre arbitre nous fait accepter sans trop de contrôle, en exagérant même, tout ce qui est susceptible de fortifier le système adopté *a priori*, et nous fait rejeter tout ce qui pourrait le déprécier.

L'homme qui n'apporte pas dans ses recherches une indépendance absolue d'esprit, s'expose à se trouver toujours à côté des vérités générales.

Les intelligences émancipées, libres de toute attache, sont en effet seules placées dans les conditions voulues pour posséder une clairvoyance assez grande leur permettant de saisir les divers côtés d'un problème.

C'est pourquoi les hommes qui ont éclairé la route de l'humanité, ne sont parvenus à une certaine hauteur de conception qu'après avoir renversé la barrière de l'école, secoué le joug de l'enseignement, brisé avec la tradition.

Christ en religion, Copernic et Galilée en astronomie, Lamarck en zoologie, sont des exemples d'intelligences individuelles en révolte contre l'intelligence collective. Et s'ils ont été des novateurs c'est à cause de cette indépendance.

L'idée ne saurait être comprimée. Aussi voit-on toute œuvre géniale être la résultante d'une libre manifestation dans sa conception et son exécution.

Si la liberté est indispensable à la germination

des idées, elle est non moins nécessaire à la pensée pour féconder ces germes, et à l'esprit pour pénétrer et comprendre les produits de ces éclosions.

Nous allons étudier les Causes et les Origines : D'où nous venons. Il convient de faire appel à cet esprit de libre examen, et pour cela nous devons tout d'abord nous affranchir des idées et systèmes en cours — tant matérialistes qu'idéalistes — de crainte qu'à travers leurs prismes, notre entendement n'eût plus le caractère nécessaire pour arriver à interpréter les faits aussi exactement que possible.

Affirmer qu'avec le secours de cet affranchissement nous aurons assez de perspicacité pour ne rien laisser dans l'ombre et dans le doute ? c'est une présomption que nous ne saurions avoir.

Mais l'état actuel des connaissances permet, en abordant ces questions, de conserver l'espoir d'en présenter des solutions rationnelles.

Nos efforts vont tendre vers ce but. Ce sera à vous de juger dans quelle mesure nous y avons atteint.

CHAPITRE II

Intelligence. — Force. — Matière.

Ainsi que nous en avons pris la décision, nous nous sommes momentanément affranchis des opinions accréditées, nous réservant de les faire intervenir si elles nous paraissent suffisamment justifiées.

Nous sommes présumés avoir fait table rase de nos connaissances, pour reprendre nos études en n'acceptant comme bases de l'œuvre que nous entreprenons, que ce qui nous paraîtra clair, évident, vrai.

La méthode n'est pas nouvelle, vous ne l'ignorez pas, mais elle est bonne, très bonne et la meilleure jusqu'ici, croyons-nous du moins, depuis Déscartes son fondateur, qui donne à l'intelligence un guide sûr dans la recherche de la vérité.

Il sera donc indispensable que nous commencions par les choses relatives, avant de nous élever vers celles générales; que nous considérions ce qui vient des hommes avant de passer aux œuvres sorties de la nature; que nous tâchions d'avoir une connaissance plus parfaite du microcosme, du petit, avant d'aborder au macrocosme, le grand; et si nous devons répondre affirmativement ou négativement sur l'existence d'une cause première, que ce ne soit qu'après avoir connu les causes secondes.

Supposons-nous, par la pensée, être soudainement placés sur la terre. Notre cerveau, encore vierge, est tout à coup impressionné par les sens qui lui envoient les multiples et diverses sensations qui les affectent.

Nous pourrions de cette hypothèse tirer un tableau grandiose, mais il faut nous savoir limiter à ce qui est utile à l'objet de nos études.

Parmi les choses qui frappent d'abord nos sens, se trouve la matière sur laquelle nous reposons ; et la première propriété que nous lui découvrons en l'observant, c'est l'inertie : c'est-à-dire qu'elle ne peut par elle-même ni se mouvoir ni changer de forme ou d'état.

Plus tard, quand nous étudierons le rôle de l'Intelligence, de la Force et de la Matière dans la nature, nous essaierons de découvrir les causes de cette inertie. Pour le moment il suffit que nous sachions que la matière est inerte.

Nos sens se sont éduqués au contact de la nature, ils ont acquis une certaine expérience et notre jugement une maturité relative.

Nous distinguons parfaitement les productions naturelles de celles des hommes. Or comme ceux-ci sont nos semblables, cela va de soi que c'est d'abord vers leurs produits que notre attention se sente attirée.

Dès que nous apercevons un objet manufacturé, nous sommes obligés d'associer à la matière un second facteur, car nous savons que par elle-même, elle ne peut changer de forme.

Ce second facteur nous le découvrons dans une force, le travail musculaire, qui a contraint la matière à prendre la forme que nous voyons dans l'objet.

Cette découverte de la force soumettant la matière et que nous constatons être une règle générale dans tout ce qui s'est transformé, nous fait accorder une supériorité à celle-là sur celle-ci.

Mais au fur et à mesure que nos regards se portent sur d'autres objets, nous remarquons qu'ils sont de formes dissemblables et appropriées à des usages. Cette variété morphologique nous fait supposer qu'un troisième facteur autre qu'une force aveugle, a pu concourir à la produire.

Nous voilà donc entraînés à chercher quel est ce facteur qui a mis cette force en mouvement dans la direction de ces formes. Et alors nous arrivons à l'idée conceptrice, à l'intelligence.

La raison qui nous a fait accorder la supériorité à la force sur la matière, nous la fait donner à l'intelligence. De sorte que nous arrivons, sans aucun effort, à avoir conscience de l'existence d'une hiérarchie naturelle, ayant son sommet dans l'Intelligence, son milieu dans la Force, sa base dans la Matière.

*
* *

La connaissance de ces trois facteurs constitue l'idée adéquate que nous avons d'un objet. Ils établissent en quelque sorte son entité, c'est-à-dire ce qui a été nécessaire à cet objet pour exister. Il nous est en effet impossible de supprimer un de ces facteurs, sans empêcher le produit manufacturé d'être ce qu'il est.

Prenons un objet quelconque, étudions-le en soi et dans ses rapports avec la génération des causes qui ont précédé son existence, nous serons toujours contraints de nous arrêter à l'intelligence comme cause initiale.

Voici par exemple une chaise, elle est en chêne et celui-ci se trouve être sculpté. Elle pourrait tout aussi bien être d'une autre essence ou d'une autre substance, pour notre démonstration cela ne changerait rien.

Elle est en chêne. Si nous voulons nous rendre un compte exact des phénomènes qui ont préalablement existé avant que cette chaise fût, nous sommes obligés d'établir deux ordres de faits ou si vous aimez mieux deux embranchements.

L'un physiologique, l'autre psychologique.

Le premier se rapporte à la force et à la matière et comprend : le gland, l'arbre, la forêt, le bûcheron, le scieur de long, et se termine à l'ébéniste en passant par le tourneur.

Le deuxième aura trait au domaine intellectuel. Il ira de la science du dessin au goût de l'artiste; de l'intelligence à l'idée conceptrice qui a fixé la forme de cette chaise.

Veuillez remarquer que nous laissons de côté et le cuir qui sert de siège et dont la nature nous ferait pénétrer dans le règne animal, et les clous qui l'y retiennent et qui se rattachent au règne minéral; mais ce que nous avons dit est suffisant pour nous convaincre de l'existence de l'intelligence comme cause initiale, et pour nous faire saisir l'effort qui est imposé à l'esprit pour arriver à la connaissance, même partielle, des choses simples.

Cet effort n'est pas inutile. Il aide au développement de l'intelligence; il donne à la pensée de l'homme de la profondeur et à son jugement de la sûreté.

Ce travail peut paraître pénible au début. Mais dès que l'organe en a contracté l'habitude, il s'opère mécaniquement, sans effort, presque d'une façon automatique.

C'est d'une manière plus scientifique, ce que nous trouvons exprimé par Jules Soury dans les « *Fonctions du Cerveau* » : « L'équation personnelle est à son maximum quand l'effort est nouveau; elle diminue, s'il devient habituel, et tombe au minimum lorsqu'il est devenu automatique et inconscient. »

C'est quand parvenu à ce dernier degré que l'esprit synthétise spontanément par un mot ou une définition, l'ensemble de ses perceptions.

Nous pouvons résumer les certitudes que nous venons d'acquérir sur les causes créatrices de toute œuvre humaine, par l'axiome suivant :

L'homme ne peut rien produire sans le concours simultané de l'intelligence, du travail et de la matière.

Cela nous paraît maintenant si évident, qu'il semble une banalité de l'énoncer.

CHAPITRE III

L'Intelligençe, la Force et la Matière
dans la nature.

Les progrès que nous avons faits, en discernant que toute œuvre humaine n'est autre que le résultat de trois facteurs que nous étions censés ignorer, stimulent notre besoin de savoir et de comprendre, et nous font trouver insuffisant ce qui vient d'être dit.

Nous désirerions être également fixés sur le rôle de l'intelligence, de la force et de la matière dans la nature, afin d'être convaincus si nous devons considérer ces facteurs comme étant exclusifs aux productions humaines, ou si nous devons au contraire les regarder comme étant des facteurs universels.

Nos études vont prendre de l'ampleur. Sur le nouveau terrain que nous allons aborder, il devient de plus en plus nécessaire de tenir notre raisonnement serré, et de veiller à ce que nos expériences et nos démonstrations soient décisives et concluantes.

Pour plus de clarté, nous allons étudier séparément chacun de ces facteurs, en commençant, selon notre méthode, par le subordonné, la matière; pour finir au supérieur, à l'intelligence.

LA MATIÈRE

La matière solide, avons nous dit, a été la première chose qui a frappé nos sens.

Nous pouvons remarquer que si une partie de cette matière est inerte, une autre partie se déplace, change de forme et d'état.

L'une est appelée inorganique à cause de l'absence d'organe qui la prive d'un mouvement interne et la maintient en inertie; l'autre, précisément à cause de ses organes, a reçu le nom d'organique.

La première compose le règne minéral; la seconde le monde végétal et animal.

Prenons de cette matière solide et, pour restreindre notre champ d'observation, laissons provisoirement de côté l'organique pour ne nous occuper que de l'inorganique.

Voici un mince bâton de soufre. Je le prends, je fais un effort, il se brise. Nous constatons par ce fait qu'une seconde propriété existe dans la matière : la divisibilité.

Frappons avec un marteau les divisions que nous venons d'obtenir, nous les pulvérisons. Ce qui nous amène à admettre un degré très étendu de divisibilité de la matière. Et en effet, chauffons cette poudre, nous la voyons, dès que la quantité de chaleur est suffisante, se dilater, se liquéfier, passer ensuite à l'état aériforme.

Cette expérience vient de nous dévoiler les trois

aspects sous lesquels la matière se présente à nous : le solide, le liquide, le gazeux.

Elle nous a également révélé l'infinie divisibilité de la matière, degré que nous aurions pu mettre en doute si l'expérience ne nous le confirmait.

Ici se pose, à nous qui voulons essayer de pénétrer les secrets de la nature, une question fondamentale : celle de savoir quel a été le premier état des corps.

Vous saisissez, en effet combien il est difficile de s'expliquer et de comprendre la création, si nous ignorons l'état primitif des éléments qui la constituent; car les lois sont diverses et se manifestent selon la nature des corps.

Les forces voient leur action différer selon que ces corps sont solides, liquides ou gazeux. Et comme nous le verrons par la suite, leur action est non seulement modifiée mais même annulée par ces états.

Oublions maintenant la table rase de nos connaissances, et rappelons-nous que les expériences faites nous indiquent que cette gazéfication du soufre ne lui est nullement spéciale, qu'elle est commune à tous les corps, et qu'il n'est nécessaire que d'une quantité suffisante de chaleur pour les gazéfier. Ce qui nous autorise à considérer comme une *propriété générale des corps, de pouvoir être convertis en vapeur, d'être divisés à l'infini.*

Revenons à notre question sur l'état primitif de la matière.

La conversion que nous venons de faire du soufre en vapeurs, s'appelle décomposition.

L'expérience que nous pouvons faire facilement sans qu'il soit besoin de nous y arrêter, nous enseigne que la chaleur — qu'elle soit engendrée par la combustion, le frottement, la compression ou la percussion — a toujours pour cause génératrice le mouvement.

Or nous n'avons qu'à choisir un point de repère dans l'espace, pour constater que tous les corps sont animés de certains mouvements et que conséquemment la source du calorique est universelle.

D'où nous pouvons conclure que tous les corps indistinctement sont destinés à être influencés par la chaleur.

L'expérience précédente nous ayant démontré que les corps se décomposent en vapeurs sous l'action de la chaleur, c'est dire qu'ils sont tous appelés à être décomposés.

Il ne nous reste plus qu'à définir la décomposition, pour trouver la solution de nos recherches sur le premier état de la matière.

Voilà un corps composé, de la silice, soumettons-le à la chaleur. Il se décompose après un certain temps en oxygène et en silicium, autrement dit il retourne vers les éléments dont l'agrégation constituait ce minéral.

D'après ce fait la décomposition n'est donc que la faculté qu'ont les corps de se dissoudre, et d'être ainsi ramenés à leurs éléments primitifs.

Les corps pouvant tous par la décomposition être réduits en leurs éléments et ceux-ci convertis à l'état gazeux; d'un autre côté cette décomposition ayant pour cause la chaleur engendrée par le mouvement et celui-ci étant universel; n'est-ce pas nous démontrer d'une façon claire, évidente, que ces élémentsdevaient avoir cet aspect ? et que par conséquent l'état primitif de la matière a été aériforme.

Ce qui nous permet de déduire que la matière n'est en somme que des gaz ou vapeurs ayant temporairement perdu leur force expansible.

Cette perte semble nous indiquer une des causes de l'inertie, première propriété que nous avons envisagée dans la matière.

Il nous est permis à présent que nous avons quelques certitudes sur la gazéification de la matière, de rechercher ce que d'autres plusautorisés que nous ont dit ou écrit sur ce sujet.

Nous lisons que Newton, avant sa théorie de l'émission, a dit que la chaleur consiste en un mouvement dans les corps; que Rumford et Montgolfier reconnurent non seulement que le mouvement se transforme en chaleur, mais la chaleur en mouvement.

Nous trouvons également que Locke, Bacon et Davy, considèrent la chaleur comme un mouvement des dernières particules des corps : c'est-à-dire des particules du centre qui renvoient la chaleur vers la périphérie.

Tyndall nous dit : « Quand la chaleur se renforce, la matière solide prend un second état, l'état liquide; et si au sein de cette masse on développe une chaleur suffisamment intense, la matière délivrée de l'influence de la cohésion nous apparaît sous forme de vapeur ou de gaz ».

Les expériences de Dupré, Cazin, Regnault et Verdet, concluent que la chaleur est constituée par un mouvement vibratoire qui échauffe de plus en plus les corps à mesure qu'augmente la vitesse ; que l'énergie vibratoire croissant, le volume des corps augmente, qu'il se dilate ; que le mouvement continuant à s'accélérer, les corps changent de l'état solide à l'état liquide et de celui-ci à l'aériforme ; enfin la vitesse de vibration atteint une limite au-delà de laquelle l'équilibre moléculaire étant détruit, les corps composés sont dissociés, c'est-à-dire que leurs éléments n'obéissent plus à l'affinité chimique qui les liait et il y a décomposition.

Cette matière inorganique qui ne peut se mouvoir par soi-même, ne forme pas seulement les minéraux et les métaux, mais encore elle entre dans la structure des corps organiques.

Indépendamment de ce qui a été dit pour montrer avec évidence le premier état de la matière, nous trouvons dans l'état présent des corps une preuve probante de leur fluidité originelle. Il est certain, en effet, que s'il n'en avait pas été ainsi, les corps simples composés d'éléments homogènes, à l'état naturel, seraient pour le moins aussi nombreux que les corps composés. Au lieu de cela la chimie et la physique nous montrent que les premiers sont aux seconds dans une proportion infinitésimale.

D'un autre côté, le fait que des corps simples se découvrent dans la nature nous révèle la pluralité de la matière. Cependant ce qui confirme surtout cette pluralité, c'est la découverte de Lavoisier concernant la permanence des corps simples ou éléments véritables, à travers la série des métamorphoses. Donc la matière première était plurale et à l'état gazeux. Mais pour faire abandonner à la matière cette première forme gazeuse, pour la faire s'associer à d'autres éléments, il a donc fallu l'intervention d'une puissance.

En effet, un nouveau facteur est intervenu, une puissance s'est manifestée : la force, que nous allons étudier.

LA FORCE

Je prends une pierre, je la lance en l'air, elle retombe : il vient d'être développé toute une série de forces de natures différentes :

La force musculaire, dépensée dans le lancement du projectile.

La chaleur, qui s'est développée par suite du choc ou de la compression de la pierre contre le sol.

La pesanteur ou attraction, qui a ramené le minéral vers la terre.

La force moléculaire, qui a maintenu unis les éléments qui composent l'agrégat.

L'électricité, que le frottement a dû développer dans certaines parties des molécules aériformes.

La vitesse acquise, qui a lutté constamment dans l'ascension contre la force de la pesanteur.

Vous remarquerez toujours, n'est-ce pas, combien un fait simple en apparence est complexe dès qu'on veut l'approfondir.

La pierre que je viens de lancer a changé d'état; elle est passée du repos au mouvement. Elle n'a pu le faire que par l'existence d'une cause. C'est cette cause qu'on nomme force et qui, en la circonstance, s'est trouvée être une force musculaire.

L'action des forces est constante et elle s'exerce uniformément si la matière ne s'est point modifiée et que les milieux restent les mêmes.

Les forces se composent et se décomposent, sont détruites et renaissent. Ainsi, dans le fait de lancer cette pierre, des forces contractiles ont agi sur les muscles, ont concouru à composer une résultante qui a mis en mouvement l'avant-bras et la main.

La chaleur du caillou est résultée de sa trajectoire dans l'espace, à laquelle est venu s'ajouter une force attractive et en dernier lieu une force compressive.

Ainsi de suite nous pourrions décomposer et recomposer toutes les forces. Nous allons bientôt en voir qui disparaissent.

Voici de la poudre de chasse. Elle est composée d'azotate de potasse, de charbon et de soufre.

Plaçons-la sous une cloche. La force moléculaire en maintient le grain uni, et la pesanteur retient cette poudre sur le fond de l'appareil.

Si nous approchons le feu de cette poudre, elle se décompose aussitôt. L'azotate de potasse se convertit en azote et en oxygène, celui-ci se porte immédiatement sur le charbon et donne de l'acide carbonique, tandis que le soufre s'empare du potassium pour le convertir en sulfure; et l'azote, réfractaire à ces sympathies, se dégage en vapeur. Toutes ces associations se font subitement, par saut, sans aucun tâtonnement.

Cette expérience, quoique très commune, est on ne peut plus intéressante. Elle nous montre une fois encore avec quelle facilité la matière revient à ses éléments et confirme ce que nous venons de dire des forces.

Nous avons remarqué en effet, sous l'action de la chaleur, la disparition de la pesanteur et de la force moléculaire.

Ces deux forces ont dû céder le pas à une force plus puissante, l'expansibilité.

Les affinités que nous avons vu se produire entre les divers éléments de cette poudre, ont mis à leur tour une borne à cette expansibilité par une absorption du calorique, et la pesanteur qui un moment avait disparu, a pu renaître en même temps que la cohésion.

Si nous empêchons cette absorption des calories par un accroissement dans l'action de la chaleur, et que cette action s'exerce à mesure que l'expansion se développera, nous contrarions les affinités chimiques et nous les annulons complètement si la chaleur va toujours augmentant.

Cette expérience serait facile à faire, s'il nous était possible d'avoir sous la main un appareil à plusieurs chambres superposées, communiquant entre elles par une soupape qu'on soulèverait au moment de l'opération.

Si une chaleur suffisante était entretenue dans chacune de ces chambres, il est évident qu'à mesure que les molécules pénètreraient d'une chambre dans l'autre, la différence en plus de chaleur qu'elles y trouveraient les diviseraient en atomes de plus en plus réduits.

Admettons que cette épreuve se fasse dans un milieu où la chaleur a été élevée à ce degré de puissance, et, comme cela existait à l'origine de notre système planétaire, que ce degré soit maintenu pendant une certaine période, les molécules se dissémineront dans l'espace, se perdront dans l'infini, la matière n'existera que dans la pensée, à l'état atomique.

Je remarque que nous venons de nous servir pour notre essai d'une matière composée de main d'homme. Je ne l'ai fait que parce que ses propriétés balistiques se prêtaient mieux à la démonstration.

Nous pouvons prendre tel autre corps, l'expérience, comme nous l'avons remarqué pour la silice, qui était un composé naturel, aboutira aux mêmes résultats, c'est-à-dire à l'anéantissement de forces moindres par une force supérieure.

Nous venons de voir que les forces se forment, se transforment et disparaissent selon les circonstances; qu'elles ne sont par conséquent pas plus immuables que la matière n'a d'immutabilité.

Cette dernière pouvant être réduite en un point où il n'existe nul système d'attraction, nulle affinité chimique, nulle force moléculaire; la raison empirique ne saurait découvrir en ce point un mouvement, une force, des propriétés, une substance, en un mot une matière sans faire appel à la raison pure.

Le simple bon sens nous dit que, sans ce secours, il est impossible de déterminer des conditions dans ce qui n'est qu'une pure abstraction.

Le point matériel, la monade, l'atome — ce que par la suite nous appellerons *primus* — ont donc pu traverser une période sans affinité chimique efficiente et sans force moléculaire, comme actuellement se voit la matière inorganique sans intelligence.

La raison pure les conçoit très bien dans un cahos informe, emplissant l'espace d'un futur système planétaire, comme le vide de notre cloche était rempli par des molécules après la fusion de la poudre.

Nous inférerons de cela que la force et la matière ont des limites, qu'elles sont finies, que par conséquent elles sont destructibles et conditionnelles. Afin qu'il leur fût donné de ressusciter, de renaître, il fallut que des conditions et des milieux favorables permissent aux forces d'agir et que, dans la matière,

pût se manifester l'affinité chimique. Semblables en
cela à ces rotifères, qui restent en léthargie pendant
un temps infini, et reviennent à la vie dès que les
circonstances le leur permettent.

Ce fut seulement alors que la force et la matière
s'unirent intimement, furent désormais inséparables,
pour l'accomplissement du cycle merveilleux de leur
évolution, dans les mondes inorganiques et organiques.

L'évolution organique se rapportant aux êtres
organisés, nous allons, si vous le voulez bien, étudier quel rôle joue l'intelligence dans une partie de
ces derniers.

Les êtres organisés.
La base de la matière vivante.

L'INTELLIGENCE

Sans la force, la matière n'aurait jamais formé
qu'un cahos; comme sans la matière, les forces n'auraient pas pu se manifester.

Nous savons que la matière proprement dite est de
la substance inintelligente, et que ce qu'on appelle
force est une cause efficiente qui entraîne cette matière vers un changement d'état.

Dès que nous pénétrons dans le monde des corps
organisés, nous remarquons que ceux-ci ont tous

une notion de leurs besoins, c'est cette notion qui rend sensible l'intelligence.

Celle-ci est instinctive lorsque l'on ne saisit nulle conception mentale dans les moyens employés; elle est au contraire consciente quand en elle se manifeste la raison, c'est-à-dire, d'après Romanes, la faculté qui préside à l'adaptation intentionnelle des moyens au but.

L'intelligence se fera d'abord connaître à nous d'une manière très confuse; c'est à peine si nous la distinguerons de la matière inorganique. Mais plus nous nous élèverons dans l'échelle des êtres organisés, plus elle s'épurera. Et nous la verrons s'emparer de la matière, en triompher, la subjuguer, alors que l'instinct fera place à une raison éclairée.

Comme elle n'existe que dans les corps organiques, dans ce qui vit, c'est donc ceux-ci que nous devons uniquement observer, car en somme l'étude de l'intelligence n'est autre que celle de la vie. Vie que nous pouvons encore définir : le mouvement en soi; alors que l'intelligence est la notion de ce mouvement.

Quand nous considérons les êtres organisés, nous remarquons chez les individus d'une espèce une certaine variabilité physique et psychique ; et si nous passons d'une espèce à une autre, les différences s'accentuent par l'adjonction de dissemblances anatomiques et chimiques qui créent l'espèce.

Prenons deux animaux d'une même espèce. Ils paraissent être de même forme, mais si nous essayons

3

de les regarder plus attentivement, nous constatons aussitôt des différences.

Voici deux chiens, ils sont issus en même temps et des mêmes progéniteurs mâles et femelles. Une différence saute aux yeux dès que nous les regardons, c'est la nuance de leurs robes. L'un a un pelage blanc, taché de noir franc ; dans l'autre les taches sont grisâtres, presque cendrées. Cela nous explique une première dissemblance dans la nature des pigments.

Plaçons-les à côté l'un de l'autre, quoique du même âge nous remarquons qu'ils sont de taille inégale.

Soumettons-les à une influence capable d'exciter également leur sensibilité ; jetons-leur de l'eau. Nous voyons l'un se lever d'un bond et se sauver, tandis que l'autre se meut lentement pour se mettre à l'abri du contact.

Poursuivons l'expérience, voilà un piano, si nous en tirons des sons nous voyons un chien se mettre sur les pattes, semblant faire des efforts pour comprendre, et l'autre se pelotonner pour se préparer à dormir.

Ces faits nous montrent qu'entre ces deux animaux d'une même portée, il existe des dissemblances non seulement physiques mais encore psychiques. Différences qui, dans les temps, suffiront à créer dans l'espèce une variabilité qui déterminera une variété.

Mais si deux individus issus des mêmes parents et d'une même gestation ne sont pas semblables, à plus forte raison il en est ainsi entre les individus de parentés éloignées ; de sorte qu'il est impossible de trouver dans une espèce deux individus rigoureusement identiques, et cette dissemblance paraît être une loi de la nature.

Nous savons bien que certains cas de jumeaux, dans l'espèce humaine, paraissent faire exception à cette loi.

Dans une enquête à laquelle s'est livrée en 1883 M. Galton, en Angleterre, mentionnée par M. Ribot dans son intéressant ouvrage sur les maladies de la volonté, il nous est dit que sur trente-cinq cas de jumeaux, il y en a onze qui fournissent des preuves de similitude dans leurs associations d'idées, ce qui montre, ajoute-t-il, l'extrême ressemblance entre certains jumeaux.

On ne nous dit rien des ressemblances physiques qui pouvaient accompagner ces similitudes. Mais il est probable que s'il eut été possible de pousser la comparaison dans ses plus extrêmes limites, on eût découvert des différences soit dans les poids, les téguments; soit des différences physiologiques, etc. Enfin des dissemblances ou quantitatives ou qualitatives.

Une des causes de variabilité dans l'espèce vient des divers degrés de plasticité de la matière organique. C'en est même la cause initiale, aussi la découvre-t-on non seulement dans le monde animal mais encore dans le monde végétal.

En effet voici deux marronniers. Ils ont eu pour germes deux marrons d'une même bogue. Ils ont été plantés dans un même terrain, sur un même fond.

Vous voyez combien l'un est grand et l'autre comparativement petit.

Ceci nous prouve que les germes devaient être doués de forces internes inégales, que les influences externes n'ont fait qu'accentuer.

Ces diversités sont tellement sensibles si nous passons d'un chien à un chat, d'un chat à un rat; ou d'un marronnier à un platane, de celui-ci à un tilleul, qu'il serait puéril de les indiquer.

Des différences n'existent donc pas seulement dans les organismes développés ou adultes, mais encore dans les germes (1).

Nous allons voir que le monde animal n'échappe pas à cette loi de différenciation primordiale, qu'il se trouve des différences dans les embryons, dans les cellules, à la base même de la vie animale.

En effet les études spéciales faites par des hommes éminents, paraissent ne laisser plus aucun doute sur la question.

Pfeffer, dans ses expériences sur des bactéries, des

(1) En effet, les germes d'espèces différentes ont non seulement des différences morphologiques mais encore dans la propriété de germer.

Ainsi des graines de tabac peuvent germer après dix ans de conservation, pas au-delà; tandis que celles de raves après 17 ans; de stramoine, 25 ans; de haricots, 33 ans; de melon, 41 ans ; de sensitive, 60 ans ; de seigle, 140 ans.

Ces observations mentionnées par Boussingault ont été faites par Lefébure, Duhamel, Roger Galen, Friewald, Pline et Homo.

Si ce n'est à une cause primordiale spécifique qu'on peut attribuer cette variabilité, quels sont les facteurs qui ont bien pu l'établir?

flagellés, des anthérozoïdes de cryptogames, a constaté que les diverses espèces de plastides sont différemment impressionnées par les diverses substances.
« Il y a, dit-il, tous les degrés, depuis la sensibilité la plus exaltée jusqu'à la plus complète insensibilité. »

Joannes Chatin, nous dit des leucocytes, que leurs
noyaux présentent des formes innombrables : en
sphère, en fer à cheval, en croissant, en cylindre,
etc.

Les noyaux diffèrent non seulement de formes,
mais de volumes selon les cellules.

Le Dantec nous indique que l'idée la plus naturelle qui résulte de l'observation, c'est qu'il n'y a pas
d'unité dans la vie élémentaire. La vie d'une amibe
diffère de la vie élémentaire d'une gromie.

Ce défaut d'unité remarqué dès le début de la vie,
nous permet d'admettre que celle-ci n'a pas son point
de départ dans un germe unique.

Nous pouvons inférer de ce qui précède que la
variété est générale dès les premières manifestations
de la vie ; que l'égalité peut être considérée comme
un fait hors nature.

La matière organisée qui évolue sous la seule
influence des lois naturelles, se comporte de façons
diverses dès que le mouvement se manifeste en
elle.

La liberté de la matière organique n'est pas illimitée; elle est soumise à un rythme varié, à l'infini
il est vrai, mais dont les variétés dirigent les espèces

vers des formes déterminées qu'il ne leur est pas possible d'enfreindre.

Ce rythme ne paraît être que la conséquence de la différence primordiale existant dans les tissus cellulaires; différence causale également de la sécrétion d'un suc qu'on a reconnu spécifique pour chaque espèce.

La base de la matière vivante est le *protoplasma* ou première matière plastique.

Il se compose de deux parties : l'*hyaloplasma*, substance fibrillaire, hyaline, réfringente ; et le *paraplasma*, substance albuminoïde, moins réfringente. Ces deux parties sont retenues par le réseau nommé *spongioplasma*, formé par des filaments ou *mitomes*.

Il ne saurait y avoir vie sans la réunion de ces deux parties qui forment, dans le spongioplasma, des granulations en chapelet, autrement dit les *microsomes* ou bioblastes réunis les uns aux autres par la *linine*.

Les expériences de Mirbel, de Dumas, et celles plus récentes de Pasteur, mettant jusqu'ici d'une façon certaine, concluante, l'existence de générations spontanées à néant, impliquent l'existence d'éléments primordiaux, de progéniteurs chez lesquels s'est préalablement opérée l'union de l'hyaloplasma et du paraplasma, pour former la matière vivante qu'est le protoplasma.

Pour avoir une idée complète de cette matière, il

est nécessaire que nous connaissions sa composition chimique.

Les analyses qui en ont été faites nous disent que les matières albuminoïdes servant à la formation du protoplasma, se composent de carbone, d'hydrogène, d'azote, de soufre, d'oxygène, et de phosphore s'il y a un noyau ou nucléus; mais il ne saurait y avoir de noyau sans cellule, ni de cellule sans noyau.

Poussant plus loin ces recherches, Kossel nous informe que dans les albumines se trouve un élément constant et universel de toutes leurs variétés. C'est une base ou un mélange de bases hexoniques analogues : l'arginine, l'histidine, la lysine. C'est au centre de cet élément que se trouve le noyau ou nucléus, composé d'acide nucléique dont la base est l'acide sulfurique. Ce noyau préside à la nutrition et à la croissance du protoplasma.

Ce sont ces diverses substances réunies à la base de la vie qui composent son essence, sont ses conditions d'être et la causalité des formes diverses que la vie revêt par la diversité de leurs combinaisons.

C'est pour ce divers motifs qu'elles sont appelées substances protéiques.

Armand Gauthier nous apprend que le noyau et le protoplasma sont composés de matériaux albuminoïdes spécifiques, associés sous des formes propres à chaque cellule, dans les plastidules.

Le Dantec nous affirme qu'il y a autant de protoplasmas chimiquement différents, qu'il y a d'espèces de plastidules.

Les plastidules sont les cellules premières qui se prêtent à diverses formes ; elles sont composées de protoplasmas.

Ainsi se confirme que les êtres organisés ne varient pas seulement à l'origine morphologiquement, mais encore chimiquement et tout le fait prévoir psychologiquement.

La vie, ainsi que cela sera encore confirmé plus tard, ne part non seulement pas d'un germe unique, mais pas même d'une matière unique.

Par conséquent la variété primordiale de la matière et des germes, serait la cause initiale des espèces variées qui se rencontrent indéfiniment dans la vie. Ce qui nous oblige à ne considérer l'adaption, la sélection, la lutte pour l'existence, que comme facteurs de variabilité dans une espèce mais non comme facteurs de transmutation générique.

D'ailleurs nous avons dit que les espèces se dirigeaient vers des formes déterminées qu'elles ne pouvaient enfreindre. Ne serait-ce point témérairement avouer qu'elles ne transmuaient pas, si nous ignorions que la variété est dans tout et partout. Or quelle peut être la raison de cette diversité originelle, si ce n'est de former dans la suite des temps, des espèces différentes ?

Et si les espèces ne se dirigeaient pas vers des formes déterminées et qu'elles pussent les transgresser, pourquoi dès que tous les caractères d'une espèce sont nettement accusés et dès qu'ils ont atteint un certain degré, cette espèce devient-elle immuable, sauf à régresser ?

Nous le répétons, la variété c'est la matière en soi. Le monde végétal fut toujours séparé du monde animal. Dès qu'un végétal se forme — une mousse — il se nourrit de matière inorganique; dès qu'un animal vient à la vie — un protiste — il se nourrit d'organique.

Et si profond que nous pénétrions dans les microcosmes, nous découvrons toujours ces différences nutritives entre les deux mondes.

Comme la plante, l'animal brûle les produits formés dans ses cellules, mais il en diffère, nous apprend Armand Gauthier, en ce qu'il ne saurait former de la matière organique combustible avec des principes tombés dans l'inertie chimique.

Le transformisme ne serait donc qu'une série de modifications qui se produisent dans une espèce et selon la nature de celle-ci, pour atteindre au dernier terme de son évolution. Ce n'est point par hasard qu'elle y parvient, sans cela il serait possible d'admettre que si un chien est chien, c'est parce que les circonstances ne lui ont pas permis d'être guêpe, ou oiseau ou éléphant. Tout paraît nous démontrer un parallélisme dans la marche des espèces, avec, pour chacune, des points d'arrêt, d'embranchement, de division.

C'est au début de la vie que s'ouvrent les sillons des espèces, sillons inégaux s'il en fût; et la vie n'est ainsi que nous l'avons dit, qu'un mouvement en soi dont est douée la matière organisée.

Armand Gauthier nous dit : « La vie passe d'être

« en être et de cellule en cellule grâce à la trans-
« mission des substances spécifiques portant en elles
« les formes organiques, la structure d'où dérivent
« les fonctions élémentaires.

« Le fonctionnement régulier qui conserve l'indi-
« vidu et perpétue l'espèce, consiste en une série
« d'actes synergiques et ordonnés auxquels con-
« court le fonctionnement de chaque cellule, chaque
« cellule est autonome et suivant sa nature elle assi-
« mile la matière nutritive en la faisant entrer dans
« le moule de sa constitution spécifique.

« Le noyau et le protoplasma ordonnent, régula-
« risent et spécialisent le fonctionnement de chaque
« cellule. »

La science est impuissante à saisir l'instant suprême
où cette vie s'empare de cette matière, également à
en comprendre les causes.

Nous pouvons bien réunir les éléments chimiques
qui composent le protoplasma, doser ces éléments
dans les proportions révélées par l'analyse de la
matière vivante, les exciter pour les faire se mouvoir :
tout effort est inutile, le souffle mystérieux pour les
animer ne se produit pas, ces éléments retombent
dans l'inertie, dans l'inconscient.

Mais dès que la vie les reprend, instantanément
c'est une intelligence qui sourd, une conscience qui
s'esquisse.

Les végétaux semblent montrer une ébauche de

cette intelligence. Grimaud, dans « La Plante », nous décrit un érable qui, sur les ruines de New-Abbey, dans le comté de Galloway, en Angleterre, ne pouvant trouver une alimentation suffisante à l'endroit où il poussait, une racine fut émise qui se dirigea vers le pied d'un mur où se trouvait de la terre en abondance.

Flammarion, dans ses Contemplations scientifiques, nous cite, avec ce fait, que Duhamel, botaniste du XVIIIe siècle, fit creuser une fosse entre une allée d'ormes et un champ fertile, afin d'empêcher les racines de ces ormes de se nourrir dans ce terrain. Or voici ce qui arriva : les racines descendirent le long du talus, passèrent sous le fossé et retournèrent vers la terre nourricière.

Dès que nous touchons à la série animale, dans les derniers échelons, nous voyons l'intelligence devenir de plus en plus manifeste.

Dans le vibrion, dans les protéïnes, dans la monade, dans le rotifère pourvu d'une bouche, de mâchoires, d'un estomac, de glandes intestinales, de vaisseaux et de nerfs, dans tous à la façon dont ils attaquent et se défendent se montre un état psychique.

Les vers de terre, d'après Darwin, se construisent des galeries, les bouchent.

Dans la préhension de leurs aliments, ils n'agissent pas d'une manière invariable, ils le saisiront selon le côté qui offrira le plus de commodité pour les introduire dans leurs galeries.

Il n'y a pas un ostréiculteur qui ne sache comment on apprend aux huîtres à ne pas s'ouvrir. Leur intelligence leur fait assez tôt comprendre qu'elles doivent rester hermétiquement closes hors de l'eau; quelques opérations suffisent à leur inculquer ces notions.

Tout le monde connait, pour en avoir entendu parler, la merveilleuse intelligence collective des abeilles. « Quand le moment est venu de l'émancipation des larves, nous dit Romanes dans « L'Intelligence des Animaux », les abeilles-nourrices les entourent pour les laver, les caresser et leur donner à manger, puis elles s'occupent de nettoyer les cellules. »

Et l'instinct de prévoyance des fourmis ne révèle-t-il pas également une intelligence très développée?

Celles-ci non seulement se construisent un habitat, mais encore le dispose à des buts appropriés : une partie est consacrée au logement, une autre sert de débarras, une troisième de cimetière, jusqu'à des fosses d'aisance qu'on y découvre.

Cela a pu être remarqué par beaucoup à la dernière exposition, où une colonie de ces ingénieuses bestioles s'y trouvait exposée par les soins d'un naturaliste.

Les oiseaux, les chiens, les chats, les chevaux fournissent constamment des exemples de grande intelligence.

Seulement nulle part les degrés de cette intelligence ne sont identiques. Chaque espèce possède une intelligence particulière, qui lui appartient en propre. Et chose qui nous surprendrait si nous ne savions que chaque espèce a son rythme, c'est que deux individus ayant même nourriture, subissant les mêmes influences, vivant dans un même milieu mais appartenant à d'espèces différentes, sont dissemblables non seulement psychiquement comme nous venons de le dire, mais encore histologiquement : dans les tissus, les muscles, les chairs, etc.

Quelle peut bien être la cause secrète de ces différences histologiques? Nous croyons qu'on ne peut guère la découvrir que dans des dissemblances d'assimilation. Ce qui obligerait deux individus s'ingérant les mêmes aliments, à ne pouvoir s'assimiler que ce qui convient au rythme de l'espèce à laquelle il appartient.

Indépendamment de cette hypothèse nous n'avons qu'à nous rappeler que les substances protéiques formant la base de la matière vivante sont le carbone, l'hydrogène, l'azote, le soufre, l'oxygène et le phosphore, pour avoir une idée du nombre infini de composés divers qu'elles peuvent former.

Berthelot, dans sa synthèse chimique, nous montre le carbone et l'hydrogène libres se combinant directement sous l'influence de l'arc voltaïque pour former l'acétylène ; l'acétylène, à son tour combiné avec l'hydrogène à volumes égaux, forme l'éthylène, et selon que l'on augmente les volumes de ces gaz dans des proportions définies on obtient d'autres composés.

Il nous montre l'expérimentateur changeant l'acide carbonique en oxyde de carbone ; combinant celui-ci avec les éléments de l'eau pour obtenir un premier composé organique : l'acide formique.

N'oublions pas que ce composé organique que l'homme obtient, il n'en est pas le créateur; pas plus qu'il n'est le créateur des vies qui se trouveront dans l'eau, après avoir réuni l'oxygène à l'hydrogène pour obtenir ce composé : il ne peut pas créer la vie. Ses combinaisons s'arrêtent là. Il peut composer un corps organique, il ne peut pas le faire s'il s'agit d'un corps organisé.

La synthèse des corps gras neutres permet, d'après l'illustre chimiste, de prévoir la formation de centaines de millions de corps gras analogues, facile à produire en vertu de la loi générale qui préside à leur composition.

Dans cet ordre de faits la chimie est souveraine, mais dans celui de l'organisation elle est impuissante.

Ici, il n'y a que la nature qui soit créatrice.

Chevreul a dit en parlant de la matière : « Elle se résoud en des types définis par des propriétés appartenant à chacun d'eux, les propriétés étant dues soit à un principe isolé, soit à un mélange de plusieurs principes. »

Cette explication pourrait s'appliquer, dans les êtres organisés, aux espèces, et serait, croyons-nous, on ne peut mieux appropriée.

Nous venons de voir qu'il suffit que les proportions atomiques et moléculaires diffèrent pour changer le caractère d'un composé; il doit en être ainsi dans la nature vivante. Les différences chimiques ou d'arrangement dans les molécules, dont elle se compose, expliqueraient rationnellement toutes les différences originelles tant morphologiques, qu'histologiques et psychiques.

Dire par conséquent que le cerveau de l'homme et ceux des animaux sont identiques, c'est commettre la plus déplorable des confusions, c'est ne voir qu'un des côtés de la question.

Cela reviendrait à dire que le cylindre-axe des nerfs est identique à la plume des oiseaux et à la laine des moutons, parce que les uns et les autres sont composés de carbone, d'hydrogène, d'azote et de soufre.

Nous ne croyons pas qu'il se trouve un physiologiste pour affirmer cette identité ; ni un chimiste pour découvrir une similitude, par exemple, entre l'acide sulfureux et l'acide sulfurique.

Aucun ne commettra l'imprudence de dire que ces deux composés ne varient pas par la qualité mais seulement par la quantité.

Tous les deux pourtant dérivent de l'oxygène et du soufre. Mais dans l'acide sulfureux nous avons 50 parties de soufre et 50 parties d'oxygène, tandis que dans l'acide sulfurique il y a 40 parties du premier et 60 du second. Cette simple modification dans les équivalents, qui paraît insignifiante, a suffi cependant pour créer deux corps qui n'ont rien de commun, qui sont diamétralement opposés dans leurs propriétés physiques et chimiques ; dont la nature de l'un est d'être gazeuse, et celle de l'autre, l'acide sulfurique, solide.

Berthelot nous dit que l'identité de composition des corps n'implique pas l'identité de propriétés.

Celle-ci paraît dépendre de la similitude dans l'arrangement géométrique de l'édifice moléculaire.

L'identité, dans son sens le plus précis, consiste donc en une similitude d'arrangement, de composition, et de propriétés.

La matière inorganique changeant de caractère selon les modifications de ses molécules, nous confirme dans l'opinion rationnelle que nous nous sommes faite de la matière organique, que — malgré son apparence d'identité dès qu'elle retombe dans l'inertie chimique — les corps organisés sont différenciés les uns des autres et que ces différences sont spécifiques dès les premiers mouvements de la matière vivante.

« Tout corps, tout phénomène, représente un an« neau compris dans une chaine de corps, de phéno« mènes analogues et corrélatifs. La matière éprouve « une succession fatale de changements, la filiation « précise les substances qui se transforment et l'in« fluence du milieu et des circonstances », nous apprend encore Berthelot.

Les phénomènes étant infinis, également innombrables sont et les chaines et les derniers anneaux que forment les espèces arrivées à leur plus haut degré d'évolution.

L'intelligence est répandue dans toute l'échelle

des corps organisés. Nous la constatons dans tout être en possession de vie, et elle forme, avec la force et la matière, son entité. De sorte que ces trois facteurs peuvent être considérés comme universels et concourant, ainsi que nous l'avons vu pour toute œuvre humaine, à la création naturelle des êtres vivants.

L'INTELLIGENCE CHEZ LES SINGES

Dans nos études sur l'intelligence, une étape se trouve tout indiquée avant d'arriver à l'homme. C'est la race simiesque, les singes, qui nous en fournit la raison.

Quiconque a pu observer ces animaux de près, a été pris d'une profonde pitié à leur égard. C'est qu'en effet ils révèlent beaucoup des sentiments que nous considérons comme supérieurs parmi les hommes, et dont les abeilles-nourrices nous ont fourni un exemple : l'affection, l'esprit de sacrifice, l'amour maternel et fraternel.

Rengerr, dit Darwin, a vu un singe américain (cébus) chasser avec soin les mouches qui énervaient son enfant; et Duvancel, une femelle de gibbon laver dans un ruisseau la figure à ses petits.

« La perte de leurs enfants cause aux singes
« femelles, nous apprend Romanes, un chagrin si
« intense que certaines d'entre elles, gardées en cage
« par Brehm, dans l'Afrique du Nord, ne manquaient
« jamais d'en mourir.

« Les orphelins étaient toujours adoptés par les
« autres singes mâles ou femelles, et devenaient
« l'objet de leurs soins attentionnés. »

Quand il arrive qu'on tue un orang-outang, le
cadavre est toujours enlevé par ses compagnons,
rapporte Johnson.

Les gibbons ne font cependant aucune attention à
leurs camarades morts, mais si un cri d'angoisse, de
terreur ou de douleur retentit parmi eux, ils s'approchent aussitôt de celui qui le pousse, lui prodiguent
leurs condoléances et l'entourent de leurs bras.

« Dans une chasse, raconte James Forbes, toujours
« d'après Romanes, un des chasseurs tua un singe
« femelle et l'emporta dans sa tente qui fut bientôt
« entourée par une quarantaine de membres de la tribu,
« criant et menaçant leur agresseur; il s'en débarrassa
« en les mettant en joue avec son fusil, de l'effet meur-
« trier duquel ils avaient pu juger et paraissaient se
« rendre parfaitement compte. Mais le chef de la
« bande tint bon, tout en continuant de jaser avec
« fureur, et le chasseur, qui éprouvait peut-être
« quelque remords de l'exécution qu'il avait déjà
« faite, ne se sentait pas le cœur de tirer sur lui.

« Le singe finit par venir jusqu'à l'entrée de la
« tente, et voyant que ses menaces ne lui servaient
« de rien, il se mit à gémir d'une façon lamentable
« et à faire mine, au moyen de gestes expressifs, de
« demander le cadavre. Sa prière fut exaucée et, pre-
« nant la défunte dans ses bras, il l'emporta vers ses
« compagnons qui l'attendaient. »

Voici une femelle qui courait sur des rochers, avec son petit dans les bras, et qu'un officier abat d'un coup de fusil. (Recueil de Jesse, cité par Romanes.)

L'auteur de cet exploit raconte : « Lorsqu'il arriva « auprès d'elle, elle serra son petit contre elle d'une « main, et de l'autre lui indiqua la blessure que la « balle lui avait faite au-dessus du sein. Trempant son « doigt dans son sang et le montrant au chasseur, « elle semblait lui reprocher d'être la cause de sa « mort et par suite de celle de son enfant sur lequel « elle appelait fréquemment son attention. »

D'après Savage, les chimpanzés se rassemblent souvent uniquement pour jouer, et s'amusent à frapper avec des bâtons sur des morceaux de bois sonores.

Un fait constaté par tous, c'est que chez les singes la curiosité est plus développée que chez les autres animaux. Malgré le péril qu'ils peuvent courir, il leur est impossible de résister au désir de revoir ce qui a frappé leur attention ; ou d'ouvrir les caisses et les sacs pour en voir le contenu.

Ils poussent l'instinct de l'imitation jusqu'au ridicule et ont un sentiment très vif de jalousie.

Pour indiquer le raisonnement chez eux, l'auteur que nous avons cité, nous dit que Reugger, à ses singes du Paraguay, leur donnait des morceaux de sucre enveloppés dans du papier et quelquefois il mettait, dans le paquet, une guêpe qui ne manquait pas de les piquer s'ils dépliaient le papier trop à la hâte ; mais après avoir été victimes une seule fois de leur empressement, ils n'y cédaient jamais sans avoir préalablement mis le paquet à leur oreille pour décou[illegible] lque chose y remuait.

Il leur suffisait paraît-il de se couper une fois avec un outil, pour n'avoir plus envie d'y toucher qu'avec les plus grandes précautions...

M. Belt, parlant des faits et gestes d'un cébus apprivoisé, nous dit qu'attaché à une longe, il attirait des jeunes canards pour les tuer, en leur tendant d'une main un morceau de pain.

Un autre singe, dit Rengger, n'ayant pas la force de soulever un couvercle de coffre, se servit d'un bâton comme levier.

Même fait a été observé par Romanes chez un singe capucin.

Cuvier avait un orang qui traînait une chaise d'un bout d'une chambre à l'autre, pour monter dessus et arriver ainsi jusqu'à un loquet qu'il voulait ouvrir.

Voici une observation curieuse d'Osbonville sur des singes à l'état sauvage, qui indiquerait une idée de discipline très développée à l'égard de leur progéniture.

« Les mères ont l'habitude d'administrer des puni-
« tions corporelles à leurs petits.

« Après leur avoir donné le sein et les avoir
« nettoyés, les mères s'asseyaient pour les regarder
« jouer. Les jeunes singes luttaient et gambadaient
« et se poursuivaient les uns les autres, etc., mais s'il
« y en avait qui fissent preuve de méchanceté, leur

« mère se levait aussitôt, et d'une main saisissant
« le coupable par la queue, lui infligeait une volée
« d'importance. »

Certainement dans ce que nous venons de rapporter des singes doit s'être glissé quelque exagération,
néanmoins le fond doit être vrai. Ce qui nous le
confirmerait ce sont les observations qui ont duré du
18 décembre 1880 au 22 février 1881, faites par
Romanes, sur un capucin brun.

Tout en réservant notre opinion sur les conclusions de l'auteur, nous croyons devoir vous les rela-
ter. Ce singe révéla de telles qualités intellectuelles,
par exemple celle de dévisser le manche d'un balai
et de le revisser, que l'observateur en conclut : « En
présence de pareils faits, on comprend comment,
partie de si haut, la psychologie du singe peut engen-
drer celle de l'homme. »

CHAPITRE IV

L'intelligence dans l'homme.

Nous touchons ici à un sujet sublime. L'on pourrait y consacrer tous les instants de sa vie qu'on ne parviendrait pas à l'épuiser.

L'espèce humaine est placée au sommet de l'échelle des êtres organisés. Elle résume toutes les espèces, elle en est la synthèse et comme le couronnement.

Le cerveau, siège de l'intelligence rationnelle, est composé de divers éléments où prédominent, d'après l'analyse de Geoghegan, les chlorures et les phosphates de potassium mêlés d'un peu de carbonate.

Leur composition atomique, comme toute la matière vivante, se trouve dans les substances protéïques dont nous avons parlé : le carbone, l'hydrogène, l'oxygène, l'azote, le soufre et le phosphore.

Le cerveau de l'homme diffère de ceux de tous les animaux par son volume, sa densité, et l'arrangement moléculaire de ses éléments; arrangement qui en détermine la qualité, c'est-à-dire une nature et des propriétés spéciales.

Les facultés sensorielles de l'homme et la correspondance qui s'établit entre lui et le monde environnant, tendent constamment à s'accroître en netteté et en complexité, de là l'origine de ses progrès mentaux.

Tandis que chez toutes les espèces animales le cerveau paraît atteindre son maximum de puissance dans un temps relativement court, chez l'homme il tend à se développer jusque dans un âge très avancé.

Les expériences de Spalding sur des poulets qui étaient soigneusement encapuchonnés au sortir de l'œuf, de façon à ne permettre aucune impression visuelle, nous apprennent que souvent au bout de deux minutes, ils suivaient des yeux le mouvement des insectes rampants, tournant la tête avec toute la précision de vieux poulets. Au bout de deux à quinze minutes, ils montraient une aptitude native à mesurer la distance avec une exactitude presque infaillible.

Charlton Bastian qui nous conte le fait dans : « Le cerveau chez l'homme et chez les animaux », ajoute d'un de ces poulets, immédiatement après qu'il fut décapuchonné : « Pendant six minutes il resta à piau-
« ler et à regarder autour de lui ; au bout de ce
« temps il suivait de la tête et des yeux les mouve-
« ments d'une mouche à douze pouces de distance ;
« au bout de dix minutes, il becqueta ses pattes et
« le moment d'après, il se lança vigoureusement vers
« la mouche qui était venue à portée de son bec
« et qu'il saisit et avala du premier coup ; il resta
« encore à appeler et à regarder autour de lui jus-
« qu'à ce que, au bout de sept minutes, une abeille
« s'approchant d'assez près, fut saisie d'un coup de bec
« et jetée à quelque distance, fort endommagée.

« On le plaça sur une surface rugueuse, en vue et à
« portée d'entendre l'appel d'une poule qui avait une
« couvée de son âge. Après être resté à planter une
« minute environ, il s'élança vers la poule, manifes-
« tant une perception aussi fine d'un monde exté-
« rieur qu'il était capable d'en posséder le reste de
« sa vie. »

Maintenant si nous passons à l'homme, nous remarquons chez lui que l'expérience procède avec lenteur,
que ses connaissances se développent graduellement,
et que certaines professions n'ont leurs titulaires : les
unes vers trente ans, les autres vers quarante ou
cinquante.

Nous trouvons des littérateurs être jeunes à 35
ans, des sculpteurs à 50 ans, des diplomates à 60.

Nous voyons des Chevreul à la recherche de découvertes scientifiques à cent ans ; des Verdi composant
à quatre-vingt-cinq.

On peut nous faire observer que le développement
mental est en raison inverse de la durée de la vie ;
que plus l'espèce est appelée à une grande longévité
moins ses facultés se développent hâtivement. Mais
un poulet qui au bout d'une heure a toute la perception du monde extérieur qu'il peut en acquérir le
reste de sa vie, en admettant que celle-ci soit limitée
à une durée aussi réduite que l'on voudra, elle ne sera
jamais aussi courte que celle d'un homme, en prenant
pour établir cette durée des multiples de cette précocité mentale.

Néanmoins l'acte mécanique de l'intelligence est

le même dans toute la série des êtres organisés, mais dans la mentalité de l'homme il existe des reflexes, des réactions psychiques, des impulsions subjectives, des intuitions divinatrices qui n'appartiennent et n'ont jamais appartenues qu'à lui.

Il y a dans l'homme la conscience de l'impression et la comparaison qu'il en fait avec des impressions antérieures.

Ces deux phénomènes psychiques échappent à la matérialité, quoique se servant, comme la chaleur et la lumière, d'atomes matériels pour être véhiculés.

Nous avons dit, dans le paragraphe sur la force, que la raison empirique ne pouvait rien découvrir dans l'état atomique sans faire appel à la raison pure.

La philosophie nous dépeint cette raison comme indépendante des sens, pouvant seule nous donner la faculté de concevoir ce qui est sans borne, sans degré, sans condition, c'est-à-dire l'infini et l'absolu.

Cette raison est appelée pure, précisément parce qu'elle n'a plus besoin de s'appuyer sur la perception pour comprendre.

Nos processus mentaux paraissent dans ce cas ne plus être accompagnés de succession matérielle. Il y a interruption, et pendant ce cette raison se détache, va, se développe, se répand, embrasse tout pour ne s'arrêter que devant l'absolu, comme la chaleur le son et la lumière s'évanouissent dans l'infini : tel l'élément d'un corps composé qui n'a nul besoin d'être réuni à ce corps pour conserver sa propriété expansible.

L'entendement éprouve ainsi un phénomène de dédoublement, qui élargit les idées et donne naissance à de nouvelles.

La conscience et le jugement deviennent générateurs de nouveaux états moraux. C'est en quelque sorte une autogenèse psychique.

Pour bien comprendre le rôle dévolu à chacune de nos facultés intellectuelles et par quel moyen elles s'élèvent des choses particulières à celles générales, nous allons expliquer les opérations qui se succèdent.

Les voici exposées d'abord en quelques mots : Nos sens reçoivent les impressions et les communiquent au cerveau. Dans celui-ci, la conscience constate l'existence de ces chocs; le jugement en établit la nature et la valeur par comparaison à d'autres reçus; la raison en tire les conclusions.

Maintenant, prenons un exemple : Notre oreille perçoit un bruit, la conscience constate que c'est un son; notre jugement le trouve moins aigu que d'autres déjà perçus; notre raison conclut par un terme concret : c'est un son grave.

Notre entendement ne s'arrête pas là, il continue ses investigations.

Notre conscience constate alors que les impressions sonores sont multiples et fréquentes; notre jugement trouve que ces sonorités varient selon l'importance et la nature des corps; notre raison nous dit que tous les corps doivent être diversement sonores.

Le problème s'élargit encore, il passe de plus en plus à l'abstraction.

En effet, de notre conclusion précédente nous nous étonnons de ce que notre oreille ne perçoive plus aucun son dès que la matière est infiniment réduite. Mais comme il nous est arrivé parfois de n'entendre aucun son là où d'autres, un musicien par exemple, en distinguaient, nous sommes obligés d'admettre que la cause s'en trouve non dans la matière en soi mais dans un manque de sensibilité de notre oreille.

Alors la raison pure intervient pour affirmer en toute vérité relative que l'Univers, en tant que matière, n'est qu'une sonorité; de même qu'elle avait déjà conclu, par Newton, à la gravitation universelle; et par le sentiment général des anciens, que le vide n'existait nulle part.

C'est ainsi que l'esprit de l'homme s'élève du fini vers l'Infini.

Dans l'univers physique il existe une quantité déterminée de matière; il ne saurait en être ajouté ou retranché un atome. Dans l'univers moral, une limite aussi étroite ne saurait lui être imposée. L'entendement humain peut ajouter toujours à ses conceptions. C'est pour cela que nous pouvons scruter tout : sonder l'infini, avoir l'intuition d'espaces sans fin et de temps éternels et, avec la même logique et la même clarté, celle d'une intelligence suprême ou d'un absolu du beau, du bien, du juste, du vrai.

**

Les hommes qui se sont tout spécialement occupés des fonctions du cerveau, ne veulent voir en elles que des actions purement mécaniques; cependant il en est qui y échappent, ainsi l'acte de la conscience qui est un phénomène psychique et le plus important.

Le résultat de tout travail mécanique est de dégager de la chaleur; or la conscience est un produit, elle échappe à tout travail, à tout dégagement de chaleur, donc à tout acte mécanique.

En effet, si je fais un effort pour vouloir, la pensée, pas plus que l'expérience, n'en peut saisir dans le fait de savoir que je veux. Affirmer le contraire, ce serait admettre en découvrir également dans la propriété éclairante de la lumière.

Dans l'acte de conscience que le moi fait de sa volonté, il n'y a pas plus de dépense de force que dans l'éther pour se maintenir dans l'espace.

C'est la nature de la conscience d'être ainsi, comme c'est celle du charbon de brûler, et de la lumière d'éclairer.

L'immatérialité de la conscience est une vérité en soi, et, comme telle, elle est parce qu'elle est.

Chercher, comme Robin, à fixer le siège de la conscience dans des petits éléments nerveux appelés myélocytes, n'est-ce point imiter un physicien qui limiterait la chaleur à certaines particules ?

Nous ne croyons pas à la localisation de la conscience. Elle nous paraît être générale dans l'individu et, comme telle, nous la considérons une synthèse de sa mentalité; être en quelque sorte la clarté de celle-ci.

Les sciences étudiées sous un point de vue exclusif, égarent l'homme dans ses recherches sur les idées générales, lui troublent la notion des choses et l'empêchent d'être intellectuellement indépendant.

A son insu, ainsi que nous l'avons dit dans notre chapitre premier, il se trouve sous la tutelle des faits qu'une expérience confirme et que bien souvent une autre contredit.

On en arrive fatalement comme Herzen, à avancer que la conscience est exclusivement liée à la période de désintégration fonctionnelle des centres nerveux; ce qui lui fait ajouter que le processus mental conscient trahit une imperfection de l'organisation cérébrale; ce qui le conduit à cette énormité : Que l'art d'un musicien n'existe que dans la dextérité de ses doigts.

Il en est de même de Vogt, quand il affirme qu'il y a le même rapport entre la pensée et le cerveau, qu'entre la bile et le foie ou l'urine et les reins.

Ou encore de Freidrich, quand il écrit que la même force qui digère par l'estomac pense par le cerveau.

Ce qui fait que Buchner dit : L'âme des animaux ne diffère de l'âme humaine non en qualité mais en quantité.

Ces hommes, dont la sincérité et la bonne foi ne sauraient être suspectées, se trouvent être dans un état mental qui ne voit dans le fait que le côté purement mécanique comme dans l'art que le côté métier. Côté qui veut que la « réduction d'un processus psychique simple à l'automatisme soit la condition du développement mental », de sorte que le poulet de Spalding en vivant seulement vingt jours, pouvait faire dans le domaine mental plus de progrès que trois générations d'hommes.

Cet état d'esprit ne nous paraît être que la conséquence d'études trop exclusives.

Ce qui fait que l'homme en arrive à reporter sur la matière, la foi aveugle que ses ancêtres avaient dans les esprits.

*
* *

Nous avons dit que si l'intelligence n'existait pas dans le monde inorganique, c'est qu'il n'était pas doué d'un mouvement en soi; mais qu'on l'apercevait dès que la matière se montrait en puissance d'organisation.

Nous avons vu combien cette intelligence nous paraissait obscure chez les végétaux.

Ensuite dans les animaux supérieurement organisés, nous avons compris que l'intelligence jouait de plus en plus un rôle directeur.

Dans l'homme, nous nous sommes rendus compte par quels procédés son intelligence pouvait souverainement resplendir.

Néanmoins, malgré cette souveraineté, une inquiétude s'empare de notre esprit.

Dans les œuvres sorties des mains de l'homme il nous a été facile de remonter jusqu'à l'idée génératrice.

Dans celles de la nature nous nous trouvons arrêtés dès que nous cherchons à connaître le principe de cette intelligence, l'Intelligence-Suprême, l'Idée-Mère.

Cependant nous venons de remarquer l'intelligence se manifester partout. Il doit conséquemment exister une cause nous empêchant d'aller au-delà.

Quand nous regardons ce qui nous entoure, nous nous demandons : Comment se fait-il que notre planète ne soit pas plus grande ?

Pourquoi cet arbre n'est-il pas plus haut ?

Quel est le motif qui fait que telle ou telle espèce ne progresse plus ?

Après avoir réfléchi, nous sommes forcés de reconnaître, étant donné la quantité déterminée de matière, que lorsque celle dévolue à un organisme a épuisé une série de combinaisons, celui-ci doit se trouver naturellement arrêté comme l'oxygène qui ne peut se saturer avec plus de deux atomes; l'azote avec plus de trois; le carbone avec plus de quatre, etc.

Arrêté par quoi ? par ce qu'on appelle en mécanique le point-critique.

C'est en effet, croyons-nous, l'unique réponse qu'il soit logiquement possible de faire à ces pourquoi et comment. Cette planète, cet arbre, cette espèce ne sont ni plus gros, ni plus haut, ni plus parfait parce qu'ils ont atteint leur point-critique.

On nomme ainsi le point ultime, culminant, autrement dit le plus fort coefficient de puissance qu'il soit donné à une force d'atteindre sans faiblir, sans régresser.

Afin d'avoir une idée plus précise du point-critique nous allons prendre un minéral : c'est une pierre à chaux. Si nous la plaçons dans un étau, que nous serrions, il arrive un moment où le degré de pression la réduit en miettes.

Si au lieu de nous servir d'un étau, nous soumettons cette pierre à l'action de la chaleur, dès que la quantité de celle-ci se trouvera suffisante, notre minéral s'émiettera également.

Dans les deux cas une force de résistance a lutté contre la pression ou la dilatation. Le point extrême de cette résistance qui maintenait le corps dans son état normal s'appelle le point-critique. De sorte qu'au delà de ce point, cette pierre à chaux ne pouvait supporter un degré de plus de pression ou de chaleur sans changer d'état, sans cesser d'être pierre, sans que l'équilibre entre ses particules fut rompu.

C'est pour une raison analogue que les espèces sont maintenues dans des limites ; que la planète est arrêtée dans son agrégation, l'arbre dans sa croissance, l'animal dans ses facultés, un peuple dans sa puissance.

Nous pressentons maintenant, malgré qu'il n'y ait pas de quantité déterminée à l'esprit humain, pourquoi néanmoins une limite lui est imposée qui l'empêche de percer les secrets du Principe de l'intelligence.

Ce Principe c'est l'Absolu, que nous concevons sans pouvoir le pénétrer. C'est l'unique borne imposée à l'entendement humain.

Ce Principe existe-t-il ? Y a-t-il une Intelligence universelle, une Intelligence suprême ?

Quand nous devons nous diriger vers un point donné nous en prenons le chemin; pour arriver à nous faire une opinion sur ces interrogations, il est indispensable que nous agissions de même. Et la seule voie se trouvant dans les facultés spéciales qui permettent à l'homme de voir au-delà de ses sens, il est nécessaire que nous la suivions.

Les grandes lois de la nature n'ont été démontrées qu'en appliquant au général, un principe découvert dans des faits particuliers.

Si nous avons l'intime conviction de l'universelle attraction, c'est qu'il a été permis à l'homme de la constater dans tout ce qui l'entoure.

Pourquoi, si nous sommes logiques, n'appliquerions-nous pas le même procédé à l'intelligence ?

Ce qui a été rationnel pour diverses vérités générales peut l'être pour d'autres !

Nous avons constaté que l'intelligence était la génératrice de toute œuvre humaine. En passant aux êtres organisés, nous l'avons vue, bien qu'à divers degrés, être la directrice de leurs principaux actes.

Si nous poussons plus loin nos investigations, elle nous échappe. Nous savons bien qu'il est impossible aux atomes de s'associer différemment qu'ils ne le font; à la matière d'éviter les lois qui la régissent;

aux espèces d'intervertir l'ordre de leur structure; mais à tout cela nous opposons : Il en est ainsi parce que c'est la condition de la matière d'en être ainsi. Et si cette condition peut émaner d'une intelligence nous ne le cherchons pas; d'ailleurs nous ne le comprenons pas plus que notre ouïe ne saisit la sonorité d'une molécule.

Cependant il nous paraît juste de faire, pour l'intelligence, avant de se prononcer, le raisonnement qui nous a conduit à la connaissance d'autres vérités, et alors nous devons nous dire :

Je vois l'intelligence diriger les actions des hommes; je vois l'intelligence diriger les actions des êtres organisés. Si je ne l'aperçois plus au-delà, c'est qu'il doit être impossible à mes facultés de la saisir. Mais puisque avec des preuves moindres nous avons, depuis Newton, la conviction de la gravitation universelle, les preuves nombreuses qui me révèlent partout l'intelligence doivent me donner également la conviction d'une Intelligence-Suprême.

Pourquoi affirmerais-je là, et nierais-je ici ? Ne serait-ce point faire preuve d'un esprit de parti indéracinable, d'un entêtement aveugle ?

— Mais nous ne voyons pas l'intelligence dans...

— Est-ce que les étoiles fixes ont arrêté Newton dans son hypothèse ? Non, il s'est dit : Si je ne les vois pas se mouvoir, c'est leur extrême éloignement qui doit m'en empêcher. En effet, la gravitation étant un mode applicable à tout ce que je vois, il serait déraisonnable d'admettre qu'il n'en soit plus de même pour les mondes que je ne vois pas.

La découverte de Newton est si généralement adoptée, que nul ne saurait la mettre en doute sans passer pour un ignorant. Cette découverte toutefois est purement hypothétique quant aux autres systèmes planétaires, car il est impossible à l'homme de connaître autrement que par analogie leur composition cosmique et les conditions de cette composition. Cependant nul ne nie que la gravitation ne soit générale à tous les systèmes; parce que cette négation ne saurait s'appuyer sur des bases solides. C'est pour une raison semblable qu'il est impossible à l'homme non prévenu, de nier, tout en étant ignorant des conditions, l'existence d'une Intelligence autre que celle relative de notre monde. Or la nature de l'intelligence étant de n'avoir d'autres limites que l'absolu et l'absolu étant supérieur au relatif, cette Intelligence doit donc être supérieure. Ce qui fait que l'intuition que nous en avons se change en conviction. Donc l'Intelligence-Suprême est parce qu'elle est. Et il ne peut se faire qu'il en soit autrement, sans réduire à néant cet axiome : Toute intelligence est supérieure à toute matière.

En effet la matière inorganique existant sans l'intelligence, si celle-ci ne pouvait exister sans le secours de celle-là, elle lui serait donc subordonnée, c'est-à-dire inférieure.

Aller au-delà c'est dépasser le point-critique. C'est vouloir que des être finis expliquent l'Infini.

Cet Infini nous le sentons, nous le subissons et par nos conceptions — facultés qui nous placent au-dessus de l'animalité — nous nous en rapprochons : cela doit nous suffire.

*
* *

Toutefois, avant de terminer cette étude sur l'intelligence, nous pouvons en rechercher la nature.

Une chose est à remarquer, c'est que l'effort de l'individu intelligent tend constamment vers l'utilité de l'espèce.

Dans l'humanité cette utilité paraît être indissolublement liée au beau, au bien, au juste, au vrai.

La nature de l'intelligence humaine se trouverait donc comprise dans ces qualités, et conséquemment l'Intelligence-Suprême ne peut être que leur absolu.

Tout acte qui s'en éloigne est le résultat d'une intelligence oblitérée, obscurcie, incomplète. L'acte malfaisant n'est donc que l'effet d'une régression mentale, d'une conscience qui déchoit, d'un homme qui descend vers l'instinct de basse animalité.

Aussi remarquons-nous l'homme intelligent subir, consciemment ou inconsciemment, l'influence de cet Absolu, de cette Intelligence-Suprême, en marchant dans ses vues par les efforts qu'il fait pour apporter à l'humanité une plus grande somme de bonheur moral, d'où dépendra son bien-être physique.

*
* *

Nous conclurons par une hypothèse qui s'est

— 69 —

présentée à notre esprit à la suite de ce que nous venons de dire.

Je vous la soumets sans prétention, car elle peut paraître fantaisiste. Vous en ferez ce que vous jugerez à propos.

L'hypothèse est pour l'entendement humain ce qu'est le télescope pour l'astronome. Aussi sans elle pas de vérité générale, pas de grande découverte.

Il y a dans la nature, nous dit Tyndall, de nombreuses opérations qui échappent aux yeux du corps et qui doivent prendre figure devant les yeux de l'esprit.

L'ancienne philosophie nous a révélé que la matière était partout, en l'exprimant par son besoin de tout animer : La nature a horreur du vide. Et Newton nous a appris que la gravitation était universelle.

Voilà deux facteurs, la matière et la force, répandus dans tous les univers.

Pour l'intelligence et la vie, si intimement unies qu'elles paraissent ne faire qu'un, nous avons vu qu'elles ne se trouvaient pas dans la matière inerte. D'où une masse inorganique, immense, privée de l'influence du troisième facteur.

Si l'équivalence est une loi générale indispensable pour l'existence d'un système, comme tout paraît nous le démontrer, il y a lieu d'être surpris que l'intelligence et la vie y fassent exception.

Ne serait-ce pas, et rien n'est invraisemblable dans cette supposition, qu'il peut exister au-delà ce qui manque en deçà! Que ce que nous ne découvrons pas dans la matière inerte, se trouve au-delà de la matière même organisée? Il est vrai que l'on peut objecter que la compensation se trouve dans l'extrême développement de l'intellect humain.

Il convient toutefois de dire que notre pensée ne saisit pas très bien les conditions de ces intelligences et de ces vies immatérielles. Mais ce n'est pas une raison suffisante pour les nier, car nous n'ignorons pas les limitesqui sont imposées à notre esprit, quoique beaucoup plus infinies que celles imposées à nos sens.

C'est pour cela que malgré les bornes de notre entendement, celui-ci peut raisonnablement admettre que la matière a d'autres modes d'exister que ceux qui nous la rendent sensible; que la cohésion, pour moins puissante que dans la matière sensible, n'en existe pas moins dans une matière plus épurée; et que l'intelligence qui anime cette organisation de la matière sensible peut parfaitement animer une organisation, dont nous ignorons encore les conditions, d'une matière beaucoup plus fluidique.

Cette hypothèse n'ayant rien de scientifique, nous l'avançons, nous le répétons, sans prétention aucune. Mais veuillez remarquer combien de problèmes, si obscurs qu'ils nous paraissent insolubles, s'éclairent rien que de ce chef.

Ce que nous avions à dire sur l'intelligence, la force et la matière a été dit.

Il suffira de nous en souvenir, pour comprendre ce qui ne nous paraîtrait pas très sensible dans nos recherches sur les origines.

Nous allons tout d'abord jeter un coup d'œil rétrospectif sur les idées cosmogoniques dans l'antiquité.

CHAPITRE V

Opinions des anciens sur la Nature
et sur la vie des êtres.

Nous ferons une simple exposition de ces opinions, sans nous livrer à aucun commentaire.

D'ailleurs elles sont commentées par ce que nous avons déjà dit jusqu'ici, et en partie par ce qui suivra.

Nous avons souvent entendu répéter : « Il n'y a rien de nouveau sous le soleil. » Cela nous paraît bien plus vrai quand nous constatons que l'évolution, la descendance, la sélection, la concurrence vitale, que nous supposions théories modernes, paraissent faire le fond, quoique ces termes n'y fussent pas employés, des théories naturalistes des peuples de l'antiquité.

L'explication purement matérialiste des origines du monde et des êtres vivants remonte en effet à Babylone.

Bien avant les Grecs, la science babylonienne paraît en avoir fait un de ses principes fondamentaux.

C'est à Babylone qu'on affirmait l'éternité d'une matière primordiale, incréée, d'où est sorti l'univers actuel.

On y apprenait qu'une génération spontanée était sortie du sein de l'élément humide, dans la boue féconde du cahos.

Une traduction en grec de l'école sacerdotale de Babylone nous informe, d'après Jules Soury, que dans ce milieu humide s'engendrèrent spontanément des animaux monstrueux : hommes à deux ailes, centaures, hippocentaures, griffons, etc.

Le Bel des Babyloniens, expliqué par le Zeus des Grecs, divisa les ténèbre et ordonna le monde.

Une femme, Omoroca, présidait à toute chose; en Chaldée elle porte le nom de Thavatth, dont la signification est la mer.

Il existait aussi le mythe de l'humanité mâle et femelle : androgyne primitif, hermaphrodisme.

Ces androgynes, on nous les dépeint marchant tout droit, avec une tête à deux visages, quatre oreilles, quatre bras, quatre jambes et les deux organes de la génération.

L'androgynat disparaît dans la conception hébraïque. Le Iaweh Elohim fit tomber Isch, l'homme, dans un profond assoupissement d'où il tira Ischa, l'hommesse, la femme.

ANAXIMANDRE DE MILET

C'est dans les deux péninsules de la Troade et de la Lycie, en Asie mineure, que le génie sémitique eut un contact avec le génie Aryen.

Contact fécond d'où sortit l'éveil de l'esprit hellénique.

L'Ionie fut la première éducatrice de toute la Hellade.

Par les rapports fréquents de ses cités avec la Phénicie, l'Assyrie, la Perse et l'Egypte, en elle s'éveilla l'esprit scientifique.

De ces centres les cosmogonies rayonnèrent, et, par les poëmes d'Hésiode, se répandirent dans toute la Grèce.

Il n'y a pas jusqu'aux dieux que les « Travaux et les Jours » ne créent, car avant eux existait la force universelle de la Nature sous la forme du Chaos Eternel; et au dessus, sous celle du Destin inexorable.

Thalès, fondateur de l'école Ionienne, né à Milet, 640 ans avant Jésus-Christ, descendait d'une famille Phénicienne. Pour lui, également, l'eau est la matière d'où tout est sorti. Il en était de même des Syriens quand ils croyaient que tous les êtres étaient originaires de la mer.

Mais c'est à Anaximandre de Milet que revient l'honneur de pouvoir passer pour un précurseur de l'évolution.

Pour lui la terre est de figure sphérique et elle occupe le centre de l'univers. La lune n'est pas lumineuse par elle-même, c'est du soleil qu'elle emprunte sa lumière. L'élément générateur c'est l'infini, c'est-à-dire le chaos primitif d'après Aristote.

Anaximandre de Milet soutient que l'homme provient des animaux de formes ou d'espèces différentes ; qu'il se forma d'abord dans les eaux comme un poisson, issu qu'il était lui-même de ces vertébrés. Et ce ne fut que lorsqu'il fut devenu capable de se défendre lui-même, de soutenir la lutte pour l'existence, qu'il monta sur la terre, s'habitua à la respiration aérienne. En soutenant cela, nous dit Teichmuller, il peut passer pour un précurseur de Darwin.

Il fut le premier parmi les philosophes grecs, d'avoir les doctrines transformistes qu'Empédocle, Anaxagore et les Epicuriens admirent dans leurs opinions.

*
* *

DÉMOCRITE

Anaximandre vivait vers 550 avant Jésus-Christ, Démocrite d'Abdère, dans la Thrace, naquit en 460 avant l'ère chrétienne. Il fut un des rares génies qui ne se contentent pas de s'assimiler toute la science d'une époque, mais y ajoutent encore par leurs propres méditations.

Le principe des choses varie selon les philosophés : pour Thalès c'est l'eau ; pour Anaximandre une matière indéterminée ; selon Héraclite, c'est le feu primordial ; Démocrite reconnaît quatre éléments : le feu, l'air, la terre, l'eau.

Une des grandes maximes de ce philosophe c'est que rien n'existe si ce n'est l'atome et le vide.

La différence des éléments ne consiste que dans la forme et le volume des atomes.

L'air et le feu sont composés d'atomes petits et légers; l'eau et la terre d'atomes plus grands et plus lourds.

Nos sensations sont absolument subjectives; c'est dans l'opinion qu'existent les qualités et les défauts : le doux et l'amer, le chaud et le froid, la couleur, etc.

Le doux est constitué par des atomes ronds, et l'aigre par des anguleux.

Les atomes sont infinis en nombre et d'une infinité de formes diverses.

Il existe un éternel mouvement de chute. Les mouvements latéraux et le tourbillon d'atomes qui en résultent sont l'origine de la formation des mondes.

Le mouvement est également considéré comme éternel, par Epicure et Platon.

Démocrite nous dit encore que l'âme n'est qu'un phénomène résultant de la nature géométrique de certains atomes, dans leurs relations avec d'autres atomes.

A l'époque de ce philosophe, le principe de l'évolution naturelle, depuis Anaximandre de Milet, était répandu en Grèce; tous admettaient l'éternité de la matière agissant par soi-même.

« Rien n'arrive par hasard, mais tout arrive d'après une raison », était également d'une maxime courante.

Cicéron place dans la bouche du philosophe Abdéritain, les paroles suivantes : « Il n'y a rien de vrai, ou s'il y a du vrai nous ne le connaissons pas. — Nous ne savons rien. »

Vers la même époque, 380 ans avant J.-C., Aristippe de Cyrène soutenait, ce que Nietzsche devait également soutenir vingt-trois siècles plus tard, que « rien n'est en soi juste, honnête ou honteux, et que ces distinctions ne viennent que des lois et des coutumes ».

Contrairement à Épicure qui fait consister le bonheur dans une recherche habile et prévoyante, le Cyrénéen le présente dans le développement de la sensibilité livrée à tous ses caprices, en un mot dans l'obéissance passive aux instincts de notre nature.

*
* *

EMPÉDOCLE

En quittant Abdère nous nous dirigerons vers la Sicile, à Agrigente. A l'époque où Hiéron montait sur le trône de cette ville, vers l'an 444 avant notre ère, y florissait Empédocle.

Lange, parlant de lui, nous dit qu'il a fait pour les penseurs de l'antiquité ce que Darwin a fait pour notre temps.

Les quatre éléments dont il a été question avec Démocrite : l'air, le feu, la terre, l'eau, sont, pour Empédocle, irréductibles l'un à l'autre et égaux en puissance et en dignité.

Le feu c'est Jupiter ; l'air c'est Junon ; la terre, Pluton ; l'eau, Nestis l'éplorée.

Ils s'opposent deux à deux : la terre et l'air ; le feu et l'eau.

La terre est dure et pesante, l'air mou et léger ; le feu est blanc et chaud, l'eau est noire et froide. Le feu s'oppose aussi aux trois autres éléments pris ensemble.

Ce sont quatre principes ennemis qui se tiennent isolés les uns des autres une fois dégagés du sphérus, Dieu suprême : le feu au-dessus, l'air au-dessous et l'eau et la terre dans les parties inférieures.

Ces éléments tourbillonnent sous l'influence de la Discorde, chacun agité d'un mouvement différent. Ensuite l'Amitié les fait se tenir au repos.

C'est une loi de la nécessité, loi inflexible et éternelle, que le mouvement succède au repos, la Discorde à l'Amitié ; le repos au mouvement, l'Amitié à la Discorde ; que tour à tour les éléments se combinent et se séparent, que tout passe de l'un au multiple et retourne du multiple à l'un.

« Rien n'est engendré, disait Empédocle, rien ne meurt. Il n'y a que mélange ou séparation de parties ; c'est ce qu'on appelle la nature. »

Le monde est un et de forme sphérique. Le mouvement n'étant pas essentiel, il s'ensuit que le monde est périssable.

Les astres sont des amas de feu ; les uns fixes, les autres mobiles.

La lune est un globe d'air congelé. Sa lumière vient du soleil.

La pluie c'est l'humidité que rend l'air quand il

est comprimé ; la grêle n'est que de la pluie con-
gelée ; l'éclair c'est le feu s'échappant du nuage où
le soleil l'avait lancé. La foudre n'est qu'une plus
grande quantité de feu. Le tonnerre c'est ce même
feu qui s'éteint dans le nuage humide.

La mer est la sueur de la terre provoquée par l'action du soleil : c'est pourquoi elle est salée.

Les plantes sont les plumes et les poils de la terre.
Nées spontanément, ainsi que les animaux, elles sont
des animaux avortés.

La terre, encore faible à l'origine, ne produisait
que des plantes ; plus forte elle produisit des animaux. Ces derniers furent d'abord incomplets : yeux
sans visage, têtes sans cerveau, bras sans épaules.

Sous l'action continue de l'Amitié, ces membres
isolés se réunirent mais au hasard : tête d'homme
avec un corps de bœuf ; jambes de chèvre sous un
corps d'homme, une suite de monstres qui restèrent
inféconds et périrent.

Ce ne fut qu'après bien des combinaisons qu'il se
forma des êtres capables de se conserver et de se reproduire. Il sortit de terre des hommes à l'état brut,
sans visage et sans voix, qu'une influence de Vénus
embellit et orna.

Une des grandes doctrines d'Empédocle consiste
dans le semblable cherchant son semblable : le feu
s'unit au feu, la terre à la terre : c'est la loi des affinités. Loi qu'il définit être la convenance des pores,
qui existent entre les parties de tous les corps, et des
effluves, les parties solides. Convenance qui constitue

l'assemblage dans les objets physiques et la sympathie entre des êtres moraux.

L'accroissement des plantes et des animaux n'est qu'une suite de cette loi des affinités.

Lorsque le semblable manque au semblable, il y a appétit ; lorsqu'ils s'unissent, il y a plaisir ; l'union des contraires produit la douleur.

Dans les temps primitifs, l'homme et la femme ne faisaient qu'un seul être ; seulement la partie mâle tenait du principe igné et la partie femelle tenait plus du principe humide. Ces deux moitiés se séparèrent et depuis lors elles cherchent à se réunir.

L'esprit est composé des quatre éléments, c'est ce qui fait qu'il est en communication avec tout ce qui l'environne, en vertu de la théorie des semblables.

En vertu de ce même principe que le semblable attire le semblable, l'esprit formé des quatre éléments ne peut avoir pour siège qu'une substance de même nature. Or le sang étant également formé de tous ces éléments, c'est donc dans le sang que l'esprit est répandu, de préférence dans le sang qui avoisine le cœur.

La lenteur et la tristesse viennent d'un sang pauvre et raréfié ; la vivacité et l'impétuosité de la densité et de la richesse du sang.

Voilà en résumé toute la doctrine matérialiste que les philosophes de l'antiquité enseignaient.

Nous allons maintenant passer à ceux qui furent les champions de la réaction contre ce naturalisme.

C'est à Athènes que nous allons les trouver, dans cette ville où Empédocle enseignait.

Socrate, Platon et Aristote.

SOCRATE

Socrate croit aux causes finales, en une constitution téléologique de la nature.

Pour lui l'univers est l'œuvre d'une intelligence conçue à la ressemblance de l'homme. Le monde est expliqué par l'homme et non l'homme par le monde.

Selon Socrate, la science pure, les théories abstraites, les hypothèses cosmologiques sont des entreprises contre les dieux.

Il enseignait à ses disciples à aimer la vérité et à la rechercher pour elle-même, dans les faits, par une lente et patiente investigation, sans aucun parti pris.

Le plus digne d'intérêt d'études pour l'homme est ce qui touche à sa propre existence, de là sa maxime si célèbre : Connais-toi toi-même.

Il voulait que la philosophie fut la science exclusive de l'homme. La science universelle de la nature lui paraissait vaine et dangereuse. Toute science devait se confondre avec la sagesse et tendre à nous rendre heureux et meilleurs.

« N'est-il pas évident que les hommes ne sont

« jamais plus heureux que lorsqu'ils se connaissent
« eux-mêmes, ni plus malheureux que lorsqu'ils se
« trompent sur leur propre compte ?

« En effet, ceux qui se connaissent eux-mêmes
« sont instruits de ce qui leur convient, et distin-
« guent les choses dont ils sont capables ou non. Ils
« se bornent à faire ce qu'ils savent, cherchent à
« acquérir ce qui leur manque, et s'abstenant com-
« plètement de ce qui est au-dessus de leur connais-
« sance, ils évitent les erreurs et les fautes. Mais
« ceux qui ne se connaissent pas eux-mêmes et se
« trompent sur leurs propres forces, sont dans la même
« ignorance par rapport aux autres hommes et aux
« choses humaines en général ; ils ne savent ni ce
« qui leur manque, ni ce qu'ils sont, ni ce qui leur
« sert ; mais dans l'erreur sur ces choses, ils lais-
« sent échapper les biens et ne s'attirent que des
« maux. »

M. Paul Janet dit de ces paroles, citées par Xéno-
phon : « Que l'on étende ces observations à l'homme
« en général, on aura le vrai caractère de la philoso-
« phie de Socrate, une philosophie morale qui s'ap-
« puie sur l'observation intérieure. »

PLATON

Platon passe pour un mystique et un enthousiaste.
De son temps toutes les doctrines se résument dans
deux systèmes : celui d'Héraclite et celui de Parménide. On avait mis peu à peu de côté la science de

la nature pour s'occuper de celle de l'ordre moral. Le premier réduisait la nature au mouvement et au phénomène ; le second au repos absolu et à l'être parfaitement simple.

Dans le système de Platon les deux systèmes s'accordent.

Contre Héraclite il établit que le mouvement absolu et indéfini implique contradiction ; contre Parménide il montra que l'être conçu dans son absolue abstraction n'est pas plus l'être que son contraire.

La nature est composée de deux principes : l'idée et la matière.

L'idée n'est autre chose que l'essence, ce qu'il y a de réel, d'éternel, d'universel dans les choses. La substance commune qui donne à toutes les idées leur essence, c'est l'idée du bien. Or l'idée du bien, dans Platon, c'est Dieu lui-même.

Pour la matière, il la considère comme une substance indéterminée qui prend successivement toutes les formes ; ou comme un espace où a lieu la génération des choses.

Selon ce philosophe, la forme pourrait exister sans la matière, comme une substance véritable.

ARISTOTE

Comme Démocrite, Aristote s'appropria en homme de génie toutes les connaissances de son époque, mais il les envisagea sous un point de vue rationalo-spiritualiste.

Contrairement à Socrate et à Platon, il s'occupa beaucoup des sciences naturelles, il est même considéré comme en étant le père.

C'est à Stagire, colonie grecque de la Thrace, que naquit ce grand philosophe, 384 ans avant l'ère chrétienne.

Élève de Platon pendant vingt ans, il combattit ensuite la grande théorie des Idées du philosophe athénien. Nous allons résumer quelques-unes de ses opinions :

La finalité apparente des choses implique dans l'univers l'existence d'une pensée et d'une volonté immanentes ou transcendantes.

La matière n'est qu'en puissance, la forme est en acte.

Le passage du possible au réel, voilà le devenir ou l'être. Avec la possibilité de devenir toute chose, la matière n'est rien en réalité.

Le général n'est plus qu'un nom, il existe dans chaque particulier.

L'âme est la réalisation d'un corps organisé, qui a la puissance de vie.

Aristote considère l'homme comme le terme le plus élevé de la série organique. Il voit réuni en lui la nature de tous les êtres inférieurs : plantes et animaux. Ce qui le distingue de ces derniers, c'est une âme rationnelle.

Aux quatre éléments dont tous les corps sont, jusqu'à lui, composés, il en ajoute un cinquième : l'éther.

L'éther pur, impondérable, à l'abri de toute modification, sans commencement ni fin, est la première essence des corps. Il est animé d'un mouvement éternel et circulaire.

Comparée au ciel tout entier, la masse de la terre est nulle, sa circonférence a 440.000 stades; 400.000 selon la traduction *de Cælo*, par Barthélemy Saint-Hilaire.

Parmi les corps terrestres, les uns sont simples et les autres sont composés de ceux-ci.

Les corps simples sont des substances incréées qui ont en soi, naturellement, le principe du mouvement : tels le feu et la terre et leurs intermédiaires, l'air et l'eau.

Le mouvement d'un corps composé dépend de l'élément prédominant qu'il contient.

Les corps simples viennent réciproquement les uns des autres et chacun d'eux est en puissance dans chacun des autres.

Les éléments, loin d'être immuables, changent et se métamorphosent les uns dans les autres, plus ou moins vite selon leur degré d'affinité. Ils naissent et périssent; sont des degrés de transformation d'une seule et même substance primordiale.

L'air qui est chaud et liquide viendra ainsi du feu qui est sec et chaud, par l'unique changement de l'une des deux qualités de ces corps; si le sec est dominé par le liquide il se produit de l'air; si dans cet air le froid devient dominant il se produit de l'eau. C'est encore d'une façon analogue que la terre vient de l'eau et le feu de la terre. C'est de ces éléments et de leurs transformations que naissent tous les composés organiques et inorganiques : plantes, animaux et minéraux.

Aristote considère comme élément la matière première qui entre dans la composition des corps et ne peut être réduite en parties hétérogènes.

Dans la chair, dans le bois et dans les autres corps analogues, il y a de la terre et du feu.

Les plantes et les animaux étaient composés de parties hétérogènes et de parties homogènes; les premières formaient le bois, les feuilles, racines, mains, pieds, organes divers; les secondes servaient à composer les nerfs, les muscles, chair, os, peau. Les premières parties étaient réductibles en parties homogènes, et ces dernières avaient pour éléments la terre, l'eau, l'air et le feu.

Aristote estimait que l'eau dominait dans la composition de l'or, de l'argent, du cuivre, de l'étain et du plomb, car il supposait que plus un corps se liquéfie facilement au feu plus il est aqueux.

Dans le fer c'était au contraire la terre qui prédominait. Pour si important que fût l'élément prédominant dans la composition d'un métal, on ne devait pas oublier qu'il ne pouvait être composé que d'un seul élément.

Pour transmuter les métaux, il fallait ajouter à ceux-ci certaines qualités. Leurs éléments étaient le soufre et le mercure.

Tout ce qui était spécifiquement plus léger que

l'eau, contenait surtout de l'air ; et, au contraire, il contenait de la terre s'il était plus lourd.

La combustibilité d'un corps avait un degré qui dépendait de la proportion d'air et de feu.

Chez les plantes c'était la terre qui prédominait, tandis que c'était l'eau chez les animaux aquatiques et l'air chez ceux qui marchent sur la terre. Ceux où c'était le feu, habitaient la Lune.

« Dans l'histoire et dans la nature tout se transforme, rien ne se perd et reparaît éternellement sous de nouveaux aspects. Alors même que les monuments écrits et figurés d'une civilisation disparaissent sans laisser de traces, comme cela a dû arriver déjà plusieurs fois, sur cette planète » ; nous dit Jules Soury, en citant un passage de la métaphysique d'Aristote, dans sa thèse sur les théories naturalistes.

CHAPITRE VI

Le Cahos et ses causes.

Nous venons de voir ce que les ancêtres ont pensé du monde, nous allons essayer ce qu'à notre époque, étant donné l'état actuel des connaissances, nous en pouvons penser à notre tour.

Afin de comprendre l'organisation génésiaque de notre système planétaire, il est nécessaire que nous connaissions dans quel état il se trouvait lors de l'impulsion première de son mouvement rotatoire.

Vous comprenez, n'est-ce pas, combien il est utile que nous ayons des notions précises sur le cosmos primitif, si nous voulons avoir une idée bien complète de son évolution.

La mort est une dissociation des particules composant un agrégat, qui fait qu'un organisme plus ou moins composé retourne à des organismes plus simples ; qu'un agrégat revient à l'individu, et, par extension, qu'un minéral retombe à l'atome et enfin qu'une planète retourne aux *primus*.

Le *primus*, vous vous en souvenez, c'est le terme

què nous avons dit vouloir nous servir, au lieu d'atomes ou de monades, pour désigner le degré initial de la matière.

Ce que nous en faisons ce n'est nullement par un vain désir de singularisation, mais c'est afin d'imposer une limite à notre imagination.

En effet dans le point matériel, dans l'atome ou toutes autres appellations du microcosme, l'esprit peut encore chercher un au-delà, d'autres divisions; tandis que le terme *primus*, arrête tout. C'est le premier et c'est tout dire.

La mort, pour en revenir à ce que nous disions, porte en soi quelque chose de merveilleux. Elle régénère, revivifie, retrempe dans les forces de la nature, tous les microcosmes usés au service d'un macrocosme.

Les infiniment petits se trouvent, par son fait, placés en contact immédiat avec des éléments vierges susceptibles de s'incorporer en eux, et qui se trouvent en suspension dans les fluides.

La désagrégation est éminemment utile, et cette excellence nous est démontrée par son universalité.

Elle est utile et universelle, ces deux conditions nous la font admettre préexistante à la formation de notre système planétaire et comme cause immédiate du cahos.

La conscience que nous avons de l'éternité, ne nous permet pas de supposer que l'état actuel de notre univers soit la conséquence d'une évolution unique dans le temps, mais qu'il est le résultat d'un cosmos gazeux qui a préexisté dans le passé et qui se renouvellera dans les temps futurs.

Notre système solaire ne serait donc qu'un chaînon dans la série des phénomènes cosmiques.

Si nous devons nous en rapporter à ceux qui se sont occupés de l'ancienneté de notre globe, William Thomson et Dana, c'est tout au plus à 100 millions d'années que l'on peut faire remonter l'origine de notre planète.

Le premier fixe à environ un million six cent mille siècles, et le second à quatre cent quatre-vingt mille, l'existence de la Terre, soit une moyenne séculaire de un million.

Supposons qu'il en ait fallu autant, ou deux et trois fois plus, pour la formation du système complet, ce ne serait toujours que quelques centaines de millions d'années : un rien dans l'éternité.

Il est donc certain que les phénomènes que nous allons étudier ne sont qu'une répétition de phénomènes qui ont eu déjà lieu, et qui se reproduiront dans un autre stade cahotique.

Il n'y aurait même rien d'extraordinaire qu'ils eussent lieu à l'instant précis où nous en parlons, dans des systèmes solaires ignorés.

Nous savons que tout se décompose. Nous pouvons fixer la marche de cette décomposition par cet aphorisme :

Tout meurt, tout se désagrège, en allant du composé au simple; de l'organisme supérieur à l'organisme inférieur.

Nous allons constater que cette définition est une loi générale.

Les forces qui régissent l'univers peuvent se résumer en deux : l'attraction et la répulsion.

L'une qui tend constamment à rapprocher les molécules et les corps et qu'on désigne sous le nom de force centripète; l'autre, au contraire, tend incessamment à disséminer la matière et porte le nom de force centrifuge.

L'équilibre de ces deux forces est une des conditions nécessaires non seulement à l'existence d'un système planétaire, d'une planète, mais encore à celle de tout organisme.

Dans la matière organisée quoique les forces soient de même nature que les précédentes, elles sont désignées différemment. La force centripète qui n'est qu'une intégration de forces, s'appelle la vie ; la force centrifuge qui en est l'épuisement et la dépense, se nomme la mort.

La vie est, nous le répétons, le mouvement en soi; nous ajouterons qu'une force centripète conserve. La mort, c'est l'inertie produite par une force centrifuge qui a déterminé l'épuisement de ce mouvement.

De sorte que le mouvement et l'inertie sont deux forces contraires que nous trouvons en équilibre dans tout agrégat supérieur et sain.

Etudions le jeu de ces forces dans ce qui nous

entoure, cela nous permettra de mieux comprendre notre hypothèse du cahos.

Il y a, en statique, une loi qui veut dans deux forces en équilibre, que si l'une faiblit la puissance de l'autre augmente en raison directe de cet affaiblissement.

Les valences de ces forces n'étant plus égales dans un corps, l'équilibre devient instable et il est détruit si nulle réaction ne se produit.

Les remarques que nous allons faire ne se rapportent qu'à des agrégats considérés à un point de vue relatif. Il importe que vous ne l'oubliez pas.

Nous venons d'affirmer que l'équilibre entre le mouvement et l'inertie composait les agrégats supérieurs.

Voici en effet un minéral, nous savons qu'en lui n'existe pas le mouvement en soi, il n'y a que l'inertie, c'est ce dernier motif qui nous le fait considérer comme corps mort et le place au bas de l'échelle cosmique.

Voilà une plante. Sa croissance, l'augmentation de son volume, nous indiquent l'existence du mouvement en soi. C'est ce qui la rend sensible aux phénomènes de vie et de dégénérescence.

Mais ce mouvement étant trop faible pour équilibrer l'inertie, cette plante reste attachée au sol ; de là, pour elle, une infériorité à l'égard des animaux quoique, par ses organes, elle soit supérieure aux minéraux.

Dans le règne animal nous observons aussitôt, que

le mouvement forme une plus grande opposition à l'inertie. Et nous remarquons que plus nous nous élevons vers les types supérieurs, plus nous constatons que ces deux forces se rapprochent de la statique.

En effet dans les protistes, qui sont considérés comme le trait d'union avec le règne végétal, existe depuis la sensibilité la plus exaltée jusqu'à l'insensibilité la plus complète. Ils se meuvent par accès ; par mouvements courts, saccadés, et non point rythmiques comme par exemple chez le chat ou le chien.

Ces différences cinématiques paraissent résulter de la diversité des systèmes nerveux et musculaires.

Chez l'individu, où l'action nerveuse n'a pas pour l'équilibrer une réaction musculaire équivalente, il existera un état permanent de fébrilité ; tandis qu'au contraire ce sera l'engourdissement si à la puissance des muscles ne correspond pas un influx nerveux suffisant pour les animer.

L'équilibre entre ces forces différentes paraît se manifester dès les vertébrés.

Dans l'homme sain de corps et d'esprit ces forces sont dans un état parfait de statique, avec une dominante de nervosité chez l'individu d'intellect supérieur. Mais comme le cerveau sert de récipient à cet excès, l'équilibre revient à la suite de l'effort mental.

Le sentiment d'infériorité ou l'état de malaise que ressent un individu, n'a pour cause que le déséquilibrement de ces forces. Et aussitôt que cette inégalité cesse, l'harmonie dans l'ensemble reparait, mais la mort survient si l'une de ces deux forces disparaît.

En effet selon que faiblit le mouvement ou l'inertie, c'est-à-dire les nerfs ou les muscles, le sujet atteint de ce déséquilibrement passe par des phases de coma ou de fébrilité, et finalement il meurt et entre en décomposition. Une partie de l'inertie revient à l'inertie chimique avant d'acquérir les conditions nécessaires pour une nouvelle évolution; l'autre partie s'incorpore à des éléments de vie dans lesquels la force mouvement est subdivisée en autant de minima de puissances qu'il y a d'individus élémentaires.

Nous pourrions, si ce n'était trop nous écarter de notre sujet, appliquer cette théorie statique des forces à la formation et à la disparition des peuples. Nous verrions qu'un agrégat d'humains est en progression tant qu'il y a équilibre, et qu'il dégénère si celui-ci se trouve rompu. Il convient cependant de remarquer que dans un organisme aussi complexe qu'un peuple, les causes se transforment, se subdivisent en un grand nombre de causes secondaires qui deviennent à leur tour efficientes; mais par synthèse nous pouvons toutes les ramener, quoique les termes nous en paraissent impropres, au mouvement qui tend à disperser l'énergie accumulée par l'inertie — dissémination d'une concentration — et à l'inertie qui retient cette dispersion dans certaines limites — concentration d'une dissémination.

Conséquemment les forces mouvement et inertie, appelées selon la nature et l'importance de l'agrégat:

centripète et centrifuge, attraction et répulsion, chaud et froid, progrès ou décadence, vie ou mort, composent par leur équilibre, une résultante qui est l'agrégat en soi. Et leur état statique paraît varier, selon le degré hiérarchique des êtres organisés.

La décomposition d'un composé ne serait donc autre chose que celle des forces ayant concourues à sa formation. C'est pourquoi on voit simultanément à la désagrégation, les inégalités entre les forces s'accentuer de plus en plus en suivant une marche régressive conforme à celle énoncée dans notre aphorisme.

Les physiologistes nous montrent cette loi de la décomposition dans les organes de l'homme.

La mort, nous dit Béclard, arrive par la cessation du cerveau, des poumons et du cœur — autrement dit par l'insensibilité du système nerveux.

En effet, les sens ne fonctionnent plus, la respiration se ralentit, les mouvements respiratoires deviennent de plus en plus lents, et cessent par une dernière expiration; le cœur qui ne bat plus que faiblement fait encore sentir quelques frémissements, bientôt les frémissements s'éteignent, les muscles deviennent rigides, tout mouvement disparaît, l'inertie triomphe: la mort est confirmée.

Dans un végétal, les cellules n'ont plus la rétractilité et l'élasticité nécessaires à la répartition de la sève dans l'arbre. Il s'ensuit un commencement d'étiolement dans les feuilles, de dessiccation dans les branbres; les cellules finissent par ne plus fonctionner : les feuilles tombent, les branches dessèchent, l'arbre meurt et retourne à l'inerte.

Un minéral éprouve une faiblesse dans sa cohésion; les particules se détachent, son volume diminue, l'agrégat disparait.

Un système planétaire ne saurait se soustraire à une loi générale. La pensée ne saurait logiquement concevoir une agrégation sans y adjoindre une désagrégation comme fin.

L'époque où ce système eut atteint son point-critique fut celle où le cœur de ce système, le soleil, ne put plus équilibrer ses déperditions de calories par suite de l'insuffisance de la matière cosmique.

La quantité de matière et ses combinaisons étant limitées, il est parfaitement compréhensible qu'il ne soit pas possible au soleil de s'en pourvoir indéfiniment en quantité et qualité suffisantes pour subvenir à la consommation qu'il en fait.

Cet astre s'anémia, ne put plus répandre sur les diverses planètes qui orbiculaient dans sa sphère d'attraction, la chaleur nécessaire à la vie.

Il en résulta une grande baisse de température qui produisit un étiolement dans les végétaux et une dégénérescence parmi les animaux et les hommes.

Ce fut certainement chez l'homme, en vertu de la loi de la régression, que les signes de dépérissement se manifestèrent le plus énergiquement.

La finesse de ses organes lui imposant le besoin de se nourrir de substances délicates, le prédisposa à ressentir vivement les atteintes de la dissociation générale qui s'annonçait.

Ensuite ce furent les animaux qui donnèrent des signes visibles de régression. Car leurs organes habitués à une nourriture grossière, purent se sustenter plus longtemps et durent résister mieux que ceux de l'homme.

Enfin les végétaux ayant peu de force à dépenser, trouvèrent dans le sol des réserves qui leur permirent de se soutenir. Cependant l'humus devenant de plus en plus pauvre, ils allèrent à eux aussi en décroissant.

Si nous jetons un coup d'œil sur notre globe, les paléontologues nous apprennent que la richesse végétale a atteint son maximum de puissance dans l'ère tertiaire, c'est-à-dire il y a plusieurs millions d'années.

Ces savants nous l'indiquent vers l'oligocène et le miocène, et le déclin de la flore s'annonça avec l'apparition de l'hiver dans la période du pliocène, celle qui touche à notre époque quaternaire.

L'extinction des grands proboscidiens, animaux à trompe, suivit ce déclin qui précéda l'apparition de l'homme.

Nous ne voulons pas en tirer l'induction que la régression a commencé dès ces périodes, ce qui semblerait démontrer que l'homme a été le point-critique de la formation des êtres organisés, et que nous serions par suite en voie de désagrégation. Non, notre pensée ne va pas jusqu'à cette affirmation, car les progrès de la nature ne paraissent point consister dans les profusions et les dimensions organiques, mais dans leur perfectionnement. Cependant il est admissible d'avancer, ainsi que nous le verrons plus loin, que le cycle créateur des espèces était clos dans les périodes où l'existence de l'homme est constatée.

Il semble que la matière plastique doive atteindre d'abord un degré extrême de développement, avant de revenir, par un choc en retour, vers un type moyen où les forces paraissent se fixer définitivement.

Dans les individus supérieurs le cerveau est l'organe qui a son développement en dernier, bien après tous les autres.

L'homme semble être apparu sur notre globe avec un retard analogue. Et de même que cet organe (le cerveau), — dernier formé et premier atteint par la dissociation ultime — l'espèce humaine dernière formée éprouva la première, avons-nous dit, les effets de la régression.

Conformément à la loi que nous avons signalée, la dissociation eut son point de départ dans le soleil, se poursuivit sur les planètes, et, sur chacune d'elles des types supérieurs vers les types inférieurs.

En effet, le soleil étant l'âme d'un système planétaire, ce ne put être que par lui que commença la descente dans le cahos.

Et voici l'explication rationnelle que l'on peut donner de ce phénomène.

Aucune provision de comètes ne se renouvelant pour alimenter la force calorique du soleil, celui-ci livré à ses propres ressources, alla s'obscurcissant jusqu'à extinction complète.

Le feu que nous constatons encore emmagasiné dans l'intérieur des planètes, de la nôtre tout au moins, s'éteignit à son tour.

La Terre retourna à la période glaciale et comme nulle chaleur n'existait, ni combinaison chimique, ni évaporation ne purent se faire ; ce qui modifia les conditions atmosphériques, et par suite l'air n'eut plus les qualités suffisantes pour la vie des êtres organisés.

L'homme disparut d'abord, avec la faune et la flore de son époque ; puis les vertébrés avec les angiospermes; les ganoïdes avec les gymnospermes; les vers arénicoles avec les algues.

Tout mourut, réintégra en l'inorganique, en des germes inféconds. Et il ne roula plus dans l'espace que des planètes désertes.

L'action frigorifique rendit instable l'équilibre entre les forces attractives et répulsives. Celles-là augmentèrent tandis que celles-ci allèrent en diminuant.

Les mondes ayant perdu leurs calories, ne recevant et ne dégageant plus de chaleur, durent se replier sur eux, se contracter en formant des plissements qui déterminèrent d'immenses failles.

Tels, en petit, ces ballons où l'on fait le vide qui se rétrécissent, en formant mille sinuosités, ou se brisent, selon la substance dont ils ont été formés.

La grande compression des gaz rendit la matière plus inerte, aucune réaction centrifuge ne vint équilibrer la force centripète et, sous la pression atmosphérique, la planète se trouve écrasée comme un minéral dans un étau.

La pesanteur également, n'éprouvant plus la résistance que lui oppose la porosité des corps — celle-ci se trouvant très réduite à la suite de cette compression — fut seule à agir sur les astres. Elle rompit la régularité du mouvement, les planètes inclinèrent du plan de l'écliptique et coururent désorientées, sans rythme ni harmonie, dans l'espace.

Il est nécessaire que nous nous fassions une idée exacte de ce que devait être cet espace, car nous nous tromperions étrangement si nous le supposions infini.

Les lois de la gravitation universelle, nous montrent la matière s'attirant incessamment, et cette attraction diminuer en raison inverse du produit des masses et en raison directe du carré des distances.

Ce qui signifie que les forces attractives et par suite répulsives des masses sont efficientes sur la matière ambiante, mais n'ont plus d'effet sur les corps placés à une certaine distance.

Ainsi la Terre qui retient la Lune dans son sillon, reste impuissante à l'égard des planètes placées en deçà et au-delà, telles que Mercure et Mars.

De manière que notre globe développe son influence dans un cercle dont il est pour ainsi dire le centre.

C'est, on le voit, en petit ce qui existe en grand pour le soleil.

Cette sphère d'influence se rétrécit à mesure que l'on descend vers le microcosme. Mais nous la constatons partout : d'atome à atome, de molécule à molécule, de particule à particule, de planète à planète, et la logique nous oblige à l'admettre de soleil à soleil ou de système à système.

Si la zone influencée par un atome est infiniment réduite, elle est par contre nécessairement immense s'il s'agit d'un soleil. Elle ne peut être limitée que par les espaces d'influences où s'exercent les forces attractives et répulsives des soleils circonvoisins.

De sorte que l'espace de notre système planétaire est limitée; limitation qui nous indique la cause qui empêche, malgré la pesanteur, la matière de tomber indéfiniment.

Il arriva un moment où les forces des autres systèmes exercèrent une action plus intense sur ces planètes en désarroi.

Ces forces furent aussi bien attractives que répulsives. Mais la matière avait déjà atteint un degré d'expansibilité trop supérieur pour se laisser absorber, de sorte qu'il n'y eut que la force répulsive qui l'influença.

Le grand déplacement aériforme que produit le mouvement d'un système, refoula vers le centre cette matière en désagrégation et la contraignit à se mouvoir dans une zone inter-solaire, circonscrite par le rayon d'influence de ces forces.

Ce fut en quelque sorte un cercle dans l'espace, d'une immensité impossible à calculer, qui devint le champ clos où s'exercèrent les forces dissolvantes.

Dans ce cercle il y eut des rencontres inévitables. Des heurts formidables se produisirent qui ajoutèrent l'excédent de chaleur qu'ils développaient à celle produite déjà par le mouvement. Les corps se dilatèrent et leur état vétuste ne leur permettant pas de développer une cohésion suffisante pour annuler cette expansion, chaque planète fut morcelée.

Les forces étant toujours constantes, elles ont d'autant plus d'action que les corps sur lesquels elles agissent offrent une masse plus petite, de sorte que ce morcellement fut cause d'une accélération dans les mouvements.

Il en résulta une augmentation de chaleur qui dilata les planitules, les fractionna encore, multipliant ainsi la fréquence des chocs.

Les causes de la désagrégation dont nous parlons n'étant point accidentelles, mais étant la conséquence d'un état d'usure, il ne nous est pas possible de supposer qu'une force contraire ait pu surgir pour l'enrayer.

Les facteurs de la désagréation cessent d'agir, parfois, dans les corps qu'un accident désagrège. Dans ce cas ceux-ci tendent aussitôt à s'unir pour reconstituer le corps primitif. Mais il ne saurait en être ainsi quand c'est le fait de la vieillesse, de la vétusté, du point-critique atteint, que la décomposition s'annonce.

Les microcosmes sont aussi usés que les macrocosmes, et pour pouvoir acquérir l'énergie nécessaire au cycle de leur évolution, il leur est imposé de revenir à l'état primusiel ou élémentaire, qui, seul, peut leur rendre leur plasticité originelle.

Cette dernière décomposition, appelé exothermique par ce que l'énergie potentielle disparaît sous forme de chaleur qui se dissipe, une fois commencée elle se poursuit jusqu'au bout, nous apprend Armand Gautier.

Malgré cela il se peut que des influences extérieures interviennent pour la modifier, mais cela est difficilement acceptable pour la décomposition générale d'un système.

Nous pouvons donc inférer de ce que nous venons de dire, que la dissociation se poursuivit jusque dans ses dernières limites; que les planitules furent réduites en parcelles, les parcelles en particules.

Ces dernières en molécules, celles-ci en atomes qui furent divisés en *primus* invisibles, impalpables, intangibles. Et la désagrégation s'arrêta d'elle-même devant l'indivisible.

Dans ce stade primusiel, il n'y eut ni clarté ni nuit. Les *primus* n'étaient à proprement parler ni esprit, ni matière; leur état n'était non plus ni liquide, ni solide. Mais sous une condition aériforme,

ils contennient les principes du Tout, et, amorphes
ils oscillèrent dans l'espace inter-solaire.

Ce fut le règne des neutres, des abstractions, en
un mot le cahos.

Cette hypothèse d'un cahos gazeux n'est pas nouvelle, loin de là. Kant l'a déjà exposée dans sa cos-
mogonie, et cette théorie a été plus explicitement
formulée par Laplace et Herschell.

Elle nous indique que les matériaux qui actuellement sont à divers degrés de solidité, ou demi-soli-
des, liquides et gazeux, étaient à l'origine confondus
en une masse homogène remplissant l'univers, et
maintenue en un état de ténuité extrême par une
température excessivement élevée.

Haeckel qui la mentionne dans sa création naturelle, en fait la critique suivante :

« Il y a des difficultés à admettre l'idée d'un cahos
« gazeux remplissant l'univers, une difficulté plus
« grande c'est que la théorie cosmologique des gaz
« ne nous explique en rien la première impulsion
« qui imprima un mouvement rotatoire à la masse
« gazeuse remplissant l'univers.

« On est obligé de songer à un premier commen-
« cement, mais quand il s'agit du mouvement éter-
« nel de l'univers, un premier commencement est
« aussi peu concevable qu'un arrêt définitif. »

Il est pour nous évident que l'auteur de cette
objection entendait, quand il l'a soulevée, parler de

l'univers absolu. Nous croyons que l'on se trompe si l'on interprète de cette façon la conception cosmologique de Kant, de Laplace et de Herschell, mais on est dans le vrai si on la rapporte à un univers relatif, au nôtre, celui de notre système planétaire limité par l'univers des autres systèmes.

Nous avons dit que l'absolu est le point-critique de la raison, de l'entendement humain. Nous répétons que nous le sentons cet absolu, aussi bien dans l'espace et le temps que dans le domaine moral. Mais vouloir le pénétrer, le détailler, l'analyser comme quelque chose de concret et de fini, un esprit bien équilibré ne saurait même en avoir l'idée sans l'abandonner aussitôt, de peur que sa raison n'y sombre.

L'Infini ne serait plus tel s'il était possible de le connaître, donc qui dit Infini dit inconnaissable.

C'est uniquement pour cette raison qu'il est impossible à l'intelligence de l'homme de concevoir et définir le cahos universel. Et pour la même raison on ne doit entendre, quand il est question de cahos cosmique, que de ce qui se rapporte à notre système planétaire, à quelque chose de fini.

Le problème ainsi posé nous comprenons mieux, non pas le premier mouvement éternel de la matière mouvement qu'il est inutile de chercher à comprendre, mais la première impulsion qui détermina le mouvement propre aux formations planétaires, dont

la cause se trouve dans les lois attractives et répulsives qui régissent les rapports des systèmes solaires
entre eux, ainsi que les rapports entre les planètes
d'un même système.

De même que nous jugeons illogique et irration-
nelle l'existence d'une force créatrice se manifestant
en même temps pour créer l'universalité des systèmes,
nous jugeons pareillement l'idée qu'une force ait pu
s'exercer simultanément sur l'ensemble des systèmes pour les détruire.

Ce ne peut être que successivement que les systèmes planétaires disparaissent et se reconstituent.

Comme il ne se passe pas de seconde, au dire de la
statistique, sans qu'un homme naisse ou meure, il
ne s'écoule peut-être pas trois millions de siècles,
pour fixer un chiffre, sans qu'il se produise une formation ou une décomposition d'un assemblage cé-
leste.

L'Intelligence-Suprême n'a pu imposer la loi du
naître que pour mourir; et celle du mourir que
pour renaître, et cela éternellement.

CHAPITRE VII

Reconstitution d'un système planétaire.
Origine des forces.

La compréhension que nous avons du cahos, va nous permettre de mieux saisir le côté grandiose de l'évolution.

La loi générale de l'agrégation exerçant son action en sens inverse de celle de la désagrégation, nous pouvons la formuler ainsi :

Tout s'agrège en se dirigeant du simple au composé ; de l'organisme inférieur à l'organisme supérieur.

Il ne nous est pas possible de fixer une durée quelconque au stade cahotique. Nous pouvons cependant présumer qu'elle fût très longue. Elle dût avoir plusieurs millions si ce n'est des centaines de millions d'années.

Le cahos aériforme ne fut que mouvements variés, violents, rapides, sans rythmes.

Les gaz étaient maintenus par leur tension en état constant de répulsion.

Ni l'espace libre ni de grosses masses n'existant, il devait se manifester très peu, pour ne pas dire aucune, pesanteur.

La chaleur extrême, développée d'abord par la

désagrégation ensuite par l'accélération dans la vitesse, maintenait les *primus* fluidiques dans leur maximum d'expansibilité.

Néanmoins dès que cette chaleur eut pénétré les *primus*, le travail engendré par cette absorption produisit une déperdition de calories dans le milieu, et détermina une réaction frigide.

Une expérience de Tyndall nous montre l'air exécutant lui-même un travail mécanique, comme par exemple celui de pousser d'autre air en avant, consommant dans cet effort une portion de la chaleur.

Cette réaction mit en mouvement l'action des forces à l'état latent dans les *primus*. Ceux-ci se contractèrent ainsi qu'on voit le froid contracter et faire s'unir les molécules de la cire, de l'eau et des gaz.

Ce fut le premier pas, solennel entre tous, de la nature dans sa marche triomphale à la reconstitution des Mondes.

Dès lors la chaleur eut une force contraire qui entra contre elle en lutte et s'imposa de plus en plus pour l'équilibrer.

La matière qui jusqu'ici n'avait été qu'une pure abstraction devint tangible, et *ipso facto* variée dans ses propriétés et ses formes.

Les affinités chimiques se dessinèrent. Les *primus* — carbone, oxygène, hydrogène azote etc., etc., — sentirent tressaillir en eux une force.

L'éther imprégna, satura diversement ces microcosmes, et la sensibilité qu'il leur communiqua ne put qu'augmenter leurs degrés d'affinité.

Des millions de courants divers, durent se former parmi ces *primus* agités de mouvements dissemblables ; courants inégaux en vitesse selon les vibrations qui les sollicitaient.

Ce fût un brassement général qui amena, lentement, dans la matière, un degré de fermentation nécessaire au cahos, pour entrer en gestation d'un système planétaire.

Dans les gaz, il existe une force interne, qui a la propriété de les lancer dans l'espace en ligne droite. Par conséquent, lors de la volatilisation de la matière, tous les *primus* gazeux se dirigèrent en droite ligne vers la périphérie du système circonvoisin. Mais comme leur état de dilatation les empêcha de se soumettre aux forces attractives de ce système, arrivés là, ils furent refoulés. Cette force répulsive s'exerça dans un sens aussi bien horizontal que perpendiculaire, telle l'action d'un ventilateur sur les atomes qui s'en approchent.

De sorte qu'à la force interne et rectiligne des gaz vint s'en opposer une externe, horizontale ou autre, qui forma dans tous les cas un angle avec elle.

Or deux forces ainsi opposées déterminent, sur le corps sphérique où leurs efforts s'exercent, une giration.

Voici en effet une boule suspendue. Poussons-la en faisant agir deux forces, l'une qui se dirige droit devant nous, l'autre qui forme un angle avec elle : vous remarquez, dès l'action de cette dernière force, la boule continuer d'avancer mais en tournant sur elle-même.

C'est, par analogie, ce qui dût se manifester au début des mondes, pour imprimer un tourbillonnement général dans toute la matière du système.

*
* *

Les inégalités, qui se produisirent dès l'apparition de la force frigorifique dans les *primus* qui composaient la masse cosmique, furent diverses selon les propriétés physiques et chimiques de chaque groupe.

Il y eut des inégalités dans les vitesses, comme cela se remarque entre les atomes de l'oxygène, de l'hydrogène et de l'azote; inégalités dans l'absorption, dans la radiation, dans l'attraction, dans les répulsions, dans les affinités, dans tout.

Ces inégalités engendrèrent dans le tourbillonnement général des tourbillons particuliers. Le nombre de ces derniers dut, à l'origine, être incalculable.

Nous n'avons qu'à remarquer le grand nombre de tourbillons qui se forment dès la moindre vibration, parmi les atomes d'un rai de soleil pénétrant dans un milieu obscur, pour avoir une faible idée de ce qui devait être.

Nous voyons encore, au moindre souffle, se produire le même phénomène pendant la chute des neiges.

Nous devons tenir compte dans ces deux cas, que

l'attraction de la terre leur imposant une descente rapide, contrarie la tendance qu'ont ces particules à se grouper, à se juxtaposer, à tourbillonner à la plus légère impulsion.

Mais cette attraction d'une grosse masse sur de plus petites n'existant pas encore dès l'origine des inégalités, les *primus* suivaient librement, sans nulle entrave, les tendances qui se manifestaient en eux.

Les agrégats qui se formaient partout sous les lois de l'affinité virent surgir une force, peut-être inconnue jusqu'à eux : celle de la pesanteur.

Mais comme le milieu où les agrégats évoluaient était très dense, cette force ne put que faiblement agir dès le début.

La grande quantité de gaz carbonique produite par l'état ignifuge ultime, devait rendre toute vie impossible.

Ces agrégations primusielles entraînèrent une nouvelle consommation de calories, en même temps qu'une déperdition d'acide carbonique. Ce qui permit aux conditions atmosphériques de devenir plus favorables à l'éclosion des germes.

Ces éclosions survenaient instantanément parmi les *primus* organiques. Et ceux-ci naissaient et mouraient, passant presque simultanément d'un état à l'autre.

Ces passages devaient être de si courte durée, que l'existence d'un éphémère pourrait paraître celle d'un siècle comparée à la leur.

8

A ce degré de l'évolution, la pensée conçoit difficilement une différence entre l'organique et l'inorganique, quoiqu'il en dut exister une.

La vie devait se manifester sous des apparences
telles qu'il est impossible de distinguer la différence
des mouvements externes et internes, de sorte qu'on
serait tenté d'affirmer que la vie fut universelle dans
les *primus*; ce qui nous entraînerait à une seconde
affirmation : c'est que la matière inorganique n'est
que des résidus, des détritus de la matière organique. Et, comme conséquence, que la vie fut à la
base de tout.

Quoiqu'il en soit, ce qui nous paraît plus rationnel
c'est que les agrégats qui se formaient sous la résurrection des forces, devinrent de plus en plus importants.

Ils virent leurs masses s'augmenter par intessus-
ception lorsque l'affinité coopérait à la formation de
l'agrégat, et par juxtaposition quand ce fut l'attraction. Et ainsi au stade primusiel succédèrent dans
un ordre successif, les stades atomiques, moléculaires, particulaires et microplanitulaires.

A chacune de ces étapes, le mouvement particulier
des *primus* se subordonna de plus en plus au mouvement général de l'agrégat.

Un commencement de forces centripète et centrifuge s'esquissa dans les masses, et dans celles-ci le
mouvement giratoire s'affirma de plus en plus, ce
qui fixa définitivement la forme sphéroïdale que l'on
découvre dans tout agrégat cosmique.

Ce mouvement augmenta la force centripète, affranchissant ainsi les particules des sollicitations séparatistes des corps ambiants, et fit triompher l'inertie moléculaire afin de permettre aux noyaux stellaires de se constituer.

*
* *

Ces noyaux existèrent en nombre infini. Parmi eux, les uns devaient évoluer jusqu'à la planète, les autres s'arrêter à l'étape stellaire.

Les inégalités dans les masses qui se produisirent dès qu'une sensation de froid eut atténué l'extrême dégagement de chaleur, ne firent qu'aller en s'accentuant davantage.

Il y eut, pour ainsi dire, une lutte générale entre les forces organisatrices des mondes : l'attraction contre l'affinité, la répulsion contre l'attraction, la cohésion contre la répulsion, la pesanteur contre l'expansibilité, etc. Et parmi les premiers agrégats durent survenir des heurts fréquents.

Mais la petitesse des masses jointe à la compacité du milieu où elles se mouvaient, dut considérablement affaiblir la violence de ces chocs, les amortir au point de les rendre trop insignifiants pour pouvoir rompre la cohésion qui unissait tous ces éléments vierges.

Nous avons indiqué les raisons qui nous empêchaient de croire à l'intervention d'une force capable d'empêcher la désagrégation cosmique de se pour-

suivre jusqu'au bout. Les efforts constants de la nature vers un but déterminé, nous obligent également
à écarter l'idée qu'un obstacle assez puissant puisse
surgir à un moment donné pour l'empêcher d'atteindre à ce but. Les forces continuèrent donc leurs
missions. Et l'attraction croissant avec les masses,
de nouveaux agglomérats s'unirent aux noyaux des
futurs astres, qui, par ce fait, devinrent des planitules.

Les tourbillons primusiels étant ainsi devenus
insensiblement des tourbillons planitulaires, au centre de chacun de ces derniers se forma un noyau
plus dense, destiné à être la future planète. Et autour de ce noyau, continua de se mouvoir, en en
subissant l'influence attractive, une masse hétérogène qu'il devait tôt ou tard absorber.

Les espaces parcourus par ces nouveaux tourbillons peuvent être représentés graphiquement, par
une série de cercles inscrits.

Ces courants ne purent devenir homogènes, ni les
agrégats se constituer, sans produire une diaphanéité dans l'air. Ce qui permit aux planitules de se
mouvoir plus aisément et à la pesanteur d'agir d'une
façon plus efficace; à l'attraction d'exercer son action
plus fortement et à la chaleur absorbée de devenir
plus rayonnante.

Ainsi un commencement d'équilibre s'établissait
entre les forces, à mesure que l'évolution sidérale
approchait de son point-critique.

Ces nouvelles planitules formées par juxtaposi

tion étaient très poreuses. Elles possédaient donc à un extrême degré la propriété d'absorber la chaleur.

Or une loi physique veut que les corps absorbants possèdent à un égal degré la propriété de radier.

Il s'ensuivit un engendrement de flux calorique assez puissant pour produire à nouveau un état général d'incandescence.

De même que nous faisons passer les métaux plusieurs fois du feu dans l'eau et réciproquement, pour les rendre plus appropriés aux services que nous en attendons, de même la nature retrempa la matière agglomérée dans un bain de feu, afin de lui donner les propriétés nécessaires à la phase nouvelle de son évolution.

C'est pendant ce stade que les particules ambiantes d'un agrégat acquirent un degré d'homogénéité suffisant, pour être incorporées à la masse dès la diminution du calorique.

De sorte que la période relativement tempérée qui succéda à l'incandescente, dut trouver les planètes constituées, les masses dans la possession de tout leur volume et les forces centripètes et centrifuges dans un équilibre stable.

Les planètes furent de différentes grandeurs et par suite douées de vitesse et d'influences diverses. Ce fut de ces variétés que surgit l'harmonieuse unité de l'univers sidéral.

Dans une roue qui se meut, c'est toujours au moyen

que se centralise la force. Il en fut de même dans un tourbillon et dans l'ensemble. Chacun eut bien un point central qui lui était spécial, mais tous les tourbillons convergeaient vers un centre unique.

C'est pour ce motif que les planètes forment le centre d'un mouvement particulier, et le soleil celui d'un général.

La vie d'un système planétaire fut d'abord vacillante, et les planètes n'eurent tout d'abord comme chaleur que celle engendrée par leur propre rayonnement. Mais peu à peu le noyau central du système atteignit en entier les conditions voulues pour sa constitution solaire, et put dès lors compenser cette déperdition de calories.

Le soleil par l'importance de sa masse et sa position centrale, dégagea sur tout le système une attraction tellement puissante qu'elle maintint tous les astres dans son rayon d'influence.

La stabilité solaire fixa aussitôt, pour un temps indéfini, celle du système.

Tout continua de se mouvoir autour du soleil, qui devint le régulateur et l'âme d'un arrangement sidéral.

Dans cette lutte générale pour la reconstitution des mondes il y eut des planètes qui se formèrent plus rapidement les unes que les autres. Ainsi le soleil fut certainement le premier constitué, et selon les données astronomiques modernes, Mercure et Vénus seraient plus vieilles que la Terre.

Si le soleil fut le premier formé, nous n'entendons pas dire par là qu'il eut son maximum de masse, mais qu'il eut le premier une apparence de ce qu'il devait être, alors que les autres astres étaient encore dans le nébuleux.

Parmi ces masses, les unes restèrent stationnaires à un degré d'infériorité primordiale. Elles furent arrêtées dans leur progression soit par la proximité de grosses masses, soit par toute autre cause qui les empêchât de s'élever vers un agrégat plus important.

Dans les tourbillons secondaires durent se former des sous-tourbillons. Et l'agglomérat qu'ils constituèrent, trop grand pour être incorporé à un autre, fut cependant trop petit pour avoir un mouvement ne dépendant que du soleil. De sorte que retenu dans la sphère d'un agrégat plus important, il en devint le satellite.

D'autres groupes continuèrent à décrire leur orbe, parfois solitaires, parfois en nombre, dans un même courant tourbillonnaire.

C'est ainsi que selon la raison, d'accord avec la science, dût se reconstituer un système planétaire.

Système composé d'un soleil, au centre, et de masses de grandeurs diverses évoluant autour de ce pivot : planètes, comètes, nébuleuses. Celles-ci, peut-être, ressources qui serviront dans l'avenir à la prolongation de la vie du système, en servant à la formation de mondes futurs.

CHAPITRE VIII

Notre globe à son origine.

Notre but dans tout ce que nous avons dit jusqu'ici de l'action des facteurs universels, a été de nous faire une idée, aussi juste que possible, sur le rôle des forces et de la matière, soit qu'un état vétuste les entraîne dans une dissolution complète, soit qu'un rajeunissement les pousse vers une nouvelle évolution.

Pour les motifs que nous avons indiqués, l'action de l'Intelligence-Suprême, dans le cosmos, a été laissée en dehors.

Nous sommes persuadés qu'elle est en tout et partout cette Intelligence, mais la faiblesse de notre entendement ne nous permettant pas de la connaître dans son Absolu, nous nous contentons de l'étudier dans ses dérivés.

Nous remplissons un rôle modeste de secrétaire, enregistrant les actes sans nous permettre — parce que placée en dehors de nos facultés — d'en expliquer la Cause Initiale.

Nos études vont se porter sur notre globe. Le livre qu'il nous offre est plus à notre portée. Et dans sa composition géologique, ainsi que dans sa flore, sa faune et dans l'homme, il se trouve des pages qui ne demandent qu'à être lues.

Notre globe a suivi, de même que les autres planètes, les étapes que nous avons indiquées.

L'époque de fusion nous est révélée d'une manière certaine par la strate cristalline, silicieuse, qui sert uniformément de base à l'écorce terrestre.

C'est sur cette couche fondamentale, d'épaisseur variable, que s'est lentement formé le sol meuble sur lequel la vie s'est développée.

Il a fallu pour produire cette première stratification, qu'il se fît une perte de chaleur à laquelle vint s'adjoindre l'action des pluies.

Ces dernières ne purent se répandre que lorsque la température ambiante se fut suffisamment abaissée pour permettre aux vapeurs, extrêmement raréfiées, de se condenser.

Jusque-là ce phénomène ne put se produire, car cette évaporation se faisant dans un milieu thermique très élevé, les molécules gazeuses étaient empêchées de retomber sur le sol par leur degré d'expansion.

A la suite de cette condensation, la pression atmosphérique fut, de ce fait, 250 à 300 fois plus forte qu'elle ne l'est aujourd'hui.

Dans ces vapeurs se trouvaient volatilisés les éléments divers qui doivent concourir à la création des règnes de la nature, y compris les ovules d'où sortira le monde animal.

*
* *

La Terre qui avait été d'abord gazeuse, devint, grâce à l'action du froid, liquide et enfin solide.

Dans la période liquide les parties les plus légères de la masse fondue étaient composées de substances les plus réfractaires, auxquelles se mêlaient les métaux destinés, par leur facilité d'oxydation, à se transformer pour s'unir à d'autres corps, notamment à la silice et à l'alumine.

A mesure que la perte de chaleur par rayonnement faisait des progrès, cette espèce d'écume silicieuse se solidifiait par parties, tel que cela se voit dans la formation de la glace.

Ces plaques solides, nous dit Lapparent, de densité supérieure à leur milieu, devaient s'enfoncer dans la masse liquide.

Mais les matières en fusion étant superposées par ordre de densités, elles n'allaient pas profondément et s'arrêtaient dans un milieu de même poids spécifique.

Dans ce milieu une nouvelle fusion, plus ou moins totale, devait se produire parmi ces matières solides. Mais comme c'était nécessairement aux dépens de la chaleur du liquide environnant, celui-ci, peu à peu et après maints renouvellements du phénomène, se solidifiait, formant ainsi sur toute la surface du globe une écorce sphérique composée de matériaux de densités différentes.

Cette croûte terrestre fut à l'origine peu résistante. Il devait se produire des fissures à chaque instant par où montaient, telle l'eau dans un puits artésien, les matières en fusion, les minéraux à l'état liquide qui se figeaient au contact du froid, formant ainsi des veinules, des veines, des massifs.

La compacité de ces matériaux donnèrent plus de consistance à cette écorce.

Les vapeurs qui se condensèrent revenant sur cette couche sous forme de pluies, en augmentèrent la cohésion comme cela se voit pour les métaux trempés.

Il y eut à cette période, sur toute la surface du globe, une ébullition générale, un immense dégagement de vapeurs qui dura jusqu'à ce que le refroidissement fut assez notable pour permettre aux eaux de séjourner.

Dès lors la Terre entra dans la période solide, qui fut accompagnée de celle des grandes pluies.

Ce furent de grandes chutes d'eau, un premier déluge, qui raréfièrent l'air en entraînant sur la terre tous les germes — les cellules-œufs —, tous les éléments volatils, en suspension dans l'espace.

De sorte que l'écorce dut prendre un aspect boueux, et dans cette boue la vie s'y trouvait à l'état latent.

Le peu d'épaisseur de cette écorce permettait à l'eau de pénétrer, par les fissures, jusqu'aux régions ignées et de provoquer ainsi des éruptions, des soulèvements, qui firent que les molécules liquides se séparèrent des solides pour se diriger vers les déclivités occasionnées par ces divers bouleversements, en y formant des lacs et des mers.

Ce fut très lentement que la surface du sol se modifia, que çà et là apparurent les montagnes, surgirent les collines, encaissant entre elles des vallons, des vallées et des plaines.

L'action constante des pluies pendant toute cette période, éroda le sol, effrita les turgescences, entraîna vers les bas-fonds, en les y accumulant par couches, les particules qui ne pouvaient résister aux courants.

C'est ainsi que notre globe prit l'aspect varié que nous lui découvrons et sa composition stratiforme.

Les stratifications se formèrent successivement à chaque époque, devinrent une espèce d'état civil où les géologues lisent les ères de notre planète.

La première croûte terrestre, celle sortant immédiatement de l'état d'ignition, a donc été exclusivement rocheuses. Et ce ne fut qu'à la suite des dépôts formés par les causes que nous venons d'énumérer, que sur une couche de terrains meubles constituée par tous ces débris, apparurent les premiers végétaux et les premiers animaux.

CHAPITRE IX

Origine des espèces.
Diversité de la nature organique.

Avant de continuer nos études sur l'évolution nous allons jeter un coup d'œil sur la nature organique.

Actuellement deux systèmes se trouvent en présence.

L'un qui veut, avec Darwin, que l'origine des espèces vienne de l'hérédité et de l'adaptation, agissant en étroites et mutuelles relations, sur une *matière organique unique* et la différenciant dans le temps : c'est l'unigenèse.

L'autre oppose à cette communauté originelle des divers organismes, le système que toutes les espèces animales et végétales ne dérivent pas uniformément les unes des autres, mais qu'elles sont nées isolément : c'est la plurigenèse.

Tout système demande à ne jamais être considéré dans un sens trop étroit. Car il est extrêmement rare qu'à côté de vérités ne se glissent certaines erreurs, et inversement.

Pour ne pas s'éloigner de la vérité, il faut donc ne prendre des systèmes que ce qui paraît évident, coordonner ces évidences, les rapprocher et ainsi se former une opinion réunissant toutes les chances d'être juste.

Nous avons déjà constaté, dans notre paragraphe sur l'Intelligence, page 37, que l'inégalité est une loi de la nature.

Nous avons vu avec Joannes Chatin, Le Dantec et Armand Gautier, qu'il n'y avait pas plus d'unité dans la vie élémentaire, que dans la combinaison des éléments chimiques composant les organismes de cette vie.

La lutte pour l'existence, qui constitue le caractère fondamental de la théorie de la sélection naturelle, est considérée comme le principal facteur de l'évolution des êtres organisés. Nous croyons qu'on lui fait une part trop exagérée. En effet, s'il en était ainsi, nous ne verrions pas comme il nous sera permis de le constater quand nous étudierons l'évolution de la vie sur notre planète, les espèces les plus formidables, les individus les mieux armés disparaître, alors que leur survit des espèces faibles et sans moyen de défense ou en possédant tout au moins très peu.

Mais comme il serait prématuré d'entrer maintenant dans des considérations à ce sujet, nous allons encore revenir à la base de la vie.

L'étude des embryons nous éclaire sur de nouvelles différences, existantes dès l'origine, dans la nature organique.

Le Dr Roule, dans son embryologie comparée, nous fait voir tout au bas de l'échelle animale, au sortir de la matière inanalysable, les protozoaires sarcodaires, munis, les uns de fouets, les autres de pseudopieds, tous très variés.

Ils se reproduisent diversement. Les uns par fissiparité, c'est-à-dire un étranglement qui divise l'individu en deux; d'autres par gemmiparité ou bourgeonnement. Il y en a dont le noyau et le protoplasma se séparent en plusieurs protozoaires, appelés spores, de là le nom de sporulation donné à ce genre de reproduction.

Les différences sont très nombreuses dans les embryons d'invertébrés; et c'est dans les vertébrés, nous dit le même auteur, que les embryons sont plus semblables entre eux.

Par conséquent quel que soit le degré que nous descendions dans l'échelle zoologique, même à celui ou rien ne peut s'analyser au-delà, on découvre des dissemblances.

Il est vrai qu'il existe dans la vie un début où le microscope le plus puissant ne découvre plus rien (1). Mais cela est-il suffisant pour nier l'hétérogénéité de la primordiale matière vivante?

Nous ne le pensons pas, car la première vie que l'on découvre contient non seulement des êtres qui

____

(1) Le premier élément visible au microscope est le microsome; au-dessous sont les micelles ou tagmas de Naegeli, qu'on parvient à analyser en grossissant leurs groupes au moyen de l'eau. Ils contiennent de l'albuminoïde et de l'eau.

En descendant encore on tombe sur les molécules albuminoïdes qui sont des agrégats complexes de carbone, d'hydrogène, d'oxygène, d'azote, de soufre et de phosphore.

9

diffèrent entre eux par les formes, mais, fait autrement important, dans les modes reproducteurs. Ceci indiquerait la préexistence d'un rythme originel dans les protistes, dans la matière qui ne s'analyse plus. Il y est à l'état latent n'attendant plus que des conditions favorables pour se manifester sensiblement.

L'hérédité et l'adaptation jouent certainement un rôle très important pour fixer et développer ce rythme dans une espèce, mais ne sauraient le créer.

Nous devons entendre par rythme spécifique, le mouvement en soi — à l'état potentiel dans les germes primordiaux — qui s'est manifesté dès les premiers symptômes de vie, de façons infiniment diverses, en se comportant selon un mode qui détermine l'espèce. Mode que l'individu est obligé de suivre et qui lui est transmis par hérédité, comme il le communiquera à son tour à sa descendance, et qui sera le créateur des organes dont les fonctions seront déterminées par les milieux.

Parmi les protistes son action fut de sérier, de diviser pour grouper ensuite, ceux de composition homogène.

Dans la suite des siècles ce rythme fixant les caractères qui paraissaient flottants, localisa les formes; et l'espèce en sortit en possession d'une permanence plus persistante. C'est ce qu'on désigne par hérédité et adaptation.

Les faits que nous venons de rapporter nous autorisent à affirmer, de plus en plus, que malgré son apparente homogénéité il existe des différences dans la matière organique primordiale, et par conséquent qu'elle n'est pas une.

Aussi bien que la matière inorganique elle est sériée; elle forme des groupes divers, fondamentaux des genres, des familles et enfin des espèces.

Ces groupes disséminés dans le cosmos, sont les générateurs initiaux d'individus d'un même genre apparaissant à la fois sur divers points du globe.

Pour douter de la plurigenèse comme de la pluralité de la matière primordiale, il faudrait admettre qu'il eut existé une période où tous les atomes qui composent notre univers, où tous les individus qui vivent sur notre globe, eussent une identité absolue : Identité dans l'arrangement moléculaire, les dimensions, la densité, le mouvement, la sensibilité, l'impressionnalité, et que *tous fussent sur le même plan.* Car, si peu qu'une identité n'exista pas absolument dans tout ce que nous venons d'énumérer, il ne saurait y avoir une identique saturation d'éther, comme d'ailleurs une parfaite similitude dans les propriétés. L'inertie, même absolue, ne pourrait pas donner cette homogénéité, comment admettre que le mouvement générateur des propriétés physiques puisse l'accorder! Aucun esprit sérieux, qui voudra réfléchir, ne saurait le faire. Or le mouvement étant éternel, et il est éternel parce que c'est une propriété de la matière de ne pouvoir rester immobile dans l'espace, consacre l'éternité des différences.

Il est cependant incontestable qu'un même acte mécanique agit dans tout développement organique : la multiplication des cellules. Mais déduire de ce fait une parenté entre elles serait aussi imprudent qu'admettre une identité entre deux gaz parce qu'ils ont un coefficient commun de dilatation ; et aussi peu sensé que dire : Ces unités sont de même nature parce qu'on peut les désigner par une dénomination commune.

Nous pouvons donc reconnaitre comme fondé le système de la plurigenèse.

Mais s'il existe une hétérogenèse entre les espèces, il n'en est plus ainsi pour les individus d'une espèce. Ici c'est l'homogenèse, c'est-à-dire une filiation remontant à des ancêtres semblables.

Dans l'évolution des espèces, si la lutte pour l'existence peut être relativement considérée comme un facteur de peu d'importance, il en est différemment si on la fait intervenir dans le développement de l'individu. Ici nous sommes obligé de constater que cette lutte permet à ce dernier d'acquérir plus promptement, le maximum d'énergie que peut donner l'espèce à laquelle il appartient.

Néanmoins il convient, même dans cet ordre d'idée, de ne pas pousser trop loin et de n'envisager les résultats qu'autant qu'ils se rapportent aux individus d'espèces inférieures. Car là où des principes moraux existent, il et évident que c'est la foi en une idée qui produit l'individu supérieurement énergique. En effet, si la science peut faire penser, la croyance seule fait agir, ce que chacun sait.

***

Le mouvement en soi n'est que de l'activité fonctionnelle.

La vie des cellules, d'après Joannes Chatin, est d'autant plus courte que l'élément fonctionne activement.

Tout mouvement produit deux résultats simultanés : un profit et une perte.

Il y a profit pour l'organe récepteur et perte pour celui chargé de l'émission : l'un se développe, l'autre s'épuise.

Et lorsqu'il n'y a pas une intégration équivalente à la désintégration, un équilibre entre la dépense et l'assimilation comme cela existe pour certaines cellules, il en résulte qu'à peine les éléments entrent-ils en action qu'ils disparaissent aussitôt.

Seulement le bénéfice acquis par ces mouvements s'accumule par l'hérédité. Cette accumulation fait s'accuser davantage les caractères de l'espèce, et avec elle vient collaborer la faculté qu'ont les organismes d'acquérir des propriétés nouvelles, en rapport avec leur nature, sous l'influence du monde extérieur.

***

La diversité est générale, la variété est partout dès l'origine, et semble diminuer dans les genres à mesure que l'on approche des types supérieurs.

Toute composition et décomposition organique

peut se formuler ainsi : Des vies élémentaires groupées pour former une vie supérieure, et revenir à des vies élémentaires.

Dans les germes des animaux d'espèces plus élevées, nous ne saurions trop insister sur ces faits, des différences se constatent non seulement dans la forme mais dans les tissus; elles sont, nous le répétons, non seulement morphologiques mais histologiques.

Ainsi dans les mammifères, la substance qui entoure tous les éléments embryonnaires et qu'on nomme le chorion, varie suivant les ordres.

Indépendamment de cela, le germe d'une taupe a une tête allongée, celui d'un rat l'a en fer de lance; et il est en forme de poire celui d'un chien.

Une remarque qui n'est pas sans valeur pour le système de la plurigenèse, c'est que l'élément embryogénique de l'espèce paraît conserver ses caractères distinctifs, quelles que soient les conditions externes susceptibles de modifier l'individu adulte; de même que l'atome d'un corps simple, avons-nous dit d'après Lavoisier, conserve sa permanence malgré la série de ses métamorphoses.

En dehors de toute autre considération, ces deux remarques infirment jusqu'ici, par l'expérience, l'idée d'une matière primordiale unique aussi bien inorganique qu'organique. Ce que d'ailleurs nous avons expliqué une première fois, dans notre troisième chapitre.

La variabilité n'existerait donc que dans la forme

et non dans les germes. Elle serait morphologique et non embryologique.

Il semblerait : 1° qu'un mode de mouvement approprié dirige la matière dévolue à chaque groupe vers une forme déterminée;

2° qu'un quantum de mouvements a été fixé à la matière organique de chaque groupe;

3° que ces quantités variables selon les genres, les familles et les espèces, sont importantes selon le degré qu'un groupe doit atteindre;

4° que par conséquent au quantum le plus important correspond l'espèce la plus supérieure;

5° et enfin que la lenteur qu'apporte une espèce à atteindre son point critique, n'est que la conséquence du temps qu'elle est tenue d'employer pour utiliser ce quantum.

De sorte que les êtres organisés nous paraîtraient être dirigés vers les espèces d'abord par une série de combinaisons que la matière est obligée de subir, ensuite par la nature du mouvement dont la matière de chaque groupe est douée.

Ce serait à ces causes, croyons-nous, qu'est dûe l'impossibilité de l'espèce de dépasser certaines limites.

Car, différemment, il n'existe pas de raison pour qu'une espèce s'arrête à telles dimensions plutôt qu'à telles autres, les conditions restant les mêmes; qu'une espèce disparaisse rapidement, tandis qu'une autre peu douée aura une durée beaucoup plus grande; qu'une espèce parvienne dans un délai relativement court au point critique de son évolution, tandis qu'il y en a qui n'y parviennent qu'après un temps infini.

*
* *

Sans plus nous attarder à ces réflexions que je vous soumets parce qu'elles nous viennent à la suite de ce que nous avons dit jusqu'ici, nous allons continuer nos recherches sur les cellules primitives.

La constitution de leurs tissus variait en sensibilité. Des études récentes nous ont appris que le tissu des cellules n'est pas doué d'une perméabilité complète; c'est grâce à cette propriété que par voies de turgescence et de gonflement on a pu en faire l'étude ultra-microscopique indiquée autre part, (dans notre renvoi page 129) pour les micelles. Ce tissu est semi-perméable, c'est-à-dire qu'il ne laisse passer à travers ses pores qu'une portion des fluides qui l'imprègnent; cette absorption ne paraît point aveugle car la portion est toujours utile à la vie de l'individu.

La différence de sensibilité qui ne fut que l'effet des différences des tissus semi-perméables, dût être à son tour cause des divers degrés d'impressionnabilité que l'on remarque dans les premiers germes, les protozoaires, de la vie.

Les parties plastiques des individus complexes furent certainement formées par les cellules où dominait la force-mouvement, tandis que le squelette le fut par celles où s'intégra la force-inertie. La réunion de ces deux sortes de cellules constitua le type vertébré.

Les tissus osseux sont constitués d'albuminoïdes incomplets. Ces derniers constituent en outre les tissus cartilagineux, conjonctif, élastique; tandis que le spongioplasma et le noyau des cellules sont constitués par des nucléo-albuminoïdes.

Dans cette vie cellulaire il y eut des courants d'affinité qui reversèrent sur une collectivité restreinte, les forces plastiques disséminées parmi les individus de l'espèce. Ainsi voit-on dans une tribu, les qualités de la race se concentrer dans une ou plusieurs familles, quelquefois même dans un individu, pour ensuite se propager à travers la descendance.

Cette collectivité fut supérieure aux ancêtres. Elle devint à son tour le point de départ d'une nouvelle ascension ou plutôt d'un nouvel effort vers la perfectibilité de l'espèce.

C'est par étapes successives que les espèces parviennent au point-critique qu'il leur est permis d'atteindre. Entre chaque étape, il y a des arrêts plus ou moins longs où tout se centralise pour se décentraliser ensuite, alors que l'espèce se sent assez forte pour fournir une nouvelle étape.

Ainsi que nous l'avons déjà dit, au-delà de ce point-critique les corps tombent en dissolution, les individus régressent.

Ils sont assimilés par d'autres individus du même genre en retard dans leur évolution; parfois en conservant une partie de leur personnalité, d'autres fois en la perdant complètement.

Aux causes initiales de différenciation vinrent, par la suite, s'en ajouter d'accidentelles produites par les perturbations atmosphériques et géologiques qui, en modifiant les climats, créèrent des milieux différents où se hâta, en les localisant, la délimitation des espèces.

La reproduction d'asexuée, parmi les germes, devint un hermaphrodisme par un phénomène semblable à ce que l'embryologie désigne par conjugaison.

Les modes de reproduction asexuée, nous enseigne le Dr Roule, sont assez nombreux : la fissiparité, la gemmiparité, la sporulation et la gemmulation. Elle est unique chez les Protozoaires ; et, chez les Métazoaires, les individus inférieurs sont seuls à l'offrir.

Dans ces divers modes, l'individu augmente sa masse par le fait d'un excès de nutrition qui non seulement compense les pertes mais les dépasse ; et comme il est fixé dans certaines limites qu'il ne peut franchir « il se morcelle en fragments qui accomplissent de nouveau une série analogue de phénomènes vitaux ».

Dans la conjugaison, deux protozoaires se rapprochent l'un de l'autre et s'accolent définitivement pour former un seul corps qui donnera naissance à des germes.

Elle est une transition du mode générateur ordinaire des protozoaires à la reproduction sexuée des métazoaires supérieurs.

La sexualité fut d'abord une ébauche sexuelle. Les cellules agglomérées qui constituaient les sexes se divisèrent ensuite en groupe cellulaire : le mâle, permatogemme ; et la femelle, ovogemme.

Chacun de ces groupes se partage, donnant naissance à d'autres cellules. Le permatogemme en spermaties qui se transforment directement en spermatozoïdes. L'ovogemme en ovocyte ; qui se sépare en deux cellules dites cellules polaires.

Ensuite, ce dernier, parcourant le même nombre de division que le spermatozoïde, il constitue l'ovule définitif apte à la fécondation.

Dès lors les sexes nettement définis s'accouplèrent pour la reproduction des êtres vivants en se différenciant de plus en plus, à mesure que s'accusait la supériorité de l'espèce.

Cependant de la constitution de l'ovule définitif à sa fécondation par le spermatozoïde, existent des cas où les ovules capables de se développer sans fécondation ont des générateurs femelles. C'est ce que l'embryologie appelle la parthénogenèse ; et les femelles génératrices, parthénogénétiques.

La parthénogénèse, qui signifie j'engendre vierge, existe parmi les abeilles et chez plusieurs sortes de vers. Seulement elle est accidentelle, car l'élément femelle n'est pas exclusif parmi les générateurs.

La nourriture des premiers organismes dut être d'abord fluidique, c'est-à-dire composée d'éléments en suspension dans l'air et dans l'eau.

Les individus du monde végétal se nourrissaient de matière minérale, tandis que ceux du monde animal étaient herbivores et carnivores.

L'espèce animale ne dut progresser qu'à mesure que la nature mettait à sa disposition, par ses créations, une alimentation plus substantielle.

C'est pour cela sans doute, ainsi que nous le verrons plus tard, que le progrès de la faune suit immédiatement celui de la flore.

La nourriture par sa diversité et surtout par les différences d'assimilation que les individus en firent, dûrent encore éloigner les espèces les unes des autres.

Avant de reprendre la suite de l'évolution sur notre globe, nous pensons que vous serez heureux si nous vous indiquons les procédés employés par la nature pour faire s'élever un invertébré au type vertébré et un arbuste à l'arbre.

CHAPITRE X

Evolution naturelle d'un individu inférieur à un individu supérieur.

Les efforts de la nature dans la production de ses œuvres se produisent toujours par une action constante, par une dépense uniforme de forces sur des matières différemment plastiques.

De ces différences plastiques il en résulte ces inégalités évolutionnelles, qui font que certains organismes progressent plus que d'autres.

Le végétal passant de l'arbuste à l'arborescence, atténua la descente des eaux, la rapidité des courants. En même temps que ce passage fournissait un supplément de carbone, il dut procurer à l'animalité un abri contre les éléments, soit par ses débris soit par sa structure même.

Quel était l'aspect de cette animalité primordiale ? Il serait bien téméraire de le dire.

Certains grands naturalistes crurent avoir trouvé la première matière vivante, ou tout au moins une analogie avec celle-ci, dans ces bathybius, limons vivants que les dragages du Porcupine et du Polaris ramenèrent du fond des mers du Groënland, il y a plusieurs années.

Limons vérifiés par Wyville Thomson, William Carpenter et Bessels et dont un spécimen a été conservé dans l'alcool par Huxley et Haeckel.

Mais on dut abandonner l'hypothèse. Après dix ans de laborieuses recherches, on s'aperçut que cette matière n'était qu'un précipité de corps en suspension dans l'eau, et que sans doute une phase de leur existence, les rendant plus dense que leur milieu, entraînait au fond des mers.

Maintenant voici comment on peut s'expliquer le passage d'un invertébré à un vertébré.

L'instinct de la conservation imposa d'abord le groupement aux premières espèces. Dans ce groupement, chaque individu tout en conservant son autonomie, eut sa part de travail, de fonctions qui concourrurent aux diverses manifestations du groupe. Ce fut quelque chose d'approchant des syphonophores des méduses. Cela existe aussi dans l'ovogemme dont nous avons parlé. Il y a ici une cellule qui est destinée à être fécondée et qui devient l'ovocyte et enfin l'ovule; mais autour de cette cellule il en existe d'autres appelées folliculaires dont le rôle est de nourrir et de protéger l'ovocyte.

Les invertébrés durent rester dans cet état pendant une longue période. Mais grâce à l'appui qu'il trouva dans l'association, l'individu put tendre plus aisément vers l'individuation distincte.

La série des générations ancestrales, et d'un autre côté les relations qui existent entre l'organisme du générateur et les germes engendrés par lui, firent que les caractères se précisèrent.

Quand l'individu se fut détaché de la colonie, il eut à lutter contre les forces dépressives. Ces résistances furent de diverses sortes. Les unes s'exercèrent contre les variations atmosphériques et déterminèrent, à la longue, une induration épidermique; les autres, contre l'entraînement des eaux, et furent cause qu'une calosité se forma à l'extrémité spinale, par suite de l'effort incessant que dût fournir cette partie du corps pour résister à la force des courants.

Cette extrémité spinale, sous forme de queue, servait également de gouvernail à l'invertébré, si, trop faible, il était obligé de s'abandonner à la force des eaux.

Les parties auxquelles adhérait cette queue, c'est-à-dire la région dorsale et les nombreuses fibriles qui y aboutissaient, se fortifièrent.

Il se produisit, nous apprend Herbert Spencer, un attachement plus ferme qui prolongea son axe bien avant dans le corps et lui communiqua ses vibrations.

Des fibres musculaires qui accompagnaient ces mouvements s'établirent sur les côtés du corps.

Cet appareil, composé de la queue, de la région dorsale ou spinale, et des fibres curvilignes qui y aboutissaient, d'abord gélatineux, devint rigide, s'ossifia sous la tension continuelle où il était pour résister. Ce fut probablement de cette manière qu'un invertébré devint vertébré, qu'un poisson ganoïde devint téléosteen.

« Le squelette des vertébrés est à son début cons-
« titué par la notocorde (petite baguette rigide).
« Ensuite des formations nouvelles naissent autour
« d'elle, l'enveloppent et donnent la colonne verté-
« brale. Le vertébré le moins élevé, l'amphioxus, ne
« possède pour soutenir ses centres nerveux que la
« notocorde », nous dit l'Embryologie du Dr Roule.

Elle nous enseigne encore que l'ébauche de l'os
est cartilagineuse. Ce cartilage est entouré par un
tissu conjonctif, le périchondre. Dans lui et ses cellules pénètre des vaisseaux sanguins. Ils détruisent
la substance fondamentale, produisent une nouvelle
substance encroûtée de calcaire qui se trouve être
alors de la matière osseuse. Le cartilage est converti
en os et le périchondre devient le périoste.

Pour le type végétal ce serait le vent qui aurait
joué le principal rôle, d'après Spencer.

Les vents secouèrent l'arbrisseau, le ployèrent en
comprimant les vaisseaux cellulaires qui le constituaient.

Cette compression amena une transsudation péri-
phérique de la sève, qui s'indura au contact de l'air,
augmentant ainsi la circonférence de la tige.

Simultanément à cette poussée latérale, il y eut
une poussée verticale qui fit descendre et remonter
la sève.

Celle qui descendit reprit son cours normal dès

que cessa la pression qui l'avait précipitée ; tandis que celle ascensionnelle transsuda des extrémités, y durcit en développant le végétal en hauteur.

Ces flexions fortifièrent les téguments des cellules et celles-ci devinrent plus résistantes, en même temps que les racines pénétraient plus profondément dans le sol, afin de soutenir les efforts de l'arbuste pour s'élever jusqu'à l'arbre.

Nous ajouterons en terminant que ces causes ne doivent être considérées que comme adjuvantes de la cause initiale, car il serait déraisonnable d'admettre le vent assez puissant pour transformer, par exemple, un lierre en un chêne.

CHAPITRE XI

États de la Nature avant l'ère moderne.

Maintenant que nous voilà familiarisés avec notre sujet, nous allons faire une étude d'ensemble de chacune des ères qui ont précédé la nôtre.

Cela nous permettra quand nous aborderons celle-ci, d'avoir une idée juste des divers phénomènes qui se sont antérieurement succédés.

Ces ères, au nombre de trois, se divisent en primaire, secondaire et tertiaire.

L'ère primordiale est close. Notre globe possède une atmosphère propice à la vie; son sol a acquis les conditions voulues pour l'éclosion des germes.

Du fond de l'obscur tressaillent, se meuvent, se mettent en marche les milliards de ferments organiques. Les cellules-œufs sont écloses. Les protoplasmas, avides d'oxygène, peuvent s'en sustenter.

D'abord tout est confus. Une chaleur intense, lourde, pèse sur notre planète. L'ère primaire commence.

ÈRE PRIMAIRE

Le carbone est encore rare. Un fourmillement de vies élémentaires se produit de toute part : Ce sont les algues dans les eaux. Sur la terre les champignons, les mousses, les fougères, toute une série que l'humide fait pousser, envahissent tout.

Cette végétation cryptogamique, lutte entre elle de grandeur et de force.

Les fougères, grandes et élégantes, avec la cime seule couronnée d'un feuillage menu, raide et piquant, qui garnit l'extrémité des dernières ramifications, se dressent associées, formant des colonnes de troncs nus, nous dit de Saporta dans « Le Monde des Plantes avant l'Homme ».

Les champignons sont hauts sur leurs tiges, et les mousses semblables à des buissons, forment de grosses houppes.

Les fleurs incolores, ternes, sont là précédant celles à couleurs vives et brillantes qui n'existent pas encore.

Dans le sol, les radicelles font un premier effort qui fait surgir une flore précursive de celle que l'homme découvrira dans les houillères, des millions d'années plus tard.

C'est le règne des gymnospermes dans le monde végétal, c'est-à-dire des végétaux simples, inconsistants, sans écorce, tels que les cryptogames.

La végétation n'est point seule à s'animer. L'organisme animal, lui aussi, s'émeut. Il a également ressenti le souffle de la résurrection prochaine.

Les grands fauves ne sont certes pas là pour troubler de leurs voix puissantes, le grand silence qui règne partout; mais en leur absence le grincement sourd d'une fourmillière en travail se fait entendre : c'est le grouillement des animalcules qui vivent sous cette flore.

Les organismes animaux sont monocellulaires : des protozoaires. Il y en a toute une variété qui aspire à à un degré supérieur d'évolution, à devenir pluri-cellulaires : métazoaires.

L'animalité progresse : Les vers arénicoles sont formés. Ils travaillent partout, triturent le sol, le labourent.

Ils exposent à l'air la terre végétale, lui permettent de conserver l'humidité fécondante. Ils sont les premiers et les plus ardents pionniers de la fertilisation.

Ce sera en effet grâce à eux, nous fait connaître Darwin, que les plantes à racines fibreuses trouveront dans le sol une nourriture suffisante.

Dans les eaux nagent des poissons gélatineux, sans vertèbre, ce sont les ganoïdes.

Notre globe subit pendant cette période diverses transformations : il se plisse, se ride, des failles le déchirent.

L'ébauche des continents de l'ère primordiale, prend sous le mouvement des eaux des contours plus précis.

La flore — et peut-être la faune — qui paraît uniforme sur tout le globe au commencement de cette période, se divise ensuite selon les modifications climatériques.

Nous lisons dans la *Flore carbonifère de la Loire,*

par Grand'Eury, « que les cryptogames et gymnospermes paraissent avoir atteint d'emblée leur plus
grande perfection. »

Cela tient à leurs organes simples, qui n'eurent de
ce fait nul besoin d'une longue durée pour se concentrer et se former.

Les traces ont disparu des nombreuses espèces qui
durent exister dès ce début. Celles que l'on découvre
ne représentent qu'une très faible partie de celles qui
furent. Mais d'après ce que nous savons des différen-
ciations qui s'établissent *ipso facto*, par le fait même,
dès les premiers mouvements de la matière vivante,
nous pouvons en inférer que de nombreux groupes
divers composèrent la faune et la flore de cet ère
primaire.

Nous touchons à la fin de celle-ci, sa durée est
considérée comme étant la plus longue des périodes
géologiques. En dehors de la primordiale qu'il est
impossible d'évaluer, elle a pris les trois quarts de
leur durée totale y compris l'ère moderne.

En adoptant l'opinion mixte, entre celles de
Dana et de Thomson, nous pouvons lui attribuer
soixante-quinze millions d'années.

C'est au déclin de l'ère primaire que se forment
les tourbières et les houillères, tandis qu'à l'horizon les sauriens se montrent et avec eux l'ère secondaire.

ÈRE SECONDAIRE

Dès l'origine de la vie — nous ne saurions trop

nous pénétrer de cette vérité fondamentale — des différences évolutives s'établirent entre les divers organismes.

Les uns, conservant avec une grande ténacité les particularités acquises, restèrent stationnaires dans un degré rudimentaire.

D'autres, doués de plus de plasticité, atteignirent un degré plus élevé. Tandis qu'il y en eut, d'après Haeckel, qui s'adaptèrent très facilement aux conditions plus complexes de l'existence et de ce chef parvinrent au plus haut degré de perfection.

Il ne faudrait pas de ce qui vient d'être dit, en tirer la conclusion qu'un groupe ou un individu est destiné à former un agrégat supérieur parce que précocement perfectionné !

Nous venons de voir combien il en était différemment dans la nature. En effet les cryptogames et les gymnospermes, considérés comme espèces inférieures du monde végétal, furent les premiers à atteindre la fixité de leurs caractères.

La nature ne progresse qu'avec une extrême lenteur dans le monde des êtres organisés. Elle impose à tout ce qui, dans le règne animal, doit être supérieur, un stade embryonnaire suivi d'une période d'intégration, dont la durée est en raison directe du degré de supériorité auquel l'agrégat peut parvenir.

Dans l'ère secondaire, une végétation plus importante se montre.

Les fougères deviennent arborescentes. Les ancêtres éloignés des cyprès s'annoncent; et de Saporta nous mentionne l'existence des genres pins et cèdres.

Vers la fin ce sont les lauriers, les peupliers, les platanes, les palmiers et un grand nombre d'autres qui se dessinent.

Où étaient ces végétaux dans l'ère primaire ? Sans doute à l'état vague, dans des rudiments que la pensée même ne saurait reconstituer. Mais il s'y étaient et divers, car en dehors des différences en soi dans les germes, nulle cause physique ou autre, ne peut déterminer les feuilles ni l'écorce à revêtir telle forme plutôt que telle autre. Dans le monde végétal, que l'espèce vive ou ne vive pas dans tel milieu, elle conserve avec permanence ses caractères; ceux-ci effacés ou accusés selon les circonstances. Il y aura toujours un problème insoluble pour l'intelligence humaine, celui d'établir le nombre des espèces d'êtres organiques existantes pendant les époques primaires et primordiales.

Pendant l'ère secondaire c'est toute l'arborisation destinée à former les végétaux à vaisseaux, ceux qui règneront dans l'ère future, les angiospermes, qui commence à se caractériser.

Parmi les animaux invertébrés, ceux qui dominent sont les *brachyopodes* et les *céphalopodes*. Les premiers ont, comme les coraux, des espèces de bras se développant autour d'un pied; tandis que les céphalopodes ont la tête munie de tentacules semblables aux poulpes.

Les sauriens règnent souverainement sur les vertébrés.

D'abord de tailles moyennes, leurs caractères se modifient, s'amplifient et mués en *Dinosauriens*, c'est-à-dire redoutables, les sauriens sont énormes et gigantesques.

Ils terrorisent les espèces animales et étendent leurs ravages sur toutes; on les dénomme *Iguanadon* (sauriens à dents), et *Lépidotus* (sauriens à écailles).

Les marsupiaux, dont les femelles mettent bas des *petits inachevés*, des êtres incomplètement formés et qu'elles couvent avec soin et tendresse dans des poches externes, ainsi que les kanguroos, vivent en grand nombre mais craintivement sous cette tyrannie.

Ils composent la famille des aplacentaires par opposition à ceux dont le fœtus se développe autour d'un placenta, et qui pour ce motif sont appelés placentaires.

La marche parallèle des espèces se distingue nettement; néanmoins les oiseaux ne sont pas encore pourvus d'ailes. Ils sont semblables aux reptiles quoique en eux existe le rythme spécial qui les fera plus tard s'élever dans l'espace. Mais ce rythme encore insuffisamment développé, les laisse rampant sur le sol, d'où leur nom d'oiseaux reptiliens.

Il n'y a pas d'arrêt absolu dans la nature. C'est un flux et un reflux incessants, une ascension et une

descente continuelles, une agrégation et une désagrégation sempiternelles.

Sur notre globe, pendant l'ère secondaire, tout travaille à se composer. Dans l'inorganique, les gîtes de
cuivre se forment, ainsi que les filons de plomb, de
baryte et de quartz.

La mer crée des golfes. La partie de l'Europe comprenant la France et l'Angleterre, sort progressivement hors de l'eau; tandis que la zone tropicale se
contracte, et forme sans doute à son tour des continents.

Ainsi tout continue à progresser : les organismes
en se dirigeant vers des formes plus puissantes; l'inorganique vers une structure continentale et océa-
nienne mieux définie.

C'est la période crétacée qui caractérise la fin de
cette ère, dont la durée a été de dix-neuf millions
d'années, et ouvre la porte à l'éocène première
période de l'ère tertiaire.

ÈRE TERTIAIRE

Malgré le peu de durée de l'ère tertiaire — comparativement à celles qui l'ont précédées, elle a été la
plus courte : cinq millions et demi d'années nous
disent les géologues déjà cités — elle est la plus
importante des trois. Et même de toutes y compris
l'ère moderne qui la suivit, si l'on n'envisage la création qu'au point de vue de la force brutale et de la
colossalité des formes.

C'est pendant cette période que le monde végétal atteint son maximum de puissance, et le monde animal son maximum de formes.

Les vers, travailleurs silencieux et persévérants, ont continué à sillonner la terre, à faire pénétrer à l'intérieur les organismes en décomposition qui se trouvaient répandus sur toute sa surface.

Le terrain grâce à leur concours s'est ameubli. Il s'est enrichi d'humus et sa fertilité devient prodigieuse.

La croissance végétale a développé un grand dégagement de carbone, ce qui permet à la vie animale de se manifester grandiosement et de parvenir aux plus monstrueuses dimensions.

Ce sont les angiospermes, végétaux à vaisseaux avons-nous dit, qui établissent leur royauté sur le monde végétal.

Les espèces qui s'annonçaient dans l'ère antérieure sont dans celle-ci nettement déterminées, tandis que d'autres se dégagent de l'apparente confusion. Ce sont les ancêtres des châtaigniers, des lauriers, des chênes, des saules primitifs, des acacias, toute une flore infiniment variée qui se trouvait encore dans un état rudimentaire, et dont les caractères commencent à s'accuser dès le début de l'ère tertiaire.

D'immenses forêts envahissent tous les continents, couvrent tout de leurs épaisses ramures. En Europe s'introduisent au cours de la période tertiaire : les aulnes, les bouleaux, les charmes, les érables et combien d'autres. Les palmiers, dont certains géants, foisonnent sous toutes les latitudes jusqu'en un point très rapproché du pôle nord, sans qu'il ait été cependant possible d'en découvrir au Groënland.

Les fleurs aux nuances éclatantes diaprent la monocolorité végétale, tandis que vers elles voltigent les premiers papillons.

Les *gastéropodes*, mollusques rampant sur le ventre ainsi que les crabes, et les *acéphales*, pareils aux huîtres, règnent sur les animaux sans vertèbre.

Les énormes reptiles secondaires s'éteignent; les marsupiaux se font rares; mais les mammifères, comme s'ils n'attendaient que la disparition des sauriens-géants pour ce faire, parviennent à un complet développement.

Dans les eaux vivent les mammifères marins : les baleines, les cachalots, les dauphins, les narvals, etc.

Les amphibies, parmi lesquels les phoques, existent avec leur double respiration branchio-pulmonaire.

On voit sur la terre d'énormes pachydermes, tels que les hippopotames, les tapirs et les rhinocéros.

A côté d'eux vivent des ruminants, munis d'une constitution stomacale semblable à celle des bœufs; et des solipèdes, ayant aux pieds un sabot comme les chevaux.

Les proboscidiens, armés de trompe ainsi que les éléphants, promènent leurs masses colossales sous le nom de mastodontes.

Quelques-uns, comme l'*Eléphas méridionalis* de

Durfort, dans le Gard, atteignent des hauteurs de quatre mètres et demi.

Diverses espèces s'esquissent dans d'autres. Le rythme qui doit aboutir à fixer l'espèce dans une forme dont elle ne pourra plus changer sans régresser, n'a pas encore atteint son point-critique.

On voit poindre la marmotte dans le *plésiarctomys;* l'écureuil dans les sciuroïdes; le rat dans le *cricetodon;* le lièvre dans le *palæolagus;* le cheval dans l'*hipparion.*

De même l'*amphycion* et l'*hyænarctos* paraissent indiquer le passage de l'ours au chien; le *cynodon* du chien à la civette; l'*hyænictis*, de l'hyène à la civette; et le *dinictis*, du chat au putois.

Des carnivores, comme le *machærodus*, s'éteignent sans s'être transformés.

On découvre dans cette ère tertiaire des animaux étranges : des *chæropotamus*, autrement dit cochon de fleuve; des *amphyméryx* : qui va devenir ruminant; des *camélopardalis*, qui tiennent du chameau et de la panthère; des *hyæmoschus*, qui signifie cochon donnant le musc; et le *thylacoleo*, lion pourvu d'une poche. A eux s'ajoutent le *brontothérium*, animal redoutable, et le *xiphodon* dont les molaires sont tranchantes comme des épées.

Les quadrumanes sont très nombreux. Les uns comme les lémuriens, singes inférieurs, paraissent avoir une parenté éloignée avec les pachydermes par l'*adapis*; les autres s'en trouvent plus près, tel est l'*oreopithecus* ou singe des collines.

Gaudry, qui nous découvre ces relations dans son enchaînement des espèces animales, nous dit encore que les singes *anthropomorphes*, les gibbons, eurent à cette époque un ancêtre dans le singe des chênes ou *dryopithcous*.

Et avec Cartaillac nous apprenons que le règne des insectes est arrivé; que les oiseaux véritables sont communs.

Toutes ces espèces mixtes, dont nous venons de parler, peuvent être comparées à des forces de transition qui disparaissent et sont fondues dans la résultante obtenue par leur concours.

Les croisements qui se produisirent pour donner ces espèces mixtes ne le furent point par le hasard, mais par une sorte d'affinité qui agissait constamment et d'une façon incessante sur les individus appartenant à une même famille.

De sorte que les espèces conservèrent toujours une homogénéité structurale, qui les empêcha de se confondre et de donner ainsi naissance à des monstres.

C'est pendant la première période de cette ère, l'éocène, qu'un soulèvement forma les Pyrénées et les Apennins.

C'est dans la seconde, l'oligocène, qu'une invasion marine septentrionale constitua les grands lacs.

Dans la période du milieu, le miocène, les Alpes furent soulevées; les carnivores perdirent leurs caractères marsupiaux.

Et enfin dans le pliocène, dernière période tertiaire, avec le soulèvement des Andes apparurent les premiers hivers produits par ces diverses élévations altitudinaires.

L'apparition des froids fut un événement très important par la grande action qu'ils exercèrent sur le monde des êtres organisés. Ils furent le crépuscule de la vie végétale et animale de cette époque.

A leur approche la flore déclina, les palmiers se réfugièrent plus au sud.

Dans le pliocène, nous indique de Saporta, il y eut une élimination graduelle des derniers types végétaux tertiaires et une extension en Europe des formes distinctives de l'âge actuel.

Une partie de l'animalité s'éteint dans la même période de l'ère tertiaire. — Gaudry nous informe que beaucoup d'espèces des époques précédentes disparaissent et parmi elles le *dinotherium* et l'*ancylotherium*.

Les gros proboscidiens diminuent; en même temps que la plupart des espèces domestiquées dans l'ère moderne revêtent des formes déterminées.

Il y a dans la nature organique une régression générale dans les dimensions structurales. Tout ce qui est gigantesque, exagéré, désordonné, tend à se concentrer dans des limites plus étroites.

Les forces de la nature, après avoir marché dans une progression constante, suspendent leur action amplificatrice, pour revenir et fixer les formes dans des proportions moyennes, celles que nous découvrons dans la flore et la faune actuelles.

***

A l'origine, l'individuation ne saurait se remarquer à l'œil nu; les éléments embryonnaires paraissent si confus qu'il faut l'aide du microscope et du laboratoire pour en saisir les nombreuses différences tant morphologiques que physiologiques, tant psychiques que chimiques.

C'est une vision merveilleuse que celle qui embrasse la route parcourue par les infiniment petits pour parvenir à la formation des mastodontes.

Dès que les embryons se meuvent et si bas qu'ils soient placés dans l'échelle zoologique, nous les voyons tous se mouvoir diversement, ayant des formes différentes composées d'éléments chimiques différemment associés, et transmettant la vie de diverses manières.

Mais à mesure que les formes s'amplifient, les caractères individuels s'accusent, pour devenir immuables quand l'espèce approche du point terminus de son évolution.

La lutte ardente qui se manifeste partout, empêche l'individu de parvenir à une grande longévité.

Presque toujours on voit les plus puissants, les plus forts, ceux qui paraissent les mieux armés disparaître les premiers alors que les plus faibles résistent et leur survivent.

Ce sont d'abord les *dinosauriens* dont le nom signifie animal terrible, l'*iguamodon*, animal à dent, et le *lepidotus*, couvert d'écailles, que nous avons nommés déjà, qui disparaissent dès la fin de l'époque secondaire et le commencement de la tertiaire, alors que d'inoffensifs marsupiaux se reproduisent jusqu'à nos jours dans les kanguroos.

Ce sont ensuite l'*ancylotherium*, animal crochu ; le redoutable *brontotherium*, le gigantesque *titanotherium*, presque tous les gros proboscidiens et les massifs pachydermes, qui n'existent plus à la fin du tertiaire ou au commencement de l'ère moderne, alors que les modestes rongeurs, parmi lesquels le lièvre craintif, parcourent toute la durée de ces deux périodes. Ce qui nous démontre, ainsi que nous l'avons déjà dit, que la lutte pour l'existence n'a été qu'un facteur bien secondaire dans le triomphe de l'espèce.

Le principal facteur originel du triomphe des espèces, et même peut-être l'unique, n'a rien demandé à la lutte et à l'effort, car c'est la qualité prolifique qui le constitue, c'est-à-dire la fécondité.

Les espèces fécondes, telles que les rongeurs, vécurent triomphantes, alors que les énormes, forts et puissants proboscidiens disparurent, vaincus.

« La vie des familles et des ordres, nous dit Gau- « dry, a un commencement et une fin : l'union et « la séparation, comme cela existe dans la vie des « espèces et des individus. » Et quand la période a été accomplie, que le nombre des combinaisons s'est trouvé épuisé, nulle force ne saurait en empêcher l'extinction.

Quelques espèces cependant ont paru augmenter :

telles sont celles du rhinocéros (*rhinoceros tichorhinus*) ; de l'éléphant (*elephas primegenius*) ; du cerf (*cervus megaceros*), etc., etc. Mais cette augmentation n'a été que passagère, car toutes ont fini par diminuer.

La Nature n'accepte pas les monstres. Elle peut les tolérer pendant un certain temps, mais ses efforts tendent visiblement à les éliminer.

La Nature n'accepte les monstruosités d'aucune sorte — ni physiques ni morales — car ses efforts tendent visiblement vers l'utile et la perfection.

Ainsi que nous l'avons vu : Dans la Nature rien n'est soumis au hasard, ni ne se fait sans but.

Ce sont là, encore, des preuves des plus manifestes de l'existence d'une Intelligence-Suprême.

C'est à la fin de l'ère tertiaire qu'apparurent les bœufs, les chevaux, etc. ; que se multiplièrent les cerfs et que la plupart des espèces de la faune quaternaire acquirent leurs caractères distinctifs.

La nature paraît, vers cette époque, suspendre ses créations. Elle semble se recueillir.

Quelques rares espèces, jusqu'ici obscures, vont encore se préciser. Ensuite la matière organisée, comme épuisée par ce dernier effort, n'enfantera plus.

Toutefois tout n'est point encore paru. Quelque chose, encore confus, se montre à l'horizon. L'orient s'éclaire. L'animalité craintive et hésitante se soumet au joug; tandis que celle plus indépendante recule, pour disparaître plus tard.

Ce quelque chose de vague se précise, se lève : c'est l'humanité qui se met en marche.

Les ténèbres qui cachaient les causes se dissiperont; les mystères seront dévoilés; la nature étalera ses secrets; les forces montreront leurs lois et la matière ses propriétés à l'intelligence de l'homme.

Alors cette intelligence se sentant au-dessus de tout ce qui fût et de tout ce qui est, pensera en regardant l'Univers : Cela est pour moi.

CHAPITRE XII

Ère moderne.

Ce n'est certes pas d'une façon aussi grandiose que l'homme a fait son apparition sur le globe. Ses débuts ont été autrement modestes. Mais un fait existe, indéniable, celui de n'avoir découvert nulle espèce nouvelle, postérieure aux époques où la présence de l'homme a été constatée.

Les forces créatrices de la nature paraissent avoir atteint leur point-critique en précisant dans l'homme la structure qui le spécifie; car nul genre nouveau ne s'est montré après lui, comme si ces forces n'attendaient que cet avènement, ce dernier effort à donner pour clore leur cycle créateur.

Les sylviculteurs nous apprennent que les arbres qui croissent le plus lentement, ont toujours leur bois plus dur, plus pesant, plus compact et plus fort.

Le laboureur n'ignore pas que le bœuf à marche lente dans le labour, est celui qui creuse le plus profond sillon.

C'est sans doute pour des raisons analogues, que

l'espèce qui devait éclipser toutes les autres, a été la dernière formée.

Le refroidissement du globe qui caractérise les débuts de notre ère moderne, a produit, sur une grande échelle, toute une série de phénomènes d'érosion et d'alluvionnement.

Les neiges et les glaces ont couvert les massifs montagneux et les régions septentrionales.

Les rivières débordantes, établissaient des couches de graviers. A cette époque, pour nous en tenir à quelques-uns de nos cours d'eau, la Somme avait plus d'un kilomètre de large. La Seine qui roule actuellement 2.500 mètres cubes d'eau par seconde dans les grandes crues, roulait alors de 27 à 60.000 mètres cubes, soit de 10 à 25 fois plus.

La Durance avait 5 à 6 kilomètres de largeur vis-à-vis de Pertuis et déposait à son embouchure, les cailloux qui rendent stérile la plaine de la Crau.

Ce refroidissement mit fin à l'âge des grands cours d'eau.

Où étaient nos chers ancêtres vers cette période ? existaient-ils seulement ? dans le sens que nous donnons de nos jours au terme d'homme.

De Quatrefages croit à l'existence de l'homme pendant l'ère tertiaire.

De Mortillet s'appuyant sur cette affirmation, dit qu'il est parfaitement établi que pendant la période tertiaire, il a existé des êtres assez intelligents pour tailler la pierre et faire le feu.

Alexandre Bertrand discute et n'admet pas l'existence de l'homme tertiaire.

Il paraîtrait en effet que la taille des silex supposée faite de main d'homme, trouvés dans les terrains tertiaires, ne serait autre que le résultat d'érosions, d'accidents naturels.

Laissons donc de côté ce qui paraît encore douteux, tenons-nous en a ce qui est plus certain à la présence de l'homme vers les débuts de l'ère quaternaire. C'est-à-dire, en nous en tenant à l'évaluation moyenne que nous avons adoptée, il y a environ cinq cent mille ans.

Dans le nombre de ceux qui se sont occupés de l'origine de l'espèce humaine, certains affirment que toutes les races humaines dérivent d'une même souche, c'est le système adamique ; d'autres veulent que les types aient été multiples dans le passé.

Parmi les doctrines scientifiques, celle de de Quatrefages défend la descendance de l'espèce humaine d'un centre unique, tout en acceptant sa très haute antiquité : c'est la monogenèse.

Celle d'Agassiz consiste en une polygenèse qui fait descendre les races humaines ou plutôt les fait naître en huit points différents du globe d'une façon indépendante. Haeckel établit le berceau de l'humanité sur un continent remplacé depuis par l'Océan Indien, vers les îles de la Sonde; que Sclater appelle Lémuria, d'après les lémuriens, singes inférieurs de sa faune.

La monogenèse, si elle était admise, serait, jusqu'en un certain point, une confirmation de l'unigenèse.

Nous avons étudié celle-ci et en avons expliqué l'invraisemblance.

Les conclusions anthropologiques de P. Topinard, s'accordent avec la doctrine d'Agassiz : la polygenèse.

Ce sera, étant donné ce que nous avons déjà appris, à cette dernière hypothèse que nous nous rallierons. Non pas en faisant naître l'espèce humaine sur sept à huit points déterminés, mais sur un nombre illimité, ainsi qu'il en a été d'ailleurs pour diverses espèces.

En effet, de Saporta nous apprend que dans l'ère secondaire on découvre l'apparition simultanée dans l'Europe centrale et l'Amérique du Nord : des chênes *(quercinées)*, des lauriers *(laurinées protohypèques)*, des platanes *(platanus)*, etc.

Les enchaînements du monde animal de Goudry nous enseignent que le genre antilope, castor, etc., apparaissent dans les étages, de la même période, de Sansan et de Simorre (Gers), de St-Gaudens (Haute-Garonne), de la Grive-Saint-Alban (Isère), de la Chaux-de-Fond (Suisse), d'Erbiswald (Styrie).

Que les genres gazelle, cerf, hyène, porc-épic, etc., se voient également en Grèce (étage de Pikermi), en Hongrie (étage de Baltavar), en Vaucluse (étage du mont-Léberon), en Espagne (étage de Concud).

Tous ces étages appartenant à une même période, ont été formés simultanément ; conséquemment dans ces diverses régions existaient en même temps les mêmes genres.

Si nous réfléchissons aux espaces immenses qui sont encore inexplorés, aux profondeurs inviolées, au peu que l'on sait encore sur ces sujets, nous sommes bien obligé de convenir qu'il est imprudent de limiter à un nombre de points, la naissance des espèces sur notre globe. Mais après ces découvertes, il nous paraît impossible de nier l'évidence de la polygenèse.

Dans l'apparition simultanée, à une même époque, d'espèces aussi différentes, de caractères aussi nettement tranchés, que quelques-unes de celles que nous venons d'indiquer, se trouve, pour nous, une nouvelle preuve en faveur de ce que nous avons avancé sur l'hétérogénéité de la nature organique, c'est-à-dire de la plurigenèse.

L'homme serait donc apparu sur notre globe en divers lieux, sans qu'il soit encore possible à la science d'en fixer les positions ni le nombre d'une façon certaine.

L'époque où l'espèce humaine est signalée, en nous en rapportant à la durée géologique que certains savants attribuent à notre ère, remonterait, avons-nous dit, à 5.000 siècles environ.

L'espèce humaine paraît avoir un caractère d'unité, car, d'après Topinard, en remontant dans le passé on ne trouve pas trace de races humaines se distinguant considérablement des races actuelles.

Malgré cette unité structurale de l'espèce humaine, certains naturalistes la font descendre d'espèces diverses.

Notre grand Lamarck, le père du transformisme et de sa fille l'évolution, pensait au chimpanzé. Darwin reprenant pour son compte la conception Babylonienne sur l'origine des êtres, fait descendre tous les vertébrés, y compris l'homme, d'un ancêtre commun : animal aquatique pourvu de branchies.

Selon Haeckel, l'homme se rapprochant le plus du singe, le plus pithécoïde, est sorti du singe se rapprochant le plus de l'homme, le plus anthropoïde.

La science s'est cependant mise d'accord sur un point, celui que les quatre anthropoïdes actuels : le gorille, le chimpanzé, le gibbon, l'orang-outang ne se rapprochent pas de l'homme plus les uns que les autres et ne sauraient être considérés comme la souche ancestrale du genre humain.

On constate d'autre part que trois millions d'années avant notre ère, l'époque miocène a amené le type simien, nous dit Cartaillac, au niveau et même à un niveau supérieur à celui qu'il occupe actuellement. Egalement que toutes les espèces animales de notre époque sont inférieures à celles de cette période.

Ce qui semblerait démontrer que l'espèce humaine ayant toujours été progressant sans être atteinte par cette régression, aurait été seule à y déroger, d'où nous pouvons en inférer, s'il est possible encore d'en douter, que quelque chose de spécial en elle devait la différencier de toutes les autres espèces.

Les physiologistes, comme Béclard, nous apprennent que l'espèce humaine peut seule être fécondée à toute époque. Les anthropologistes — quoique la valeur du fait soit diminuée par la découverte de de Quatrefages et Hamy, de quelques crânes humains qui en étaient privés — nous disent que l'homme est le seul des êtres à posséder un menton; le seul à avoir une capacité crânienne aussi considérable; le seul qui ait un langage articulé et trois ou quatre autres divergences dans la structure.

Cet ensemble de faits réunis ne prouve-t-il pas, encore, péremptoirement, que l'humanité forme un genre à part dans la création ?

D'ailleurs, Carl Vogt, qui ne saurait être taxé d'idéalisme, est du même avis quand il dit que l'homme constitue un ordre distinct.

Naturellement, et ce serait contraire à la logique de l'Intelligence-Suprême s'il en avait été autrement, l'humanité a eu des débuts pénibles. Elle a traversé tout en s'en différenciant dès l'origine, les mêmes étapes que l'animalité en général. Mais le rythme particulier qui la dirigeait vers ses destinées, n'avait aucun rapport avec le rythme des autres espèces.

Et, quoique l'homme puisse se rapprocher de l'animalité par certaines fonctions, et qu'il ait traversé des périodes inférieures avant de parvenir à son état actuel, il s'en est toujours distingué par des facultés spécifiques.

Tout nous confirme donc que l'espèce humaine est une espèce à part. Elle est seule, parmi toutes, qui s'élève, se perfectionne, progresse mentalement et esthétiquement depuis des milliers de siècles, ce qui nous en révèle la prédestination.

Il peut arriver de temps à autre, que des anomalies sexuelles fassent découvrir des pithécanthropoïdes isolés se rapprochant de l'homme. Cela ne prouvera rien, car il peut se produire que deux espèces dans leur marche parallèle, puissent se rapprocher dans certaine phase de leur évolution, sans pour cela être parentes.

Ce fait s'observe régulièrement dans le développement des fœtus.

Ainsi, tant qu'on ne sera point parvenu à faire des hommes des pithécanthropoïdes, il faudra considérer leur découverte, si jamais on la fait, avec beaucoup de circonspection et surtout éviter d'en tirer des conclusions prématurées.

CHAPITRE XIII

Les premiers types de l'humanité.

Il nous est difficile, même par la pensée, de nous faire une idée des diverses formes que dut prendre l'humanité, dans les diverses phases de son évolution, avant d'atteindre au type actuel.

Le microscope nous montre les spermatozoïdes, les germes humains différents, quoique faiblement, des germes des autres animaux avec une tête de serpent légèrement aplatie, le corps allongé en fibrile.

La chimie, d'après l'analyse de Vauquelin, nous indique qu'ils contiennent 90 parties d'eau ; 6 de spermatine ; 3 de phosphate, calcaire et autres sels ; et 1 de soude.

Les éléments de ces composés ne sont autres que de l'azote, du carbone, de l'hydrogène, de l'oxygène, du soufre, du phosphore, c'est-à-dire ce qui fait la base de la matière organique.

La création ne pouvait se servir pour une espèce, si grandioses et sublimes que fussent ses destinées, de matières inexistantes ; seulement elle pouvait les combiner selon l'espèce à produire. C'est ce qui est arrivé pour les espèces en général et pour l'homme en particulier.

La paléontologie nous présente bien divers squelettes des races préhistoriques, mais ils durent être précédés par d'autres d'une ossature peu consistante, peut-être démesurément disproportionnée, qui se concentra peu à peu dans des bornes plus étroites et plus régulières. Ce qui lui aurait permis de résister mieux aux révolutions géologiques.

Si toutes les hypothèses sont permises sur cette humanité inconnue, il est néanmoins hasardé de dire avec Darwin, que les deux sexes portaient de la barbe, qu'ils avaient des oreilles pointues, qu'ils portaient une queue desservie par des muscles propres; parce que cette supposition est basée sur l'étroite ressemblance de l'embryon humain avec ceux des autres animaux, et que cette identité n'existe pas.

Il est vrai que ces différences sont peu sensibles, mais qui pourrait exiger que les dissemblances soient aussi accentuées dans des germes que dans des adultes? Personne.

Mais il suffit qu'il y en ait, comme l'observation l'a démontré, et encore infiniment moins sensibles que celles constatées, pour donner lieu à des espèces diverses. Un soupçon de divergence suffit, à l'origine, pour devenir dans les temps et l'espace, une réalité spécifique.

Il est non moins risqué de croire avec le même auteur que les mâles avaient de grandes dents canines, car rien ne prouve qu'ils fussent carnassiers; que l'œil était protégé par une troisième paupière; que nos ancêtres avaient une vie aquatique; que nos poumons ne sont qu'une vessie natatoire ; que les fentes du cou de l'embryon humain indiquent la place des branchies plutôt qu'autre chose. Rien ne démontre en effet que la surface de notre globe fût entièrement sous l'eau, mais tout semble prouver, au contraire, une série d'ondulations produites par l'infiltration des pluies dans la première écorce. Ondulations émergeant de la nappe liquide, et suffisamment imprégnées d'humidité pour être favorables aux développements des êtres organisés.

Que nos ancêtres aient eu, à une époque, des pieds préhensibles, qu'ils aient vécu sur les arbres, c'est parfaitement admissible si l'on se reporte à l'existence qu'ils ont dû mener. Mais ceci n'infirmerait nullement la spécifité primordiale de l'homme, pas plus d'ailleurs que ne le fait son long stage dans un état rudimentaire. Nous voulons dire par là qu'étant impossible d'assimiler l'homme actuel à une espèce quelconque, il est imprudent de le confondre ou plutôt de le lier dans ses débuts à toutes les espèces. S'il y a une loi, comme cela est démontré, qui oblige les atomes des corps simples à s'associer selon leur nature de telle façon et non différemment ; il y a certainement une loi qui oblige les cellules à se grouper de telle manière et non de telle autre, selon les espèces qu'elles sont appelées à créer.

Certains veulent que l'absence de squelette humain dans les terrains tertiaires ait pour cause l'inexis-

croyons qu'ils font erreur, car il serait absolument extraordinaire qu'à côté des espèces que l'on découvre, les mêmes cataclysmes n'y eussent enseveli en même temps quelques-uns de nos congénères.

Nous croyons plutôt qu'il faut demander les causes de cette absence, à ce que nous disions plus haut, à la nature gélatineuse, à l'inconsistance du périoste qui devait amener une prompte désagrégation du squelette dès l'extinction de la vie.

Ce ne fut qu'à la suite d'absorption de substances plus appropriées, d'assimilation plus complète, que l'armature du corps pût soutenir les efforts de l'individu, par suite se fortifier, s'ossifier et permettre ainsi au squelette de résister plus longtemps à la dissociation de la mort.

Sans croire aux formes fantastiques que l'opinion des anciens donne aux premiers êtres humains, il est néanmoins certain que ces formes durent être étranges.

Les plus anciens documents à ce sujet que nous possédions, remontent au postpliocène, c'est-à-dire au commencement de notre ère.

Ce sont les crânes masculins de Canstadt, d'Eguisheim, de Brut, de Denise et du Néanderthal ; et les crânes féminins de Straengenœs, de l'Olmo et de Clichy.

Ces crânes sont longs et plats, d'où leur nom de dolichoplatycéphales.

On se base, pour attribuer ces crânes à des êtres

On se base, pour attribuer ces crânes à des êtres humains, sur leur volume. Ainsi celui du Néanderthal cube 1,200 centimètres alors que celui des singes supérieurs ne va pas au-delà de 623, d'après Topinard.

Il en est comme cela pour les gorilles mâles, tandis que les chimpanzés ne dépassent pas 482 et le crâne des orang-outangs 478 centimètres cubes.

De sorte que l'homme le plus inférieur a une capacité crânienne presque double de celle de l'anthropoïde le plus supérieur. Toutefois rien ne paraît confirmer, pas plus qu'infirmer, que les êtres auxquels ces crânes appartenaient eussent le don de la parole, c'est-à-dire qu'ils fussent des hommes dans le sens attaché de nos jours à ce mot.

Il n'en est pas de même de l'époque suivante, celle que l'on désigne par l'Age du renne, durant laquelle vivaient les sujets exhumés dans le Périgord, par Christy et Lartet, des grottes du Cros-Magnon.

Cette race qui a pris le nom du lieu de sa découverte, de Cros-Magnon, tout en possédant des crânes allongés, dolichocéphales comme ceux du Canstadt, avait un front élevé, large, bien developpé au-dessus des crêtes sourcilières.

Les bosses frontales, paraissant écrasées dans la race précédente, sont ici saillantes et élevées.

La saillie des maxillaires inférieures qu'on désigne par prognathisme, se rapproche de celle du nègre le plus prognathe.

A en juger par les os leur taille était haute, la race robuste.

A la suite des Cros-Magnon viennent les races de la Truchère, près Lyon; et de Grenelle, près Paris.

Dans celles-ci les crânes au lieu d'être longs sont arrondis, c'est-à-dire brachycéphales.

Tout en ignorant l'origine de ces dernières on a des indices pour pouvoir avancer que les deux races vécurent ensemble, car Broca constate l'existence des deux races réunies à Solutré, Saône-et-Loire, à la fin de la pierre taillée.

Ces deux formes crâniennes variaient beaucoup dans leurs proportions et leurs dimensions.

Antérieurement à ces époques elles devaient surmonter parfois des corps géants, paraissant poussés d'un seul jet; d'autrefois une forme naine, ayant de la peine à s'affranchir d'une antéforme larvaire, car les races naines paraissent aussi anciennes que celles dépassant la grandeur moyenne.

Voici, scientifiquement, comment devaient être quelques-uns de nos pauvres ancêtres du commencement de notre ère.

Ils avaient les cheveux aplatis et laineux; les yeux, enfoncés sous l'arcade sourcilière, brillaient comme deux gemmes au fond de leur gangue.

Les oreilles non bordées, pas très longues, tendaient au carré.

Le nez développé en largeur et aplati, rampait au dessus d'une lèvre charnue. Une moustache à poils rudes et rares, cachait une partie de la bouche qui montrait, en s'ouvrant, une garniture d'incisives, de canines et de molaires, légèrement plus fortes que celles que nous possédons actuellement.

Un menton tout petit devait terminer cette face, qu'un prognathisme très accusé rendait quelque peu dure.

Le cou pas très long, le corps très velu, les membres grêles avec des extrémités larges.

Les parties charnues, qui concourent à la beauté plastique du corps humain par le raccord des divers tronçons entre eux et la ligne harmonieuse qu'elles leur donne, n'étaient pas développées, du moins si peu qu'elles n'atténuaient que faiblement les saillies.

La peau devait être tendue sur des protubérances; et sa grande rugosité faisait que nos ancêtres avaient le sens du tact très imparfait.

A une nourriture plus riche, correspondit un developpement dans les formes plastiques.

De même que chez la mère le lait acquiert des propriétés appropriées à l'âge de l'enfant, dans la nature il y eut une corrélation entre sa production et le perfectionnement de l'espèce humaine.

L'instinct de la reproduction fut seul d'abord à pousser l'homme et la femme vers l'accouplement.

Cet instinct paraît dominer toute la primitive humanité. Elle sentait vaguement, qu'en lui, était attachée la conservation de l'espèce.

Dans les rapports sexuels, qui ne furent tout d'abord que fortuits, ne rentrait aucun de ces sentiments élevés qui ennoblissent la vulgarité de l'acte, et rendent les unions durables.

Les impressions étaient fugitives. Les couples se séparaient après l'appétit sexuel satisfait, sans en conserver un profond souvenir.

La femme fécondée mettait son enfant au monde, le nourrissait jusqu'à ce qu'il pût à peu près se suffire.

Ensuite elle devait l'abandonner; et tous les deux se séparaient dans un oubli commun des liens qui les unissaient.

Pourtant chez l'enfant, le souvenir de sa mère fut plus lent à disparaître que chez celle-ci celui de sa progéniture.

Le sentiment de sa faiblesse, la fraîcheur de ses impressions, tout contribuait à lui rappeler sa mère. Mais c'était l'affaire de quelque temps, d'un événement quelconque, pour effacer en lui toute souvenance.

Les enfants ne connaissaient pas leur père et celui-ci ignorait ses enfants.

La conscience encore endormie n'avait aucune direction sur l'homme. Des instincts, se rapprochant de ceux de l'animalité, étaient les seuls moteurs de ses actions.

Nous avons tout lieu d'admettre que l'humanité ne fut pas méchante à son origine.

Ce qui nous le démontrerait, c'est que la plupart des espèces offensives, cruelles, telles que les sauriens de la période secondaire et certains carnivores, et des plus terribles de la tertiaire, disparaissent, tandis que la majorité de celles plus timides et plus douces leur a survécu.

En second lieu, dans la mâchoire de l'homme, même dans celle préhistorique de la Naulette, nous trouvons les incisives et les canines trop petites, comparées à celles des carnassiers, pour supposer chez l'individu qui les possédait une grande férocité.

Ensuite si l'homme avait été méchant, aux causes naturelles de destruction, se serait ajouté l'instinct de sa race qui en aurait hâté l'anéantissement.

Il faut convenir cependant qu'il n'existe pas d'espèce animale, ne réservant ses instincts destructeurs pour celles étrangères.

Enfin la nature physique de l'homme devait nécessairement le maintenir dans une certaine timidité. Ce qui l'éloigna, pendant un certain temps tout au moins, des espèces féroces ainsi que de tout ce qui était violent.

Cette timidité dut être même, dans les débuts, sa principale sauvegarde. Comme il est impossible d'attribuer le triomphe de l'humanité à sa fécondité, qui était bien inférieure à la plupart des espèces; ni à son intelligence, qui se trouvait certainement au-dessous, à l'époque dont nous parlons, de certaines espèces (notamment des castors) parvenues au dernier degré de leur évolution, nous sommes forcés d'admettre que cette timidité fut un des moyens employés par la prédestination de l'espèce humaine.

Les premiers humains devaient se contenter

pour nourriture, de ce qui leur tombait sous les yeux.

Ils n'éprouvaient ni le besoin de fouiller la terre, ni celui de prendre les poissons, encore moins de tuer des animaux.

Ils mangeaient les fruits qui pendaient aux arbres; diverses herbes du sol telles que les fougères et les lichens, ainsi que les racines qui en émergeaient : tout ce qui ne nécessitait aucune violence et très peu d'efforts.

Il ne devait exister en eux aucun sentiment de la peur, qui n'est autre que l'éveil de la conscience; ni celui du courage, qui n'est que l'expérience de ce sentiment.

Leur langage se réduisait à un balbutiement, à quelques cris gutturaux et surtout à force gestes.

La nécessité de pourvoir à leur subsistance, fut le premier facteur qui porta les premiers hommes à la vie errante.

Ces déplacements durent leur fournir les occasions de se rencontrer, de prendre contact les uns des autres, de se connaître.

Dans ces rencontres ils devaient, en hésitant, se rapprocher, se regarder, faire un échange de leurs faibles émotions.

Ensuite ils allaient de conserve ou se quittaient en reprenant leur marche, chacun dans une direction différente, tout en se retournant de temps à autre pour se suivre du regard.

D'après ce que nous savons, il nous est facile

d'accompagner par l'esprit, ces deux humains, dans leur vie errante.

Ils vont nus, le corps velu et les membres grêles. Isolés quelquefois, d'autrefois en nombre, ils marchent au milieu de la nature, s'enfoncent dans des forêts, au travers d'une grande variété d'arbres. Ils sont parfois obligés de se créer un chemin entre de jeunes pousses et des lianes longues démesurément.

Leurs regards attirés par l'éclat des fleurs, leurs oreilles distraites par le chant des oiseaux, font sous l'impression, peut-être, monter dans leurs cerveaux une buée de rêve.

Il arrive qu'ils se précipitent si leur œil perçoit un aliment, pour s'arrêter ensuite, s'accroupir, afin de dévorer mieux à l'aise le fruit de leur découverte.

On les voit contournant un précipice, une montagne ou les eaux dormantes d'un lac bourbeux et nauséabond.

Les voici parvenus sur les bords d'un cours d'eau où l'eau claire gronde et tourbillonne : Ils en suivent les bords pour le remonter jusqu'à sa source ou le descendre jusqu'à son embouchure.

Le soleil éparpille sa rutilance, dessèche et brûle la plaine, leur corrode la peau que des pluies avaient, la veille, pénétrée jusqu'aux os.

Selon la tempête ou l'accalmie, le vent rugit ou s'apaise, l'animal se cache ou reparaît, l'oiseau se tait ou gazouille, la feuille est agitée violemment ou berceusement; mais l'homme, aux instincts multiples et impérieux, doit pour les satisfaire marcher quand même, et il marche toujours.

Quand la nuit surprend ces humains, ils s'allongent sur le sol, dans un creux de préférence; se blottissent contre un rocher; pénètrent dans une excavation; s'accroupissent au pied d'un arbre, parfois même ils y grimpent.

La clarté des astres, leur fourmillement, les rendent rêveurs; tandis que la conflagration des éléments, le rugissement des fauves, les mille et un bruits des ténèbres augmentent leur timidité et, s'ils sont en nombre, les font se tasser les uns contre les autres.

Il arrive parfois que le gémissement d'une souffrance, le balbutiement d'un rêve, un cri d'angoisse poussé par il ne sait qui, lui font prêter une oreille plus attentive. L'homme sent alors dans son tréfonds une anxiété, vague instinct de solidarité qui s'éveille, le mettre mal à l'aise.

Dès l'aube tout s'oublie. Tous reprennent leur vie errante sans remarquer les absences, sans s'occuper des disparus pendant la nuit, encore complètement inconscients et insouciants.

La horde formée au hasard des rencontres, sans lien ni but, devait se disperser sans raison.

Parmi ces hommes, dans leur cerveau ne comprenant pas le danger, n'ayant pas l'idée de la défense ni le sentiment du dévouement, nulle notion précise n'avait encore pénétré.

C'étaient des machines que d'appétits mettaient
en marche. Mais dans les flancs, dans les reins, dans
les cerveaux de ces machines fermentaient, déjà, les
germes des futurs rédempteurs de l'humanité.

———

CHAPITRE XIV

Évolution mentale et sociale.
Origine des groupements humains.

Le tableau d'une première humanité vivant au milieu d'une nature vierge, nous a quelque peu entraîné au delà de ce que nous nous étions promis. Vous voudrez bien, n'est-ce pas, excuser ce tribut payé à notre imagination.

Nous venons d'étudier quels furent les premiers types de l'humanité révélés par les découvertes paléontologiques ; nous avons vu les hommes seuls ou groupés par le hasard, livrés faibles et sans défense aux circonstances.

Maintenant nous allons essayer de pénétrer les causes qui, par la suite, déterminèrent la volonté humaine à intervenir dans les groupements.

Préalablement il convient d'indiquer, sommairement, quelles modifications survinrent dans l'état de notre globe, vers l'époque où se découvrent les premiers vestiges de l'humanité.

Les froids du commencement de l'ère moderne, qui, selon certains auteurs, avaient commencés 225 à 350 000 ans avant notre ère, ne furent pas très grands.

La température était surtout basse dans les régions montagneuses, où l'humidité atmosphérique, secondée par les condenseurs montagneux, forma des névés qui alimentèrent les glaciers.

Cette période glaciaire exista non seulement en Europe, mais encore dans l'Amérique du Sud et en Nouvelle-Zélande.

Ce fut également l'époque des grandes pluies, pendant laquelle l'homme quitta les bords des rivières pour se réfugier dans les cavernes.

Lapparent, dans son cours de géologie, nous apprend que ces pluies durent cesser brusquement, qu'elles furent suivies par le froid sec et rigoureux qui convient au renne, car c'est pendant cette période, appelée de ce fait âge du renne, que celui-ci prédomina en même temps que l'antilope saïga, le renard arctique, etc.

Avec le froid sec, le lit des rivières fut asséché. Et quand un régime suffisamment humide reparut, la tourbe combla ce premier lit et avec elle commença le régime actuel avec sa flore et sa faune.

Ces divers phénomènes furent longs à se manifester.

C'est pendant leur accomplissement que l'inclinaison de l'axe terrestre devint stable et que les rayons solaires conservèrent leur même parallélisme. Ce qui permit à la distribution actuelle des climats, de se faire.

**
**

Ceci dit, nous revenons à notre sujet. Les documents sur l'humanité du début de notre ère, sont encore peu nombreux. Ils nous renseignent toutefois sur certaines conditions de sa vie. Nous les aborderons dans un instant, car auparavant nous croyons utile de nous faire une idée de ce que pouvaient être les mœurs de l'homme antépréhistorique.

Malgré l'absence de preuves, nous avons donné les raisons qui nous permettaient d'admettre une époque, que l'humanité parcourut en état d'ignorance du mal.

Ce fut celle où, les usages, les mœurs et les coutumes n'existant pas, l'homme, complètement libre, n'était assujetti qu'aux lois de la nature.

S'il est vrai que la plupart des peuplades aborigènes de l'ancien et du nouveau continent, ont la cruauté pour fond de caractère, nous ne devons pas oublier qu'elles sont, sans exception, sous le joug d'usages tyranniques qui aliènent leur liberté.

Le sauvage n'est libre nulle part, nous dit Lubbock. Aussi est-ce dans ce fait qu'il faut attribuer la cause de la valeur, exagérée, qu'il donne à la force brutale et à la ruse; et celle du manque de sens moral qui en est la conséquence.

Comme il était loin d'en être ainsi, alors que l'homme n'était soumis qu'aux lois naturelles, il devait résulter de cette complète liberté qu'il ignorait la haine de son semblable, ainsi que d'ailleurs l'étroite solidarité qui, plus tard, devait l'unir à lui. C'était une espèce d'indifférence avec, pour fond naturel, une vague bonté.

Il n'existait nul mariage, mais seulement des accouplements.

Ceux-ci furent à l'origine accidentels ou fortuits, et l'instinct de la reproduction en était le seul mobile.

Néanmoins dans le sens intime de l'homme et de la femme, dut persister le sentiment du bonheur ressenti.

Ce qui fit qu'ils s'ingénièrent pour rendre ces rapports plus fréquents; et pour cela ils tâchèrent de demeurer l'un auprès de l'autre, en faisant dans ce but des efforts mutuels pour se plaire. Le côté fruste de leur nature en fut d'autant atténué; et peu à peu les accouplements eurent une plus longue durée, devinrent temporaires (1).

(1) Les auteurs qui ont traité de l'évolution sociale n'ont jamais, croyons-nous, fait intervenir le facteur d'attraction sexuelle dans leurs études sur les groupements primitifs.

Cependant nous le considérons comme primordial et unique au début de l'humanité.

Le sentiment religieux, l'instinct de l'intérêt, une nécessité économique que Fustel de Coulange, dans sa cité antique ; Renan, dans son peuple d'Israël ; Starcke, dans sa famille primitive, nous indiquent dans la constitution des groupements aryens, sémitiques, australiens, américains, et de l'Afrique, ne purent venir qu'après, alors que l'humanité s'éloignait de son état primitif.

En effet, celui-ci se rapprochait de l'animalité ; c'est donc parmi les vertébrés supérieurs que nous devons chercher des exemples à ce que nous avançons.

Or, dans l'animalité en général, le rôle de l'attraction sexuelle

Nul sentiment de jalousie ne devait entrer dans les relations sexuelles. Et l'enfant qui en était issu, abandonné dès qu'il pouvait agir seul, s'en tirait au petit bonheur.

Les humains qu'il rencontrait, le voyant dans cet état d'infériorité, lui venaient en aide ; parfois il les suivait, les accompagnait et cela durait tant qu'il se sentait insuffisamment fort.

Les hommes par ce fond de vague bonté qui était en eux, devaient accepter cette charge comme chose naturelle, coulant de source, car ils conservaient certainement une remembrance des mêmes obligations survenues en leur faveur.

L'accouplement temporaire eut des résultats très heureux pour le progrès moral de l'humanité, et voici comment :

L'état de servitude où la nature maintient la femme pendant certaines époques et aux périodes de gestation, et qu'il n'avait sans doute pas remarqué lors des accouplements fortuits, put bien donner à l'homme, dès qu'il s'en aperçut, le sentiment

est seul à s'imposer pour pousser les oiseaux à la construction de leurs nids ; les animaux vers l'accouplement.

C'est une loi primordiale à laquelle l'humanité ne put se soustraire. Elle la subit en y associant le sentiment de bonté qui était encore vague au fond d'elle. Sentiment que cette attraction sexuelle ne pourra que faire se développer chez l'homme à l'égard de la femme.

Plus tard, quand le sentiment religieux naîtra, que les notions d'intérêt se seront développées, cette attraction passera, chez certaines peuplades, au second rang, mais au début elle ne pût être que souveraine.

d'une supériorité physique sur sa compagne. Mais indépendamment que ce sentiment fut atténué par les qualités de patience et de persévérance que, simultanément, il constata chez elle, il dut résulter de cette découverte l'éveil en lui d'un instinct de protection que la femme accepta, d'autant plus volontairement qu'elle en éprouvait le besoin.

L'homme qui n'avait peut-être jamais assisté à la naissance d'un enfant, dut être impressionné par cet événement.

Il apprit ainsi à connaître sa progéniture dès son entrée dans la vie. L'accouplement temporaire lui permit encore de la voir grandir, de goûter un plaisir dans ses ébauches de forces viriles ou de grâces féminines, finalement de s'y attacher et de l'aimer.

Il put dès lors se rendre compte des soins que la mère donnait à l'enfant. Ce fut pour lui une révélation des vertus altruistes de la femme : abnégation, affection, amour.

Et la pensée qu'une autre femme, sa mère, avait pu l'entourer de la même sollicitude, jointe à l'attachement qu'il portait déjà à l'enfant, l'imprégna d'un sentiment nouveau pour la mère : il l'aima par le cœur.

Dès lors, retenu auprès de sa femme et de sa progéniture, l'accouplement temporaire évoluant vers une union permanente, la famille fut créée (1).

(1) Voici quelle est l'évolution du mariage, telle que nous la donnent les auteurs qui s'en sont occupés :

La première union que l'on constate parmi les hommes est celle

*
* *

Nous commettrions une grande erreur si nous supposions que l'homme atteignit d'emblée, en passant d'un état à l'autre, aux qualités morales convenant à chacun d'eux ; de même si nous admettions que cette évolution mentale fut générale et égale parmi l'espèce humaine.

Non, il ne put en être ainsi, car les progrès, tant physiques que moraux, furent et sont en étroite concomitance. Ceux-là ne se faisant que successivement, en laissant même quelquefois hors de leurs mouvements toute une portion de l'humanité, il en fut de même pour la mentalité.

L'amour fut faible dans les premiers liens familiaux.

par groupes : toutes les femmes appartiennent à tous les hommes d'un même groupe. C'est cet usage qui explique la coutume biblique qui consiste à donner au frère, par héritage, la veuve du défunt (*Demoor*, *Massart et Vandervelde : L'évolution régressive en biologie*).

L'incertitude qu'ont les hommes sur leurs enfants ajoutée au faible cas qu'on fait de la paternité, font établir comme structure sociale : *le matriarcat*.

Le mariage par rapt qui succéda à cette coutume, mariage qui existe encore de nos jours dans certaines localités de la Bulgarie, fit s'établir le patriarcat.

Au rapt succéda l'achat. La femme achetée par l'époux ne recevait aucune somme mais celle-ci était distribuée entre tous ses parents d'abord, ensuite elle fut remise au père de la jeune fille.

Le mariage par achat fit place au mariage consensuel — c'est-à-dire par simple consentement, sans nulle autre sanction. C'est cette dernière forme qui a précédé le mariage *in facie Ecclesiæ* et notre mariage civil.

Etant encore asservi aux appétits sexuels, il ne devait se soutenir que par leur satisfaction. De sorte qu'une maladie, une infirmité, une décrépitude prématurée, suffisaient pour le briser.

L'attachement médiat de l'homme pour sa femme devait disparaître avec la mort de l'enfant, ou quand ce dernier quittait la famille à l'époque de sa virilité.

Il fut nécessaire que d'autres circonstances intervinssent, pour donner à ce groupement d'union permanente une plus forte cohésion.

La durée de cette union, si courte qu'elle fut à l'origine mais néanmoins plus longue que l'accouplement temporaire, procura à l'homme l'occasion d'être témoin, de voir se manifester sous ses yeux, les quatre principaux phénomènes qui président à la destinée de tout organisme : la naissance, la croissance, la dégénérescence et la mort. Phénomènes que son existence solitaire l'avait empêché d'observer, et dont l'ignorance maintenait sa mentalité dans un niveau inférieur.

Il avait bien pu les remarquer cependant, mais son indifférence générale faisait qu'il n'y prêtait nulle attention, tandis qu'ils s'imposèrent à celle-ci dès le groupement familial, alors que le père de famille sentit, fut convaincu, que les êtres qui naissaient ou mouraient faisaient partie de sa vie, étaient une portion de sa chair.

Les divers chocs que l'espèce humaine éprouva par ses événements, affinèrent sa mentalité, élevèrent son intellectualité, éveillèrent sa conscience en lui donnant une notion plus claire de ses devoirs.

L'homme qui n'a pas souffert est, généralement, un être moralement inférieur : n'ayant jamais eu à faire ses preuves d'essai, il ignore et l'indulgence et la tolérance et la pitié.

Les liens qui unissaient la famille se resserrèrent à la suite de ces épreuves. Et la crainte mutuelle de la mort, porta les membres la composant à s'entraîmer; et la sincérité de leur affection fit germer le courage en leur cœur. Mais ce courage leur faisant quelque fois défaut, l'homme chercha un point d'appui auprès du souvenir de ceux qui n'étaient plus : les ancêtres. Peu à peu ce souvenir s'imposa, devint, par les rêves, une croyance en une survivance en l'au-delà, en la vie *sub terra*. Croyance qui fut l'origine de la religion des ancêtres, l'antique foyer, source de puissance de la race aryenne.

Indépendamment de l'affection de l'homme pour la femme, un autre facteur intervint par la suite pour garantir une certaine durée à ces unions. Nous voulons parler, quoique prématuré, de l'intérêt que l'homme avait à conserver sa femme alors que le mariage par *coemption*, par achat, pénétra dans les mœurs. Il est certain, dans ce cas, qu'il y regarda à deux fois avant de répudier sa femme.

M. Casalis, dans *Les Bassoutos*, va plus loin. Il dit que ce mariage contracté en présence de témoins, garanti par l'intérêt de plusieurs parties, a été le fondement de la famille.

***

Les enfants devenant de plus en plus nombreux, multiplièrent pour le chef de famille les occasions où cette protection devint effective; de là naquit en lui un un plus haut sentiment de sa valeur.

La fermeté qu'il eut à déployer en maintes circonstances, les efforts qu'il fut obligé de faire pour la nourrir, lui firent comprendre ou plutôt le pénétrèrent de la dignité et du but vrai de la vie : de l'esprit de sacrifice.

Il dut ressentir dès lors, pour ses congénères, une plus grande estime, simultanément à un commencement d'affection qui fit naître en lui une notion de solidarité.

Dans ce nouvel état de conscience il prêta plus complaisamment son aide à qui la sollicitait; comme il ne devait plus hésiter à faire appel à celle de son semblable, si lui-même en avait besoin.

Ces expériences lui firent se rendre compte que la tâche devenait d'autant plus aisée, que les efforts étaient réunis.

Et l'inquiétude, qu'il ressentait alors que seul il était obligé de défendre sa famille contre un danger, ayant disparu du fait de cette compréhension, il en éprouva un tel bien être que le besoin de s'associer, de passager et provisoire qu'il était, devint une nécessité absolue. De sorte que l'homme fut dès lors porté à rechercher la fréquentation et le concours de ses congénères.

Les services prêtés et rendus établirent une correspondance de gratitude, qui rapprocha les familles entr'elles.

Des unions se contractèrent parmi leurs divers membres et les enfants qui en résultèrent furent de nouveaux liens de parenté communs à ces familles, fortifiant encore la solidarité qui les unissait.

C'est ainsi que l'état familial, premier noyau social, dut, progressivement, se dédoubler, s'agrandir, s'élargir, devenir tribu, etc.

Dans ces groupements n'existait aucune notion de la propriété. Le tien et le mien y étaient inconnus. L'égoïsme étroit, ce que nous parons hypocritement du titre de lutte pour la vie, n'ayant encore perverti aucune des notions d'humanité qui venaient d'éclore, l'harmonie n'était point ou tout au moins peu troublée.

Les premières tribus, comme les premiers individus, furent sans doute nomades.

Elles devaient séjourner dans une région tant qu'elles trouvaient les moyens de s'y nourrir, et elles reprenaient leur marche dès l'épuisement des ressources.

C'est l'état familial qui fit faire à la conscience humaine son premier pas, qui développa dans le cœur de l'homme une affection assez profonde pour lui inspirer, après la protection et l'entretien, le premier de ses devoirs : celui de se reconnaître le père de ses enfants; et le second : le respect des ancêtres.

**

L'évolution de la famille vers la tribu, imprima une grande impulsion aux progrès de la beauté physique et plastique.

Quoique que nous devions traiter ce sujet dans nos origines du Beau, il est nécessaire que nous en disions ici un mot.

L'attraction sexuelle revêt deux modes d'émission. Elle est purement instinctive, simple, presque aveugle, d'individu à individu; tandis qu'elle devient aussitôt consciente, complexe et éclairée dès qu'il y a pluralité, qu'il y a groupe.

Dans le premier cas c'est la seule différence sexuelle qui excite l'appétit sexuel. C'est alors le hasard de la rencontre qui modifie la descendance vers une plus grande perfection physique.

Dans le second, où il y a groupe, la possibilité de choisir fait que cette attraction procède par comparaison, ensuite par élimination, pour se fixer à l'élection de l'être privilégié.

Ici, dans les deux sexes, comme l'élu doit l'emporter sur ses compétiteurs en qualités physiques, il en résulte nécessairement que les enfants issus de ces unions sont les plus beaux; ou tout au moins il s'y trouve toutes les conditions voulues pour en être ainsi.

L'attraction sexuelle intelligente eut une heureuse répercussion sur les relations sociales.

Il dut en effet persister après l'apaisement des

sens, le mirage des premières impressions. C'est pour une cause identique qu'on voit deux vieux époux ressentir l'un pour l'autre, toujours la même somme de plaisir à se regarder qu'ils en eurent à l'aurore de leurs amours.

Cette illusion exerça une influence conciliatrice sur les rapports entre les conjoints, et par suite avec leurs familles et leurs tribus.

C'est ainsi que l'amour de cœur, c'est-à-dire une attraction intelligente, entrant comme facteur dans les unions, étendit sur un groupe plus important sa mission pacificatrice.

Les goûts étant simples, la nourriture frugale et l'espèce humaine peu nombreuse, la vie devait être facile. Ce qui fit qu'on ne regarda pas à élargir le cercle des relations. D'où des liaisons entre les tribus; une fréquentation qui, en raison de l'importance des groupes, permit à l'élection sexuelle de tomber sur des types encore plus beaux.

Les unions qui se firent, tout en portant l'espèce humaine vers un degré plus parfait de formes plastiques, établirent, par leur fréquence entre les tribus une communauté d'intérêts et d'aspirations qui facilitèrent l'établissement du groupement citadin ou cantonal.

Ce ne fut certainement pas de leur plein gré, que les hommes abandonnèrent la vie libre au milieu de la nature, pour s'enfermer dans les bornes étroites d'un campement.

Il fallut un événement extraordinaire pour les y

contraindre; tel, par exemple, l'approche d'un grave danger commun.

L'obligation d'y faire face pour sauvegarder leurs vies et assurer leur sécurité, leur imposa celle de se concentrer sur un espace restreint, d'approche difficile et de l'entourer d'obstacles.

Or l'établissement de ces défenses exigeant une certaine somme de travail, une succession de peines, d'efforts et de sacrifices, on ne dut les abandonner qu'à regret.

Il est probable qu'ils n'y auraient même plus pensé si ce danger ne s'était pas renouvelé. Mais dans le cours de leur existence il survint, certainement, maintes circonstances qui leur imposèrent la même obligation.

Ce fut alors pour s'éviter la peine d'avoir à recommencer ces mêmes travaux, qu'ils s'ingénièrent pour séjourner et vivre dans ces retranchements, qui devinrent par la suite des cités.

On choisit pour cela un emplacement qui réunissait à des moyens naturels de défense, des facilités d'approvisionnement, tels que les lacs, les îles, les cours d'eau, etc.

On ne dut s'installer sur le sommet des hauteurs, que par suite du perfectionnement des armes offensives ou de crainte d'être surpris ou investis par un ennemi très nombreux .

Quoique certaines tribus, les tribus indiennes entr'autres, paraissent infirmer l'évolution sociale dans le sens que nous venons d'indiquer. — Chez

elles, en effet, l'importance de la famille diminue
tandis que celle de la tribu augmente. Nous croyons
la cause de ces exceptions plutôt conventionnelle
ou, mieux, accidentelle que naturelle. Elle aurait,
suivant nous, son principe dans l'influence première
d'une caste, ou bien dans l'ignorance de la parenté.
— L'évolution sociale que nous venons d'exposer,
disons nous, nous paraît être la plus rationnelle,
étant conforme à la loi naturelle du développement
des êtres organisés. Loi qui veut que tout individu
composé parte de la cellule, et conséquemment toute
famille de l'individu et toute tribu de la famille (1).

(1) La race Aryenne, tout en ayant suivi dans son évolution sociale, la marche que nous venons d'indiquer, à vu le facteur de
l'attraction sexuelle s'arrêter dés la famille.

Sur cette attraction est venu se greffer le culte du foyer avec ses
dieux domestiques, qui a absorbé à son profit tous les autres sentiments altruistes.

Fustel de Coulanges dans son admirable ouvrage de la Cité
Antique, nous montre le culte farouche des ancêtres groupant —
parmi les Hindous, les Grecs les Italiens, les Romains — la famille
autour de son autel.

Ensuite l'idéal de l'homme s'agrandissant, l'idée religieuse et
le groupe social grandirent simultanément.

Alors plusieurs familles, s'unissant autour d'un autre autel commun, formèrent en Grèce, la Phratrie ; à Rome, la Curie.

A leur tour plusieurs curies ou phratries s'unirent également
autour d'un culte commun pour former la tribu. A une époque
indéterminée, plusieurs de celles-ci se groupèrent et donnèrent
naissance à la cité avec un dieu commun et un pontife.

Ce fut une confédération de petits cultes qui pivotèrent autour
d'un culte commun de plus en plus important.

Le culte domestique, la religion du foyer, ne put pas s'établir
spontanément. Les esprits y furent préparés par une succession

*
* *

Cette évolution sociale de l'humanité, exigea des milliers de siècles pour se réaliser et eut divers agents pour la produire.

C'est en quelque sorte un âge d'or que nous avons esquissé à grands traits. Age qui aurait battu son plein dans la famille primordiale, se serait trouvé affaibli dans la tribu et aurait complètement disparu dans la cité.

Il correspondrait à une absence absolue de culture intellectuelle, autrement dit à une mentalité primitive. C'est pour cela que nous voyons les hommes ayant évolué vers la cité, c'est-à-dire vers un agglomérat d'où naîtront les arts et les sciences, être assujettis à toutes les passions, à toutes les misères, à tous les tourments.

De sorte que l'on peut affirmer que ce sont les tri-

d'événements, de tribulations, par des craintes diverses et maintes fois survenant, qui provoquèrent, dans la suite des siècles, la croyance en l'âme des ancêtres.

Par cette croyance l'homme fut de nouveau isolé, devint exclusif. Il fut enfermé dans un cercle étroit, despotique, terrible, qui lui façonna sa mentalité, lui donna une morale, le prépara en un mot aux groupements supérieurs.

En Amérique, d'après Starcke, l'habitude, la crainte, la communauté de nom, de tatouage, d'habitation, président à la formation des premiers groupes au sein de la tribu ; en Afrique c'est la propriété qui relie l'homme à l'homme.

Mais parmi les peuplades de ces deux continents, les liens du sang n'existant que très faiblement, c'est moins l'idée d'une origine commune que la communauté de résidence qui réunit les groupes.

bulations de l'existence qui furent les motrices des progrès.

Si la vie avait continué à se transmettre sans souci, sans crainte, au milieu de l'abondance, l'humanité ne se serait peut-être jamais dépouillée de son état primitif. Ou plutôt, ce qui est plus juste, elle aurait mis plus longtemps pour parvenir à un haut degré de culture : la nature de l'intelligence, dans l'homme, ne lui permettant pas de rester indéfiniment stationnaire. Mais elle y serait parvenue par la force en soi de l'espèce, et, sans doute, sans passer par la période de basse barbarie qui semble avoir succédé à cet âge primordial.

L'humanité a une mission à remplir que nulle puissance terrestre ne saurait faire disparaître : A elle seule appartient, par ses facultés, d'assurer parmi ses membres le triomphe des lois morales du Beau, du Bien, du Juste et du Vrai.

Cependant, cette barbarie qui fut un crépuscule momentané des nobles sentiments, eut l'utilité d'épurer ces derniers, de les rendre plus forts et plus vivaces. C'est par le contraste que l'on apprécie la qualité des choses. Elle fut un creuset où fermentèrent tout le bon et tout le mauvais de la nature humaine. Bien des peuplades y croupirent sans jamais pouvoir s'en dégager, tandis que d'autres en sortirent victorieuses : l'instinct de la conservation les dirigea vers le Bien, c'est-à-dire vers l'utile. Elles devinrent de ce chef les porte-flambeaux du genre humain.

Les usages et les coutumes qui s'établirent à la

suite de cette évolution transitoire, firent déchoir une partie de l'espèce humaine au niveau où sont restés ces sauvages signalés par les récits des voyageurs, réunis par Lubbock dans *Les origines de la civilisation*, auxquelles nous empruntons tout ce qui se rapporte aux mœurs de ces primitifs.

Les Hottentots, dit Koller, sont si indifférents les uns pour les autres qu'on est amené à penser que l'amour n'existe pas chez eux.

Chez les Cafres, selon Lichtenstein, n'entre dans le mariage aucun sentiment d'amour.

Le langage des Algonquins ne renferme pas de verbe signifiant aimer.

Les Indiens Tinné de l'Amérique du Nord, ignorent le mot bien-aimé.

On prend une femme comme on ferait d'une bête de somme en Australie. Chez les Samoyèdes on ne lui témoigne qu'une faible affection. Et pour les indigènes du Yariba, nous dit Lander, ils attachent à prendre une femme la même importance que pour couper un épi de blé.

Pour les Indiens de Chittagong, le mariage est une commodité pour faire cuire leur dîner.

Chez les Indiens Copper et chez ceux de la baie d'Hudson, la femme appartient au plus fort.

Les Caraïbes les assomment avant de les enlever ; à Bali on les viole dès que leurs féroces amants les surprennent seules.

La femme est un objet qu'on prête, chez les Esquimaux, sans la moindre difficulté.

Dire que ces peuplades dont nous venons d'indiquer certains usages connurent dans le passé l'influence bienfaisante de la famille, serait sans fondement. Il est plus exact de penser qu'elles sont restées en dehors du mouvement qui dirigeait l'humanité vers le mieux, et que les conditions climatériques n'y ont pas été étrangères.

Ce besoin de domination, qui étouffe chez certaines natures inférieures toute affection et rend l'égoïsme du mâle aussi féroce, se révèle chez certaines peuplades de l'Amérique du Nord, nous apprend Galbraith, par le vol, l'incendie, le viol et le meurtre, qui sont des moyens d'arriver aux honneurs.

Dans l'Afrique orientale, écrit Burton, un vol distingue un homme. Il devient un héros s'il commet un crime accompagné d'atrocités.

A Taïti, ce sont les difficultés de la nourriture qui font établir l'usage de faire tuer les enfants par leur mère ; de préférence les filles, nous dit Ellis, parce qu'inutiles pour la pêche.

Chez les Comanches Texas, d'après Neighbors, aucun acte individuel ne constitue un crime. C'est l'application faite inconsciemment de la philosophie de l'école de Cyrène, que développera plus tard Guyau et après lui Nietzsche.

L'instinct anarchiste est poussé si loin parmi ces sauvages, que chaque homme a le droit de se conduire comme il l'entend, à moins toutefois qu'un chef populaire n'exerce son autorité sur lui.

De sorte qu'il existe dans cette tribu, autant de tyrans que d'individus à appétits violents.

D'après ce que nous venons de dire, nous pouvons en déduire que la cruauté chez l'homme est en raison directe de son irrespect pour la femme.

Sa férocité et son injustice à l'égard de celle-ci, s'étend ensuite aux autres individus pour finir en un despotisme sur tous ceux qu'il juge faibles.

La famille n'étant pas là pour tempérer les mauvais instincts, ou, si elle existe, le sentiment familial est si faible qu'il est impuissant pour provoquer la résurrection de ce qui peut rester de bon au fond d'eux, il en résulte que ces hommes deviennent nuisibles aux autres et à eux-mêmes. C'est pourquoi certaines de ces peuplades ont déjà disparu depuis longtemps; et que les autres disparaissent graduellement, chaque année, au choc d'une civilisation supérieure, à moins d'être douées d'une suffisante malléabilité pour devenir meilleures et s'y assimiler.

Le principe de bonté que nous croyons être le fond de la nature humaine, principe dont nous avons donné les raisons, a été, associé à l'attraction sexuelle, la base de l'étude de l'évolution mentale et sociale que nous venons de faire d'une façon subjective.

Ces raisons viennent d'être contrôlées et confirmées par les mœurs des peuplades dont il vient d'être question.

Ces dernières, ignorantes de la bonté ou s'en étant éloignées, par conséquent ne connaissant pas l'esprit de sacrifice, ont été de ce chef incapables de sortir de leur état inférieur.

Nous allons maintenant reprendre l'humanité aux débuts de notre ère moderne.

D'après les documents anthropologiques, elle nous paraît bien grossière; cependant rien ne confirme qu'elle eût les mœurs des sauvages dont il vient d'être question.

De Quatrefages, dans « *L'espèce humaine* », nous dit de l'homme du diluvium — époque quaternaire qui suit immédiatement le pliocène — : qu'il avait les saillies sourcillières très accentuées, le front étroit et bas; la voûte crânienne très surbaissée, assez régulière, avec, dans les deux tiers antérieurs un relèvement au-delà de l'écaille occipitale et un prolongement en arrière.

Selon Sir John Lubbock, les sauvages de Bornéo représenteraient les mœurs de l'homme quaternaire: Ils n'ont ni culture, ni semences; ne mangent ni riz, ni sel; ne s'associent pas les uns aux autres mais errent dans les bois comme les bêtes fauves. L'homme, quand il sent le besoin de se reproduire, enlève une femme et l'emmène avec lui pour un temps dans la forêt. Quand les enfants sont assez grands pour trouver seuls leur nourriture, l'homme et la femme se séparent, sans jamais plus songer l'un à l'autre.

Ce serait donc l'individu possesseur d'un crâne comme celui que vient de nous décrire de de Quatrefages, qui aurait eu les mœurs dont parle Lubbock.

Les documents découverts déchirent bien un coin de l'inconnu de ces mœurs, mais les éléments ethnologiques qu'ils contiennent sont encore insuffisants pour nous éclairer sur les us et coutumes de l'homme du diluvium. Par conséquent il est pour le moment impossible de conjecturer quelque chose de sérieux sur ce sujet.

D'ailleurs voici l'homme, aux diverses périodes de notre ère.

***

L'HOMME DE LA PIERRE ÉCLATÉE

L'ère quaternaire paraît nous montrer une évolution simultanée, dans une très importante fraction de l'espèce humaine.

En effet, les gisements identiques nous livrent les mêmes pierres taillées en Europe, dans la péninsule Indienne, en Asie, dans l'Afrique du Nord et dans le Nord-Ouest de l'Amérique.

Cartaillac, qui nous fournit ces renseignements, en tire la preuve que l'humanité, dans une grande partie, a traversé au même moment géologique la même phase industrielle.

Or une identité industrielle en implique une autre dans les besoins, dans les mœurs, les coutumes et les usages.

Quoiqu'il ne soit pas possible d'en tirer une conclusion probante, on serait néanmoins tenté de voir dans cette similitude industrielle une thèse en faveur de l'homogenèse du genre humain; sans infirmer pour cela la plurigenèse dont nous avons démontré les probabilités.

La paléontologie divise l'âge de l'humanité en diverses époques, marquées, chacune, par un progrès industriel.

La première a reçu le nom de paléolithique ou celui de pierre éclatée. Au-delà, c'est la nuit. L'homme ne laisse encore nulle trace de sa présence. Aussi, parce qu'admissible de croire à une existence antérieure à cette époque, ce n'est qu'hypothétiquement que l'on en peut jusqu'ici déterminer les conditions.

Si le grand Cuvier fut le premier d'entre les hommes, à ouvrir à l'esprit humain le domaine de la science paléontologique; Boucher de Perthes fut également le premier à montrer l'étroite corrélation qui existe entre les gisements de silex travaillés et la présence de l'homme. Dès lors il fut possible de remonter aux premières industries et d'en établir des rapports avec la vie de ceux qui les exercèrent.

L'époque de la pierre éclatée fut celle où, l'idée de perfectionner ses outils n'étant pas germée, l'homme se servait pour son industrie des éclats de silex qu'il se procurait, soit en le détachant à même du bloc, soit en jetant la pierre dans le feu pour la faire éclater.

Il était redevable du feu à plusieurs causes. Peut-être à la foudre, comme Diodore de Sicile nous l'indique pour les Égyptiens ; ou aux volcans, qui furent très nombreux.

Quoi qu'il en soit, il paraîtrait, au dire de Goguet, qu'on trouvait des feux naturels dans presque tous les pays.

Le silex qu'utilisaient les hommes de cette période servait pour briser la glace, fendre le bois, déterrer les racines (Boucher de Perthes), et d'armes de jet (John Evans).

L'humanité se terra sous la terre à la manière des fourmis (A. Bertrand) ; se réfugia sur les arbres et dans les infractuosités des rochers.

Dans la Gaule, période des grandes alluvions, les hommes vivaient à côté des mammouths, du rhinocéros à narines cloisonnées, de l'ours et de l'hyène des cavernes. Le grand cerf d'Irlande habitait les forêts, et les gros hippopotames les étangs.

Ils chassaient le daim et le cerf ordinaire, le chevreuil et le chamois ; le bouquetin, le sanglier et l'auroch. Et connaissaient le platane, le frêne, le laurier et la vigne (A. Bertrand), dont ils ignoraient la culture.

L'HOMME DE LA PIERRE TAILLÉE
OU HOMME DES CAVERNES

Mais voici que l'intelligence de l'homme s'est appliquée à se servir des éclats de pierre pour tailler le silex, afin de lui donner une forme plus appropriée aux usages. C'est à cette cause que le nom de pierre taillée ou mésolithique, est donné à cette période.

L'humanité habitait des cavernes et c'est pendant la longue station qu'elle passa dans cet habitat, quelle employa les loisirs que cette existence devait lui procurer, à des travaux d'un art plus élevé que la taille des silex.

A cette époque l'homme avait déjà conscience de sa force, car pour prendre possession de ces antres il fallut d'abord en chasser la faune qui les occupait.

Les hommes des cavernes ou Troglodytes, selon Strabon, existaient en Sardaigne, en Dardanie, dans le Caucase, en Ethiopie et le long du golfe Persique.

Les Grecs, sous le nom de Cyclopes, les considéraient comme les premiers types de l'humanité. Ils nous les dépeignent vivant seuls, avec leur famille sur laquelle ils régnaient ; ne s'occupant pas les uns des autres, ignorant les métaux mais pratiquant l'art de la poterie.

Dans nos régions, alors que l'homme habitait les cavernes, les grands changements géologiques ont cessé, le régime actuel des eaux est établi, et le renne est devenu si abondant que le nom d'âge du renne, conjointement avec l'autre, est donné pour nos contrées à cette période.

La gazelle, le cheval, l'éléphant, l'antilope, le lièvre des glaces, forment avec le renne et les animaux de l'époque précédente, une grande partie de la faune.

On fait commerce des silex de Saint-Acheul et de

Moustier; transactions qui deviendront très importantes dans la période néolithique.

Sauf le renne, aucun animal n'est encore domestiqué. L'habitat des cavernes a dû temporairement détourner l'attention des hommes d'un autre côté, car une grande activité artistique se manifeste.

On dessine sur le bois, l'os et l'ivoire pour les sculpter ensuite : l'homme, la femme ainsi que les animaux que nous venons de nommer; auxquels vinrent s'ajouter par la suite le saïga, le loup, le lynx, la loutre, le phoque, etc.

Les couteaux dont se servent les Troglodytes sont des pierres tranchantes; leurs poinçons, d'os pointus; leur vaiselle, de bois et de cuir.

Ils ont pour armes : l'arc, la flèche, la pique armée d'os pointu et la fronde.

Pour empêcher le vent et la pluie de pénétrer dans la caverne, ils en bouchent l'entrée avec des peaux de renne suspendues.

Tandis que les hommes se reposent de la chasse tout en s'occupant de leurs arts, les femmes tannent les peaux des animaux qu'ils ont tués.

Elles les raclent afin d'en ôter les poils pour les frotter ensuite de graisse et de frai de poisson, avant de les fouler à tour de bras pour les rendre plus souples.

Les enfants, nus, vont et viennent dans la caverne, jouant avec un animal capturé par le père, poussant des cris, riant à la vie; alors que la mère, tout en chantant une mélopée dolente composée de deux ou trois notes, est en train de coudre avec pour fil des nerfs de quadrupèdes, et pour aiguilles d'arêtes de poisson ou d'os d'oiseaux.

La France était habitée par des Troglodytes ayant ces habitudes, nous dit Cartaillac.

Ceux postérieurs dont les squelettes ont été découverts à la Vezère, indiquent, selon Broca, que les mœurs se sont adoucies; et A. Bertrand nous parle de la société organisée parmi eux, en familles ou en tribus.

Il est certain que la vie des cavernes ne contribua pas seulement à développer chez l'homme le sentiment de l'art, mais encore, par l'abri qu'il y trouvait contre les intempéries des saisons, elle dut lui affiner les sens en général et principalement celui du tact, par une plus grande *sensibilité* qu'elle produisit dans l'épiderme.

*
* *

L'HOMME DE LA PIERRE POLIE
OU HOMME DES PALAFITTES

La troisième époque que nous abordons est la néolithique, celle de la pierre polie.

Le froid avait obligé l'humanité à l'habitat des cavernes. Dès qu'il eut cessé, le renne devint rare dans nos régions, puis en disparut se réfugiant plus au Nord.

Les arts éprouvèrent un déclin temporaire, car la vie du plein air reprenant les hommes ne devait plus leur laisser d'assez grands loisirs.

Mais la période qu'ils venaient de traverser n'avait pas été sans exercer une influence morale : elle avait développé en eux l'instinct de sociabilité par l'existence familiale, toute intime, qu'ils y avaient menée. De sorte qu'en abandonnant les cavernes, les hommes étaient parvenus à un degré sociable assez avancé pour leur faire comprendre l'utilité de l'association.

Ils se dirigèrent vers les lacs où, réunissant leurs efforts, ils construisirent les villages lacustres ou palafittes.

La disparition du renne ayant augmenté les difficultés de la vie, la pêche devint plus indispensable.

En même temps que ces nouvelles installations leur facilitaient les moyens de s'y livrer, elles les mettaient hors l'atteinte des bêtes fauves.

Peut-être bien une seconde cause les porta vers ces établissements. Les tourbières furent en effet très nombreuses à cette époque, et leur sol mouvant rendant les constructions trop instables et l'installation de celles-ci sur une élévation devant beaucoup les éloigner des centres d'approvisionnement, n'ont peut-être pas été complètement étrangères à l'habitation de ces huttes, établies sur des planchers montés sur pilotis.

Ces pilotis, composés d'arbres non équarris et appointés au feu, étaient enfoncés de 4 à 6 pieds à coups de hache de pierre.

Les cabanes rondes, en bois, étaient garnies de glaise et couvertes de paille. Et pour empêcher les enfants de tomber à l'eau, on les attachait.

L'usage des cités lacustres fut répandu dans presque tous les pays du globe.

Hérodote nous parle des Sobères et des Agrianes, Hippocrate des habitants du Phase, comme construisant des maisons sur les eaux mêmes.

A l'est du Pont-Euxin, en Colchide, les palafittes étaient si nombreuses, qu'on admet qu'elles en sont originaires.

Enfin en Italie et en Gaule on en trouve de nombreuses traces.

Dans nos contrées, les hommes des palafittes ont traversé trois époques.

Dans la première, ils se servirent de haches à peine polies, petites, fabriquées en serpentine, diorite, saussurite, toutes roches indigènes. Les objets d'os ou de terre dont ils faisaient usage sont massifs, sans ornementation et mal travaillés.

La deuxième époque voit les haches plus grandes, bien polies, les pierres sont dans une proportion de 5 à 8 pour cent plus précieuses. Ce sont des néphrites, des jadeïtes et des chloromélanites dont le gisement est inconnu.

La poterie est décorée; les anses sont perforées.

La dernière époque voit l'aurore de l'âge des métaux. Les haches-marteaux abondent; les outils de bois, de cornes, sont variés et habilement faits.

Les haches de néphrite et de jadeïte disparaissent pour être remplacées par celles en cuivre.

Les animaux domestiques, inconnus aux Troglodytes, sont nombreux dans les cités lacustres. A côté du bœuf, du chien, se trouve le mouton, le cochon et le cheval.

Indépendamment du gibier et du poisson, les hommes des palafittes mangeaient la noisette, la châtaigne d'eau, la prunelle, la prune, la cerise sauvage, la fraise, l'amande de pin et le gland de chêne.

La pomme était très abondante et la poire très rare.

On connaissait parmi les plantes textiles, le lin à feuille étroite ; et comme blé une variété disparue : *le triticum vulgare antiquorum*. Mais la plupart des légumineuses et des céréales, telles que les lentilles, la fève, le seigle et l'avoine, ne viendront qu'avec la période suivante, celle du bronze.

****

L'HOMME DES MÉTAUX

La connaissance des métaux ne paraît être dûe qu'à des circonstances imprévues ; néanmoins, dans bien des pays, l'or, l'argent et le cuivre se trouvaient à l'état natif, presque à fleur de terre.

La lave des volcans ; des sources thermo-minérales ramenant à la surface du sol des minéraux en fusion, purent également contribuer à les faire connaître ; de même, selon Goguet, que l'emploi de certaines argiles, de certaines pierres, dans la constitution des foyers ou d'ustensiles allant au feu qui durent prendre certaines formes en se refroissant ; lesquelles argiles chargées de parcelles métalliques et exposées au feu, révélèrent la fusibilité de celles-ci.

Quoi qu'il en soit, il est certain que les conditions économiques de l'homme furent complètement transformées grâce à la découverte des métaux.

L'emploi qu'on en fit donna à l'agriculture une immense impulsion; et, par le canal des populations agricoles, ils pénétrèrent partout.

La considération qui entourait un métal, le fit rechercher de préférence. Cette considération ne paraît nullement fondée sur des qualités intrinsèques, mais seulement par une convention entre les individus d'une caste.

C'est ainsi que le fer regardé comme un métal vil, fut longtemps délaissé; alors qu'un alliage, le bronze revêtu d'un caractère sacré, fut utilisé d'une façon générale.

Les prêtres Sabins et le *Flamine dialis* à Rome, ne pouvaient se couper la barbe et les cheveux qu'avec des instruments d'airain.

Il était défendu de se servir du fer, dans les enceintes sacrées; et si on apportait de ce métal dans le temple, ainsi qu'en témoigne le rituel des frères Arvales de Rome, ou qu'on s'en servit pour couper des arbres frappés par la foudre dans les bois sacrés, on faisait de nombreux sacrifices expiatoires.

L'homme a eu de tout temps une tendance à attribuer une origine divine à ce qu'il ignorait.

Ceux qui connaissaient l'alliage formant le bronze durent en conserver le secret tant qu'ils purent.

Et afin d'augmenter les bénéfices et la considération que la possession de ce secret devait leur rapporter, ils conservèrent la valeur du bronze en le revêtant d'un caractère religieux.

Tandis que cela fut impossible pour le fer, dont le minerai, d'extraction facile et de traitement simple, était à la connaissance de tous, ce qui fit que personne n'y fit d'abord attention, ou celle-ci s'en détourna par la dépréciation qu'en firent les gens intéressés.

La valeur matérielle des choses ne devait être alors que dans l'opinion. C'est de cette cause que certainement vinrent les inégales appréciations que l'on fit de ces deux métaux.

La métallurgie par les instruments aratoires qu'elle fabriqua, multiplia le rendement du sol, donna à tout une prospérité inconnue jusqu'à elle. En augmentant les facilités de transports, elle contribua à l'échange des idées et dut suggérer plus d'ambition, susciter plus de convoitises.

Les moyens offensifs devinrent plus puissants à la suite de ces découvertes, et les hommes furent obligés d'abandonner les cités lacustres pour se réfugier dans des oppida.

C'est dans ces camps retranchés, que l'on construisait sur l'emplacement le mieux défensif, que s'écoulera la vie de l'humanité, avant que les circonstances transforment ces retranchements en cités, noyaux des nations futures.

Celui découvert près de Thénac, dans la Charente-Inférieure, nous offre un exemple de ce que pouvait être l'oppida :

D'un aspect à peu près circulaire, il est entouré

d'une double enceinte de fossés profonds de 5 à 7 mètres, et bordé d'un bourrelet de terres provenant des déblais.

La première enceinte est percée de quatre entrées pavées, ouvertes entre deux murailles verticales en roches brutes.

Sa superficie est de 6 hectares environ.

L'enceinte intérieure a 143 mètres de long sur 100 mètres de large.

Elle occupe le plateau et possède une porte unique bien défendue et bien établie. C'était en quelque sorte l'Acropole de la cité grecque.

Tout fait présumer que nous sommes ici en présence d'un oppida construit par l'homme des palafittes de la seconde époque. Ce qui paraît confirmer cette conjecture c'est, d'un côté, l'absence de cuivre et de tout métal que l'on trouve dans beaucoup de cités lacustres de la troisième époque ; et d'un autre, qu'on y a découvert des éléments ethnologiques qui furent l'industrie des palafittes secondaires : tels que silex taillés et polis, et surtout de vases ornés de dents de loup, munis d'anses percées pour le passage des liens.

De sorte que le camp retranché de l'âge des métaux devait s'en distinguer par des moyens plus défensifs, tout en s'en rapprochant par la configuration.

Dans le parcours que nous venons de faire à travers l'humanité de l'époque quaternaire, depuis l'homme de la pierre éclatée jusqu'à celui des métaux, nous avons dû passer sous silence, à dessein, de nombreux matériaux qui auraient plus précisé ces diverses étapes. Nous nous sommes réservés de ne les faire intervenir qu'à mesure de nos besoins, car, devant éclairer les sujets qui nous restent à traiter, nous avons voulu éviter ainsi une répétition, bien souvent fastidieuse.

CHAPITRE XV

Origine du langage.

Nous allons étudier le langage, nous le faisons avant tous les arts, car il est, si je puis m'exprimer ainsi, le thermomètre d'une civilisation.

C'est en effet à la manière dont un peuple s'exprime, qu'on peut juger de son degré de culture.

Les premiers hommes n'eurent pour langage que des cris gutturaux ou des bredouillements, dont ils se servaient selon le degré des impressions qui les sollicitaient.

Les sons en étaient simples et de préférence mono-voyelliques : des *a*, des *e*, des *i, o, u*. Cependant, et presque simultanément, ils employèrent les diphtonques : des *ui*, des *ieu*, des *oï, aï, ao, ae*, ainsi de suite.

L'expression de ces voyelles, variait beaucoup dans l'intonation. Il y eut autant de modulations différentes que des degrés divers dans les émotions: désirs et sensations.

La faculté d'imitation, innée dans l'espèce humaine par conséquent inhérente à sa nature, fit que l'homme eût tôt appris un langage onomatopétique, tandis que ses sens, et spécialement celui de l'ouïe, s'affinaient.

C'est à ce besoin d'imitation — origine de l'onomatopée — que les consonnes durent leur entrée dans le langage articulé.

Contrairement à l'opinion de Renan, nous ne croyons pas que le langage se soit formé d'un seul coup et comme instantanément, ainsi qu'il nous le dit, du génie de chaque race.

Comment ne pas admettre pour le langage ce qui se rencontre d'une manière générale dans toute l'évolution : la préexistence d'aptitudes que l'hérédité, les temps et les circonstances ont fait se développer graduellement ? Cela nous paraît fort difficile.

Toutes les races humaines nous présentent uniformément, à l'origine, un langage où n'entre que les sons les plus faciles à exprimer. En voici, dans Lubbock, quelques-unes qui confirment cela.

Les races américaines dit-il, ont beaucoup de difficultés à prononcer les labiales. Les Hurons ne les emploient pas, ni les Iroquois non plus.

Dans l'alphabet Péruvien, selon Garcilasso de la Véga, n'existaient pas les lettres b, d, f, g, s et x.

Les Indiens du Port-aux-Français, d'après Lemasson, n'emploient pas non plus les consonnes b, d, f, p, v et x.

D'ailleurs, la preuve la plus décisive que le premier langage dut être voyellique, se trouve dans la structure buccale de l'homme qui émet une voyelle, au moindre effort, dès qu'il ouvre naturellement la bouche.

C'est pour cel que l'emploi des voyelles est aussi général dans toutes les langues, si primitives soient-elles ; tandis qu'il en est différemment des consonnes.

Les différences dans l'art de s'exprimer ne nous paraissent provenir que de causes locales et accidentelles, qui entraînèrent par la suite des différences auditives, d'où résulta une variété dans l'élocution.

Avec le temps d'autres causes, venant s'ajouter à ces primordiales, firent que les langages n'eurent plus entr'eux que de lointains rapports.

Comme malgré tout il dut persister entre certains des analogies phonétiques, ils formèrent, par convention ou autrement, des groupes et des familles.

La nature fut la première et la seule éducatrice de l'homme. Ce n'est qu'en l'imitant d'abord qu'il pouvait mettre en jeu les dons qu'il avait reçus de l'Intelligence-Suprême.

Il rechercha à reproduire tous les sons que son oreille entendait. Il le fit, à ses débuts, plus ou moins adroitement.

Les premiers hommes durent siffler pour imiter le vent ; balbutier pour rendre plus fidèlement l'expression d'un bruit confus, embrouillé.

Avant de rendre, par exemple, l'onomatopée d'un liquide s'échappant violemment d'un obstacle, ils ne durent en exprimer que ce qui était le plus facile : le son qui le terminait. Ainsi pour arriver à prononcer *glouglou*, ils durent commencer par *ou ou*, ensuite *lou lou*, pour terminer par l'image complète.

La nature n'est qu'une synthèse dans ses forma-

tions. L'esprit inculte de l'enfant est également syn-
thétique; ce n'est qu'après réflexion qu'il procède par
analyse, qu'il établit des différences.

Nous n'avons qu'à observer le langage d'un bébé,
pour saisir le procédé dont s'est servie l'humanité
pour la reconstitution intégrale d'un son composé.

Faites prononcer à un enfant qui commence à
parler, par exemple, les mots Maurice et André. Il
dira d'abord auï ou aï pour le premier et aü pour le
second; ensuite riri, rice ou mauri et dédé et adé; ce
ne sera que lorsque sa langue et son oreille seront
suffisamment exercés, qu'il réunira ces divers sons
en Maurice et André.

C'est ainsi que fait mon jeune fils Marcel, quand il
veut prononcer le nom de ses deux frères : il synthétise inconsciemment, n'est frappé que des ressemblances avant d'analyser, de saisir les différences.

Et cela est si parfaitement conforme à la nature
que faites en l'expérience, comme je l'ai faite, sur un
certain nombre d'enfants, ce sera toujours le même
procédé employé.

Le langage n'a pas pu naître spontanément. Il a
fallu une aptitude initiale, latente, que l'hérédité a
accumulée d'abord pour la faire ensuite se manifester
selon les besoins.

Tous les sons, quels qu'ils fussent ne furent d'abord
reproduits que par les voyelles qui entraient dans leur
composition; et ce ne dut être que longtemps après
que les consonnes s'y ajoutèrent.

Le cris des animaux, le chant des oiseaux, tout

contribua à l'enrichissement du parler. Il n'y eut pas jusqu'au bourdonnement des insectes et au silence qui ne devinrent les professeurs des hommes.

Le langage était à l'origine plus mimique qu'articulé : l'expression, encore insuffisante, était complétée par une profusion de signes et de gestes.

C'est ainsi que les Indiens et les trappeurs de l'Arkansas, se comprennent facilement au moyen des signes.

Lubbock nous dit que les sauvages sont fort habiles à exprimer leurs idées par le jeu de leurs mains.

Les Arapahos de l'Amérique septentrionale ne peuvent se faire comprendre dans l'obscurité, qui empêche l'étranger qui les consulte de voir l'expression mimique.

Le langage articulé resta pauvre aussi longtemps que les besoins furent simples, les échanges peu nombreux, les communications difficiles ; et tant que dura cet état, le parler par gestes resta élevé à la hauteur d'un art.

La mimique était très riche non seulement en gestes mais encore en attitudes, en variété dans le regard, dans les mouvements des muscles faciaux qui venaient au secours de l'orateur, afin de rendre sensible ce que sa parole avait d'incomplet pour la compréhension des auditeurs.

Ce jeu continuel des muscles de la face devait en accentuer les traits, finissait par communiquer à la physionomie un caractère expressif, quelque peu dur.

Probablement le visage n'acquit une grande partie de sa douceur, que grâce à la richesse du langage articulé, qui ramena le repos dans les mouvements des traits.

Pour avoir une idée de ce que pouvait bien être le langage de nos ancêtres voici mentionnée, dans l'auteur cité plus haut, la conversation d'un Américain avec un Indien, à qui il demandait s'il avait vu six voitures traînées par des bœufs et accompagnées de six conducteurs, dont trois Mexicains et trois Américains, et d'un homme à cheval.

« Il indiqua la personne pour dire « vous », puis
« les yeux pour exprimer « voir ». Il lève cinq doigts
« de la main droite et l'index de la gauche pour in-
« diquer le nombre 6.

« Il forme deux cercles avec le pouce et l'index
« de chaque main, puis étendant les mains en avant,
« il imprime aux poignets un mouvement indiquant
« la rotation des roues.

« Un signe fait de chaque côté de la tête indique
« les cornes, c'est-à-dire les bœufs.

« Il lève trois doigts et plaçant la main droite à la
« lèvre inférieure, il l'abaisse graduellement jus-
« qu'au milieu de la poitrine, pour indiquer la barbe
« des trois Mexicains.

« Ensuite levant de nouveau trois doigts, il passe
« la main droite sur le front pour indiquer des faces
« pâles ou hommes blancs.

« Enfin il lève un doigt pour indiquer un seul
« homme, et plaçant l'index gauche sur le médius

« droit (pour représenter un homme à cheval), il
« imprime à ses mains un mouvement représentant
« le galop d'un cheval. »

**

La faculté du langage articulé, d'après P. Broca, a
son siège dans les deux côtés du cerveau, la partie
postérieure de la troisième circonvolution fron-
tale.

Cette découverte s'appuie sur le fait que la perte
de la parole se produit toutes les fois qu'une lésion
aiguë atteint cette partie. Tels les cas d'aphasie : perte
de parole à la suite d'attaque de paralysie.

La surface du siège de cette faculté a une étendue
verticale de quatre centimètres environ, et antéro-pos-
térieure de deux à trois centimètres et demi.

Sa forme est celle d'un quadrilatère, limité en
avant par la petite branche de la scissure de Sylvius,
et en arrière par le bas de la scissure de Rolando.
Son centre répond à l'extérieur du crâne, à un point
situé à un centimètre et demi en arrière de la suture
coronale et à trois centimètres au-dessus du pterion.

C'est dans un espace aussi restreint que siège la
parole.

Si nous en croyons Chavée, le type du langage est
indépendant de la volonté de l'homme ; il est le produit
fatal de son organisation cérébrale. Néanmoins, rien
n'est moins probable que d'ajouter ainsi qu'il le fait,
que si l'on réunissait des enfants de diverses races

dirigés par des sourds-muets, chacun d'eux parlerait sa langue maternelle. En effet, une langue particulière n'étant autre que la fonction accidentelle de l'organe dans une direction déterminée, et cette direction dépendant d'une éducation spéciale, la langue maternelle disparaîtrait par le seul fait de la privation de tout principe directeur.

L'enfant placé dans ces conditions ne saurait parler qu'un langage primitif, en rapport avec ses facultés audititives.

L'aptitude au langage articulé, se révéla chez l'homme par une phonation monosyllabique.

Les sons produits par la nature lui parurent d'abord simples ; mais à mesure que le sens de l'ouïe s'affina chez lui, il découvrit dans ces sons diverses modulations, et, sous le coup d'une émotion violente ou plutôt sous le coup d'un désir impérieux, il chercha de les reproduire.

Ainsi, par exemple, dans la chute d'un arbre, ce qui restait d'abord dans son cerveau c'était le bruit final du choc de l'arbre sur le sol.

Mais dès que l'appareil auditif eut été instruit par l'attention et l'expérience, il distingua divers modes de percussion dans ce fait, que la langue ne put rendre qu'en se servant de mots polysyllabiques.

En effet, plusieurs causes avaient contribué à la chute de cet arbre : la foudre, le vent ou l'eau.

Pour rendre l'idée complète il en associa l'onomatopée à celle du choc d'un cor dur.

Mais comme un craquement avait parfois précédé la chute finale, le mot s'allongea des diverses syllabes représentant ces sons.

Ainsi au mot : *paf!* qui rendrait dans notre langue l'onomatopée du son final d'une chute, s'ajouterait celui de *cra* pour rendre l'expression du craquement qui l'a précédée, et celui de *si* : imitation du vent si celui-ci en était la cause.

De sorte que ne possédant qu'une langue primitive, c'est-à-dire onomatopétique et agglutinante comme celle de nos premiers ancêtres, si nou savions à raconter l'événement à un congénère nous l'exprimerions phonétiquement par un seul mot : *Sicrapan* : un vent qui a brisé quelque chose et l'a jeté par terre. Simultanément les gestes montreraient d'abord un arbre pour indiquer la nature de la chose, ensuite imiterait la violence du vent et la rudesse du choc pour rendre l'image plus complète et plus expressive.

Ce mot trisyllabique serait prononcé différemment par les personnes qui auraient à le dire, car chacune y apporterait une intonation qui serait en rapport avec le degré de perception qu'elle en aurait.

Ce fut par quelque moyen analogue que la nature apprit à l'homme à se servir du don de parole qu'il possédait; et à son langage, l'emploi de la polysyllabe.

*
* *

La question de savoir si le langage fut unitaire ou s'il varia dans la phonétique, divise les linguistes.

Les uns penchent pour l'unité, ce sont les mono-phylétistes; les autres pour la variété, de là le nom de polyphylétistes.

Nous savons que l'homogénéité n'est qu'apparente, car la science, dès qu'elle est en possession d'instruments d'observations suffisants pour pénétrer le microcosme, trouve la variété partout.

Le langage ne nous parait pas devoir échapper à cette loi de pluralité, qui est une des bases du cosmos.

Tout en reconnaissant l'aptitude au langage articulé comme étant générale dans l'humanité, il nous est impossible de croire à son uniformité primordiale.

Cette aptitude varia en autant de degrés qu'il en existait dans les finesses de l'ouïe.

Les différences auditives eurent leurs causes, croyons-nous, dans les diversités climatériques et géologiques. De sorte que ce serait à celles-ci que sont dûs, en principe, les parlers divers des peuples de la terre.

En effet, les différences d'accoustiques qui existent non seulement d'une altitude à une autre, mais encore selon l'intensité des vents, les degrés de saturation de l'air en vapeurs d'eau, la nature et la configuration du sol, furent autant de causes qui, dans les temps, déterminèrent des différences auditives.

Le résultat fut que le langage, tout en étant uniformément onomatopétique, eut toujours des dissemblances dans la phonation.

Chacun de nous a eu l'occasion de remarquer les nombreuses manières de parler une même langue, qu'ont les individus d'un pays, selon qu'ils en habitent le nord ou le midi, des régions montagneuses ou de plaines, la ville ou la campagne.

Ainsi une oreille peu exercée croira entendre deux langues dans le français d'un Auvergnat et d'un Parisien ; d'un Lillois et d'un Marseillais.

Un Français du nord éprouvera la même sensation dans le patois d'un Toulousain et d'un Ardéchois ; quoique tous deux parlent la langue d'oc.

Dans tous les pays on constate ces différences phonétiques. Le Piémontais et le Florentin pour l'Italie ; le Catalan et le Sévillan pour l'Espagne ; l'Anglais d'un Londonnien et celui d'un habitant des campagnes.

S'il en est ainsi pour le parler des langues écrites, depuis longtemps fixées dans leur phonation par un enseignement unitaire, que devait-ce être alors qu'il n'existait nulle règle ! Evidemment des dissonances qui rendaient obscurs, incompréhensibles entre eux, les langages des peuplades.

Heureusement que pour relier les uns aux autres les divers tronçons de l'humanité naissante, intervint l'art mimique, qui suppléa à l'insuffisance de l'ouïe.

Cet art fut universel, et l'on pourrait ajouter uniforme.

Aussi est-ce grâce à cette similitude dans les gestes, que les hommes de régions éloignées purent communiquer entre eux et bénéficier réciproquement des progrès divers qu'ils avaient pu faire.

***

Les progrès dans une branche des connaissances humaines ont une répercussion sur toutes les autres, car toutes poursuivent un but commun : le bien de l'espèce. Les unes, comme les beaux-arts, en élevant les sentiments ; les autres, comme les sciences, en développant la pensée.

Parmi diverses populations, il se trouve que certaines connaissances restent en retard, alors que les autres prennent leur plein essor; mais dès que les conditions deviennent favorables celles-là progressent à leur tour.

Les facultés intellectuelles d'un peuple sont des forces, et comme telles elles se réunissent pour composer une résultante qui sera une préexcellence dans une science ou dans un art. Mais de l'effort fait pour atteindre à cette suprématie, il en résulte que le niveau général de l'intelligence s'est élevé, introduisant ainsi dans ce peuple une plus grande aptitude pour l'ensemble des connaissances.

L'entendement humain forme un bloc ayant pour base la langue. C'est pour cela que chez aucun peuple on ne découvre une richesse intellectuelle s'unir à une langue pauvre, mais on la verra constamment associée à une langue riche.

Le langage suivit dans sa progression celle des groupement humains.

A un agrégat simple correspondit un faible échange d'idées et, par suite, une langue pauvre. Mais à mesure que l'individu passait de la phase solitaire à l'état familial; de celui-ci à la tribu, à la cité, à la nation, son langage s'enrichissait de phonations nouvelles répondant aux nouveaux et divers besoins créés par ces organisations sociales.

Les locutions employées par l'homme primitif, privé de toute société, ne se rapportaient guère qu'aux appétits et aux instincts inférieurs, à ce qui faisait son occupation : la chasse et la pêche.

Tous les mots ayant trait à l'affection, au devoir, ne purent prendre naissance que dans la famille, en même temps que les noms propres.

Les vocables se rapportant aux qualités et aux défauts physiques ou moraux, de même que ceux relatifs aux usages, aux coutumes, aux mœurs, à l'agriculture et beaucoup d'autres, ne se formèrent que lorsque l'évolution sociale eut atteint à la tribu; alors que les sens, éduqués par l'élection sexuelle, eurent permis aux hommes de saisir les dissemblan-ces, qui existaient entre eux, et que cette vie en société eût créé des habitudes.

Les termes employés dans le commerce, également usités dans la tribu, durent être plus nombreux dans la cité.

C'est dans l'agrégat citadin seulement que furent trouvées les expressions de couleur, de métier, etc.;

celles s'appliquant aux choses abstraites; ainsi que les vocables appropriés aux arts, aux sciences, à l'industrie, à la législation, etc.

Les Boschimans, d'après A. Hovelacque, qui n'ont pas de famille n'ont ni noms propres, ni mots dans leur langue pour exprimer l'affection.

Les tribus Brésiliennes, selon Spinx et Martins, cités par Lubbock, possèdent bien des mots pour indiquer les différentes parties du corps, les animaux et les plantes, mais les termes tels que : couleur, ton, sexe, genre, esprit, etc., font défaut.

Les Veddahs du Ceylan, ne se servent que des mots nécessaires à la description des objets les plus frappants qui rentrent dans la vie journalière.

Les habitants de la Terre de Feu ne possèdent pas de termes abstraits. Il en est de même des Choctaw et des Tasmaniens, qui n'ont aucun terme signifiant un arbre, le dur, le chaud, le froid, le long, le court, le rond, etc.

L'humanité entière, après avoir puisé à la source unique de l'*alma parens* universelle : la nature, l'enseignement du langage et l'emploi de ses mots, s'exprima en des phonations différentes et en autant de parlers spéciaux qu'il y eut de groupes divers. Idiomes que les temps firent s'écarter les uns des autres, au point de ne plus être compris que par des linguistes.

Il est certain que les hommes, jusqu'à leur évolution vers la cité, furent trop assujettis par les difficultés de l'existence pour s'occuper de linguistique. Ils avaient bien un langage, mais ils ne possédaient point de langue. D'ailleurs, toute règle aurait été superflue.

Mais la division du travail, qui prit naissance et s'organisa dans la cité, donna un essor non seulement au commerce mais encore aux arts et à l'industrie. En multipliant les besoins, la cité introduisit des mots nouveaux dans le parler.

Il devint dès lors indispensable de noter le langage, de lui donner des règles, d'en établir une langue. Or, comme par la division du travail les hommes eurent plus de facilité pour suivre leur inclination et s'y adonner entièrement, quelques-uns, doués d'une aptitude spéciale, tournèrent leurs efforts vers ce but ou y furent conviés par le gouvernement établi.

On adopta par convention un nombre de vocables, de termes auxquels on fixa certains arrangements, que l'autorité sanctionna, porta à la connaissance des individus faisant partie de l'agglomérat pour les faire apprendre aux enfants.

Des voyages s'entreprirent pour des pays lointains; des colonies se fondèrent de toutes parts; des relations s'établirent ainsi avec divers points du globe, apportant encore un contingent de néologismes qui enrichissait d'autant la langue maternelle.

Cette langue, qui fut dans l'origine précaire dans son fond et dans sa forme, s'enrichit, s'épura par l'usage qu'en firent des poëtes de génie et des hommes de goût.

CHAPITRE XVI

Origine des Forces morales positives.

Après le précis que nous venons de donner de l'origine du langage, nous allons passer à celui des forces morales qui furent les génératrices des idées et les émancipatrices du genre humain.

Les facultés mentales comme celles intellectuelles, nous dit Darwin, ont dû leur développement à l'emploi précoce du langage articulé. Sans cette aptitude, en effet, l'intelligence serait restée, ainsi qu'une lumière sans l'éther, à l'état latent et élémentaire.

L'intellect rudimentaire des premiers hommes, qui ne se haussait même pas jusqu'à l'idée de famille, ne pouvait susciter que des pensers vagues et diffus.

La nature, les astres, l'immensité de l'espace et la durée, ne laissaient dans leur cerveau que des empreintes fugaces. Ce devait être en celui-ci une apparition et disparition simultanées d'impressions.

Cependant la multitude des étoiles, leur état immarcessible, et l'infini de l'azur, par le spectacle incessamment grandiose qu'ils offraient, durent rendre les humains plus rêveurs. De même la lutte des éléments, le jeu terrible des forces de la nature, durent s'associer au choc de la mort pour secouer leur passivité et éveiller en eux l'homme émotionnel.

Mais, malgré cela, le pourquoi et le comment ne se présentaient pas encore à leur curiosité endormie. Tout sommeillait au fond des consciences, même l'idée de Dieu.

Il fallut l'état de famille pour produire la vibration psychique qui stimula l'éveil de la mentalité, et simultanément avec lui, les forces morales prirent graduellement place dans la conscience de l'homme.

Celles-ci s'affirmèrent de plus en plus en s'emparant de la direction des facultés intellectuelles, pour les faire converger vers ce qui était bon, juste, beau et vrai.

L'homme eut dès lors de nobles sentiments pour le pousser vers les belles actions qui font, peu à peu, triompher la justice de la force brutale.

DE L'IDÉE DE DIEU

L'idée de Dieu se présente diversement à l'esprit des hommes.

Certaines peuplades, telles que les Mincopies des îles Andaman; les Churchos, les Curetus (Brésil); les indigènes des îles Salomon; les Boschimans, les Veddahs et les Cafres n'ont même, nous dit Lubbock, nulle notion de la Divinité.

Une chose est à retenir, c'est que la plupart des

peuples chez lesquels l'idée de Dieu n'a pas encore germé, sont ceux qui n'ont dans le langage aucun terme pour exprimer la bonté, l'affection et l'amour.

Il y a des sauvages qui ont de Dieu une conception étrangement semblable à celles de certains hommes très civilisés.

Ainsi les Hottentots disent que Dieu est trop au-dessus d'eux, trop grand pour condescendre à s'inquiéter de l'espèce humaine ou même à y penser.

Les Mandingos, selon Park, pensent, que Dieu est si loin des hommes, qu'il est ridicule de s'imaginer qu'il puisse écouter les supplications des mortels.

Les Caraïbes pensent que le bon Esprit est si bon, qu'ils jugent inutile de lui rendre hommage, car il ne se venge pas.

Chez toutes ces peuplades les appétits et les instincts gouvernent sans restriction, en se soumettant toutefois à la loi du plus féroce et du plus fort.

L'homme, dans la vie familiale, ressentit plus vivement par les liens profonds qui l'unissaient à la famille ce que sont la douleur et la joie.

Ces attendrissements affinèrent son émotivité, et sa conscience en fut plus éclairée, car l'être sensible est celui possédant le plus vif sentiment de ses devoirs.

En présence de la mort d'un membre de sa famille, membre qu'il aimait tendrement, sa pensée se reporta sur tout ce qu'il avait vu de semblable.

L'homme ne remarque les maux d'autrui et ne s'y intéresse, qu'autant qu'il en est atteint. Alors il est tout étonné de voir le nombre souffrant du mal qui le frappe.

C'est ainsi qu'il constata que tout mourait et, pour la première fois peut-être, il sentit qu'une force supérieure à tout devait exister.

Alfred Maury, dans sa *Terre et l'homme*, nous dit que les Lapons, les Ostiaks et diverses tribus sibériennes ont une si grande peur de l'ours, qu'ils lui supposent une intelligence supérieure à la leur. Il en est de même de quelques populations de l'Inde à l'égard du tigre.

Il n'y aurait rien d'extraordinaire à ce que la crainte de la mort eût fait naître l'idée de Dieu.

Cette idée, d'abord intimement liée à ses craintes, s'en dégagea à mesure que sa mentalité s'élevait et finit par devenir son refuge. De sorte que la crainte de la mort, ou des morts, inspira à l'homme le besoin de se réfugier en Dieu.

L'homme de la famille ne dut pas, en effet, s'écrier comme ce chef Betchuanas, dont parle le missionnaire Moffat à qui il disait que Dieu est au ciel : Que ne puis-je l'atteindre et le percer de ma lance.

Mais d'une conscience plus éclairée et partant plus craintive, en même temps d'un esprit plus discipliné, il dut pleurer, se courber, se résigner devant l'inévitable. Et aux liens confus qui l'unissaient à ses semblables s'en ajouta un plus puissant : celui d'une commune destinée.

Tous les hommes sont frères devant l'inéluctabilité d'un danger; aussi est-ce aux maux communs à l'humanité qu'est due l'universalité du sentiment de la pitié.

Ce fut certainement le spectacle de la mort qui imprima à la conscience humaine sa plus forte impulsion.

Ayant ensuite observé que les animaux ne ressentaient, dans des circonstances analogues, aucun choc moral, que leur conscience n'était jamais troublée par rien, que beaucoup de leurs actes paraissaient automatiques, l'homme sentit confusément qu'il ne devait pas leur être en tout semblable.

Cette distinction lui fit présumer qu'il pouvait être destiné à une autre fin que l'animalité. C'est alors que son esprit, revenant vers ce qui le tourmentait, se demanda s'il n'y avait rien au-delà. D'autre part, le souvenir des morts se présentant dans ses rêves, il crut aux esprits des disparus.

Et comme cette croyance, s'il était bon, lui fut douce et bienfaisante par la fermeté qu'elle lui communiqua dans l'accablement, la consolation qu'il en éprouva dans la douleur, et surtout, s'il aimait, par l'espérance d'une survie avec les êtres chers, il s'y attacha éperdument comme à l'unique bien qu'on ne pouvait lui ravir.

Tout l'horrible de l'Enfer de Dante ne consiste que dans son *Lasciate ogni speranza,* placé à la porte. Enlevez cette inscription, les tourments perdent les neuf dixièmes de leur horreur.

Avant que la science ne l'eût confirmé, les hommes eurent l'intuition de l'état transitoire de la mort et de celui de l'éternité de la vie.

L'idée d'une divinité d'abord, de Dieu ensuite, s'imposant à leur conscience, se lia intimement à leurs progrès.

Son origine se trouverait donc dans la famille; laquelle faisant éclore l'amour, suscita la crainte de la mort; et par l'espoir de revoir les êtres chers, la croyance en l'au-delà. Croyance qui fut à son tour l'origine de la religion des ancêtres si universellement répandue.

Il est d'autant plus évident que ce groupement permit à l'idée de Dieu de germer et de se révéler, que dans les peuplades où la famille n'existe pas, sauf de très rares exceptions, la notion de Dieu y est inconnue.

La croyance en la survie, en un Etre-Suprême, fut la force morale qu'on peut considérer cause initiale de la civilisation.

C'est d'elle, en effet, que s'épanouirent sur l'universalité des hommes, bien qu'à des degrés divers mais supérieurs à ce qu'ils n'auraient jamais été, les autres forces morales que nous allons étudier.

Les Hébreux, et en général les Sémites, furent les grands protagonistes de l'idée d'un Dieu unique, d'un déisme sans métaphysique, qui éveilla dans l'humanité l'idée de l'unité du monde et celle de la solidarité de toutes ses parties.

Du Bien

Nous savons qu'il existe dans toute règle des exceptions, ce qui nous invite à ne jamais attacher à nos opinions un sens trop absolu.

De même que nous avons vu certaines peuplades ne possédant nulle idée de Dieu, nous en découvrirons d'autres n'en ayant pas davantage des autres lois morales.

Les raisons que l'on peut donner de ces différences se tirent de la nature des choses ; nature qui fait les êtres varier les uns des autres dès qu'ils sont en puissance de vie.

Néanmoins cette variabilité aurait eu des caractères moins tranchés, si les conditions de la vie avaient été partout les mêmes.

Il émane d'un esprit faux, le principe qui dote certaines peuplades, certains hommes, d'une incapacité originelle de s'élever jusqu'aux idées générales.

Les milieux sont seuls causes à maintenir en état d'infériorité mentale, les sauvages dont nous parlent les descriptions des voyageurs. Que ces pauvres êtres soient transportés — en observant une progression dans ces changements — vers des climats plus tempérés que les pôles et les tropiques, il est certain qu'à la suite de diverses générations, ils atteindront à la conscience des forces morales.

De sorte que si les climats, les altitudes, la nature

du sol avaient été identiques sur la surface du globe, l'espèce humaine n'aurait pas subi les différences que l'anthropologie nous indique parmi elle. Les individus se seraient maintenus dans l'uniformité spécifique qui existe dans tout groupe à sa première étape évolutionnelle. Et les progrès se seraient produits simultanément, avec très peu de variation dans les degrés, dans l'humanité en général.

Comme il est impossible qu'une uniformité absolue puisse exister sur une étendue aussi considérable que celle de notre planète, l'impossibilité matérielle de cette égalité parmi les hommes est de toute évidence, et la gloire de l'humanité c'est, malgré cette impossibilité, de l'avoir introduite dans le droit. Mais le fait possible, certain, que tout homme peut par lui ou sa descendance, s'élever jusqu'au sommet de la conscience, doit nous pénétrer d'un grand respect pour la vie et la personnalité de nos semblables; si effacée que soit celle-ci, si précaire que soit celle-là.

L'ignorance est le terroir de la future flore intellectuelle, et les peuples arriérés seront les pionniers civilisateurs de demain.

Tout remplit ici-bas son rôle utile : les uns d'avant garde, les autres d'arrière-garde. Ce ne sont que les milieux et les circonstances qui nous y placent ; c'est dire combien le devoir de l'homme est d'être modeste.

L'appréhension d'un Être Tout-Puissant — esprits

divers ou Grand-Esprit —fut l'origine du remords ; et en cela elle devint l'obstacle qui s'opposa aux progrès du mal.

Les natures mauvaises qui venaient de commettre une méchante action, furent tourmentées par cette crainte de l'Invisible. Et si elles étaient sollicitées à recommencer, une lutte intérieure se faisait en elles. Ces efforts pour refouler les mauvais instincts, créèrent dans la suite des générations, en s'y accumulant, l'empire sur soi-même qui finit, sinon à faire disparaître complètement les mauvais penchants, tout au moins par en enrayer l'action.

La conscience humaine, sous l'influence de la crainte de Dieu, finit par atteindre à un très haut degré de personnalité.

En effet, pour s'éviter des remords, la conscience se replia fréquemment sur elle-même afin de soumettre à sa critique la valeur de l'acte. Elle intervint constamment dans les actions. Elle devint ce tribunal, placé au-dessus des conventions humaines, jugeant les actes en dernier ressort. Ce qui donna à l'individu une conscience claire de lui-même.

L'individu supérieur est une synthèse de l'espèce. C'est pour cela que l'homme qui se connaît soi-même connaît l'humanité ; et atteint à la forme la plus haute de l'individualité.

La personnalité n'existe pas dans les derniers échelons de l'espèce humaine : la conscience y est silencieuse.

Nous voyons, d'après Burton, que les peuples de

l'Afrique Orientale n'en ont pas. Le seul repentir que les indigènes puissent éprouver, est le regret d'avoir manqué l'occasion de commettre un crime.

Le code moral des sauvages, nous apprend Wallace, qu'ils respectent autant que nous le nôtre, permet de voler et d'assassiner. Ils ne connaissent pas le remords, ajoute Lubbock qui nous fournit ces renseignements.

La cause de cette férocité se trouve dans l'état misérable de ces peuplades. Il en est d'elles comme des Baris, qu'Hartmann nous montre assez généreux après la dernière moisson, et ensuite pillards et voleurs dès le dernier grain consommé.

Les représailles terribles qui détruisent les individus et anéantissent les races, ont toujours été les seuls résultats obtenus par l'absence de sens moral.

L'individu doué par faveur spéciale d'une nature exclusivement bonne, n'eut qu'à se laisser guider par elle. Malgré cela il n'en est pas qui n'éprouve de temps à autre, un retour du vieil homme. Et ces retours devaient être d'autant plus fréquents que l'individu avoisinait avec un état inférieur ; et il eut des occasions au repentir.

Cette voix de la conscience empêcha l'homme d'esprit éclairé d'être heureux, s'il ne mettait ses actes d'accord avec elle.

Or comme le but unique de l'espèce humaine est

d'aspirer au bonheur et que l'individu ne saurait y atteindre sans une conscience tranquille, ses efforts tendirent constamment à s'assurer cette quiétude, qu'il ne put trouver que dans la pratique du Bien.

Ce serait donc du besoin d'être heureux que naquit le Bien.

A cette origine vint s'en ajouter une seconde : celle de l'intérêt.

En effet, l'homme intelligent ne tarda pas à remarquer les craintes, les soucis, les ennuis, la haine, les tracas de toutes sortes que le mal traîne à sa suite; tandis que par opposition il vit la pratique du bien lui rapporter estime et affection, tout en l'affranchissant de la peur. De ce parallèle il en résulta, si la conscience venait à fléchir, une persistance dans le sentiment du Bien.

La pratique du Bien épura, agrandit l'homme moral, prépara la voie à cette conscience supérieure qui agit sur les actions sans plus y faire intervenir la crainte de Dieu ou l'intérêt.

Dans ce dernier état de la conscience, ces deux facteurs évoluèrent et se confondirent en un amour plein de confiance et de sécurité en Dieu; amour que l'homme reporta sur l'humanité. C'est ainsi que les nobles actions des bienfaiteurs du genre humain, sont sublimées dans le Bien pour le Bien.

Du Juste

Il existe une si étroite corrélation entre les forces

morales, qu'on ne saurait enfreindre les lois de l'une sans manquer aux autres. Elles se complètent mutuellement, aussi parler de n'importe laquelle c'est parler de toutes. C'est pour cela que dans les notes brèves que nous vous soumettons, ce qui vous paraîtra faire défaut dans l'une se retrouvera dans l'autre.

Si la pratique du Bien est avantageuse, celle du Juste ne l'est pas moins.

Dans le sens strict du mot, le juste n'est autre que la reconnaissance et le libre exercice d'un droit.

Ce droit est conventionnel, si les lois l'ont fixé; ou naturel, s'il découle de la nature même des choses.

C'est de ce dernier qu'il va être question.

Le sentiment du Juste est issu de l'état familial, comme d'ailleurs le Bien. Cependant le premier en dérive plus immédiatement que le second qui ne s'y rapporte que d'une façon médiate. Certaines peuplades paraissent ignorer ce sentiment. En effet, les Australiens, selon Eyre cité par Lubbock, n'ont aucune notion du juste et de l'injuste. Ils ont pour seule règle de conduite, de savoir s'ils sont numériquement assez forts pour braver la vengeance de ceux qu'ils offensent.

La famille n'est chez eux qu'un accouplement sans lien ni affection. Voici d'ailleurs ce que nous en dit A. Hovelacque : « L'homme seul ou accompagné des « siens tombe à l'improviste sur une femme appar- « tenant à quelque tribu étrangère, l'assomme aux

« trois quarts à grands coups de bâton sur la tête,
« l'enlève : l'union est cimentée.

« Le nouveau-né paiera souvent pour la difficulté
« de la famille. »

Chez la grande majorité des sauvages où n'existe
nul sentiment du juste, le groupement familial est
aussi précaire. C'est pour cela que l'expression de
famille, ainsi que nous comprenons celle-ci, leur est
improprement appliquée.

La famille ne fut vraiment constituée que lorsque
l'homme eut un sens moral assez droit pour reconnaître ses enfants. Ce sens lui donna à comprendre
qu'il leur devait aide et protection.

La perception de ce devoir à l'égard des siens, lui
fit sentir que ses semblables y étaient également
tenus à l'égard des leurs.

Ces obligations des pères de famille, les pénétra
du mal qu'il y aurait à opposer des obstacles à l'accomplissement de ce devoir.

Ce fut la reconnaissance d'un droit qui eut pour
corollaire le juste.

Du devoir de nourrir sa famille découle naturellement le droit au travail et réciproquement. C'est dans
ces deux principes moraux que le Bien et le Juste
s'unissent si intimement : le Bien, dans l'accomplissement d'un devoir; le Juste, dans la reconnaissance
d'un droit à l'accomplir.

Mais le droit au travail, qui est imprescriptible,
porte en lui, par le fait même, la liberté de disposer
du produit de ce travail.

La justice naturelle consiste donc à assurer à l'homme l'exercice d'un droit, et à lui laisser retirer les bénéfices de cet exercice.

Dans l'ordre moral tout s'enchaîne. Les mots par eux-mêmes sont étroits ; ils ne s'élargissent que par le sens qu'on leur donne. L'esprit de la lettre est mort sans interprétation intelligente. Aussi l'homme juste qui ne serait que cela, peut être un homme méchant si son intelligence est insuffisamment développée pour envisager tout ce qui se rattache au mot de juste.

Il peut se faire que des circonstances indépendantes de la volonté, par exemple la vieillesse, une maladie ou un chômage, empêchent l'individu d'exercer son droit au travail.

Or, ce dernier droit est sous la dépendance du droit à la vie, car on n'a droit au travail que parce qu'on a droit de vivre. Mais comme l'existence ne saurait être sans les produits du travail, donc l'homme, dans les circonstances de vieillesse, de maladie ou de chômage, a un droit aussi absolu, aussi imprescriptible que les précédents : celui à l'assistance.

D'où cet axiome de droit naturel : L'homme en possession de vie a le droit de la conserver par le travail. De ces deux droits dérive celui à l'assistance, si des circonstances indépendantes de sa volonté l'empêchent de travailler.

C'est en cela que celui comprenant toutes les obligations implicitement contenues dans le Juste, le rend plus humain, en faisant intervenir le Bien, dans l'action de secourir son semblable.

Nous ne devons pas oublier la clef de voûte de ces droits, y compris celui à la vie libre. Tous découlent en effet d'un devoir initial, sans l'accomplissement duquel nul droit n'existe : celui de se rendre bienfaisant à ses semblables.

*
* *

DU BEAU

L'enchaînement des forces morales va nous conduire vers le Beau et le Vrai.

Nous avons dit que dans les accouplements primitifs l'appétence sexuelle était exclusivement instinctive, conséquemment le Beau n'y avait aucune part; tandis que dans la famille et la tribu, le Beau sollicite et intervient dans les choix.

Nous allons maintenant expliquer les deux aspects, moral et physique, qu'offre le Beau.

Ces deux manières d'être de celui-ci se subdivisent, à leur tour, chacune, en plusieurs branches.

La beauté morale en celles du bon, de l'honnête, de l'intelligence, du courage, etc.; la beauté physique en beautés plastique, d'aptitude, et ornementale.

La beauté plastique consiste dans l'harmonie des proportions; celle d'aptitude dans la grâce et la dextérité des mouvements de force, d'adresse ou d'agilité; l'ornementale se distingue dans la peau par son teint et sa finesse, dans les traits par leur régularité, dans les yeux par l'expression ; et dans la nuance et la souplesse des cheveux et de la barbe, etc.

Ces multiples manifestations du beau physique par l'attraction puissante qu'elles exercèrent furent, ainsi que nous l'avons dit, les causes premières qui permirent à l'espèce humaine de se diriger vers des types plus parfaits.

En effet, la possibilité donnée aux êtres de pouvoir choisir celui qui devait collaborer à la fondation de la famille, par l'éducation qu'elle fit de la vision, éloigna l'élection de l'individu difforme et ainsi en amena la diminution.

Ce serait donc à la famille que seraient dûs les progrès de la beauté physique, car il est certain que si l'existence avait continué à se transmettre par l'accouplement accidentel, selon le hasard des rencontres, la plastique humaine n'aurait jamais eu le degré de perfection qu'elle possède.

La vraie beauté physique est en étroite corrélation avec la beauté morale, puisque le plus souvent elle n'en est que le reflet, principalement dans la beauté ornementale des yeux. De sorte que les deux aspects s'influencèrent réciproquement : le moral en communiquant plus de noblesse et de douceur au physique ; le physique en accordant au moral une certaine somme de satisfaction.

Les forces physiques ont une action limitée ; celles morales l'ont infinie.

Si la beauté physique, et par elle nous entendons l'ornementale et la plastique, fut la première à agir dans l'attraction sexuelle, il n'en est pas moins vrai que l'humanité chercha par la suite à concilier la durée éphémère du plaisir à celle infiniment plus grande du bonheur.

Dans le plaisir il n'y a que les sens qui y participent ; dans le bonheur c'est toutes les qualités de l'être moral.

Aussi tandis que le plaisir s'épuise par sa satisfaction ; le bonheur, au contraire, s'alimente par l'exercice des forces participantes.

De sorte que l'intérêt de l'humanité, sa conservation même, la poussa à rechercher de plus en plus dans les élus, les qualités morales ; c'est-à-dire à faire triompher le Beau moral sur le beau plastique : triomphe qui seul lui assurait un bonheur durable.

La recherche du bonheur qui contribua à ce succès est donc identique au besoin d'être heureux du Bien ; besoin qui peut tout aussi bien s'appliquer au Juste par la satisfaction que l'homme recherche en l'étant. De sorte que le Bien, le Juste et le Beau ont le bonheur pour même fin.

Le Bonheur que donne la pratique des idées dont nous venons de parler, ne serait donc autre que la synthèse des satisfactions morales.

Du Vrai

Les forces morales qui tendent vers la perfection et l'intérêt de l'espèce humaine, sont des forces positives.

C'est à elles que l'humanité doit sa supériorité dans l'échelle des êtres organisés.

Leur utilité est si manifeste, que même les consciences les plus obscures en subissent l'attrait.

Le bien se trouve dans le juste et inversement ; le juste dans le beau et celui-ci dans le vrai. Ils constituent un faisceau qu'on désigne par : conscience éclairée.

Les hommes n'ont pas marché vers cette lumière sans heurt ni arrêt.

Les forces négatives — l'injuste, le mal, le laid et le faux — ont constamment lutté contre ses progrès; et le faisceau des lumières de l'intelligence a maintes fois vacillé.

Il existe même dans l'histoire de l'humanité des périodes d'éclipse, où individus et peuples paraissent avoir méconnus cette unique raison d'être. Ce sont des époques régressives qui font déchoir l'homme dans la stupidité de la force brutale.

Mais la mission des forces positives, si intimement unies à la loi générale du progrès, fait que les forces négatives déclinent et, cessant leurs effets morbides, disparaissent peu à peu pour ne laisser de plus en plus la survie qu'à ce qui est utile au genre humain.

L'homogénéité qui existe dans l'éthique, nous indique que l'homme qui fit du mensonge sa loi ne pouvait vraiment aimer Dieu et encore moins son prochain.

Il n'eut pas plus le sentiment du Beau, du Juste, du Bien, qu'il n'avait celui du Vrai.

C'est pour cela que sa nocuité fut si manifeste, que l'intérêt instinctif de la famille et de la tribu, leur imposa l'obligation de s'en préserver.

L'hypocrisie est en effet si horrifique, qu'instinctivement on éprouve un sentiment de répulsion pour l'individu atteint de cette infirmité.

Un homme bien équilibré, d'intelligence saine, ne saurait être sciemment faux.

Aussi l'hypocrisie n'existe-t-elle à l'état endémique que dans les races inférieures, dont la férocité fait le fond de leur nature; et chez quelques peuples orientaux qu'un arrêt de mentalité a empêchés d'évoluer vers une plus haute conception de la dignité humaine.

De sorte que l'intérêt de l'espèce, un instinct de conservation, en tournant sa mentalité vers les forces morales positives fut également l'origine du Vrai.

Nous n'avons pas voulu traiter en soi ces idées et parler de leurs attributs et de leur nature, car c'eût été sortir du cadre que nous nous sommes imposé.

D'ailleurs tous les ouvrages traitant de métaphysique, les exposent abstraitement beaucoup mieux que mes facultés ne me permettraient de le faire.

C'est donc là qu'il vous faudra chercher, si vous voulez connaître de Dieu les idées qu'en eurent les philosophes, depuis Descartes à E. Caro ; et du bien, du beau et du vrai, ce qu'ils en ont pensé depuis Platon à Victor Cousin.

Néanmoins, comme complétant ce que nous venons de dire, il convient d'ajouter que ces idées sont immuables dans leur absolu si elles varient dans leurs relatifs.

En effet, ceux-ci ne sont que des opinions objectives, et par conséquent variables selon les degrés de culture des individus et des peuples, c'est-à-dire autant que les individus eux-mêmes.

Mais plus les peuples sont doués d'une haute mentalité, plus ils ont l'intuition de l'Absolu des forces morales positives, et plus leurs efforts tendent à s'en rapprocher.

Ces idées, dans leur marche, suivent la loi générale de l'évolution. D'abord vagues, elles se précisent ensuite puis se répandent.

Leur accumulation se produit lentement à travers les générations, telles les eaux dans la formation des sources.

Leurs réservoirs naturels sont les peuples privilégiés par les circonstances et les conditions.

Et dans ces peuples elles se concentrent encore dans quelques intelligences d'élite, et parmi ces dernières, dans quelques rares hommes doués de génie.

Le rôle du génie est de communiquer une nouvelle impulsion à ces forces morales positives.

Il remplit dans le domaine moral les fonctions du cœur en physiologie : il renvoit ces forces à travers

l'humanité, lui élevant ainsi le niveau de sa conscience.

Ces idées se pénètrent les unes les autres, se prêtent un mutuel appui pour affranchir l'espèce
humaine de ses bas instincts.

Ce sont les épreuves, que la vie tient en réserve
pour chacun de nous, qui les stimulent.

Leur germination est le résultat d'une émotion,
parfois fugitive.

A cette émotion en succèdent d'autres qui déterminent des vibrations psychiques.

Ces vibrations préparent le cerveau, le disposent à
être un récepteur plus important.

Mais pour si important qu'il soit, il arrive, les sollicitations cérébrales se multipliant, se pénétrant,
s'amplifiant, qu'il ne peut plus garder pour lui seul
les conceptions qui s'y sont formées, et alors se produit la foi agissante, l'extériorisation de la pensée.

De même qu'une machine ne saurait être mise en
marche si la vapeur n'avait atteint la force nécessaire à ce but, l'homme ne pourrait rien produire de
grand si son cerveau n'était frappé par d'assez
vives impressions.

L'acte élevé n'est en somme que de la foi en
action.

Les forces morales positives sont très mobiles.
Après avoir paru se fixer dans un peuple, qui par
elles se trouvait placé à la tête de l'humanité, elles
l'abandonnent pour se reformer chez un autre qui
devient à son tour, par ce fait, un géniteur d'idées.

C'est parmi les peuples de l'Asie qu'on saisit en premier lieu leur action, encore faible. De là elles émigrent en Egypte et dans la Grèce, pour passer ensuite à Rome.

De l'Italie elles pénètrent en Espagne, s'arrêtent en France pour repartir en Angleterre, en Allemagne, et s'infiltrer en Amérique, ainsi de suite.

On pourrait représenter la marche des idées comme des ondulations qui se forment et se déforment pour se reformer plus loin, semblables en cela aux ondulations sonores d'une corde d'harmonie, où les points de rencontre figureraient les pays prédestinés.

Aux yeux des savants modernes, le beau, le bien, ainsi que le juste, ne sont que les effets de notre propre constitution intellectuelle.

Kant, ramenait le beau au libre jeu de notre imagination et de notre entendement. Cette théorie a été partagée par Schiller au XVIIIᵉ siècle, et à notre époque par Herbert Spencer et la plupart des esthéticiens.

C'est, croyons-nous, une erreur contre laquelle nous nous permettons de nous élever. Affirmer, ainsi qu'on le fait, que la lumière et la couleur n'existent qu'à cause de notre œil; que le beau n'est que par les êtres vivants; que le bien, le juste et le vrai n'existent que parce que nous les faisons tels de par notre intelligence. C'est renverser les rôles. C'est affirmer que rien n'existe hors de soi.

Si rien n'existe hors de soi, c'est que soi est le créateur, le géniteur de tous ses sentiments; or, rien n'est plus erroné.

En effet, ce n'est pas notre œil qui crée la lumière et la couleur, mais ce sont celles-ci qui éduquent et font celui-là; de même le beau, il a fallu qu'il existe pour que nous puissions le comprendre; et le bien, le juste et le vrai si notre intelligence les saisit, c'est que préalablement ils avaient façonné cette intelligence.

Supprimez l'œil, c'est un organe qui disparaît ainsi qu'il arrive pour ces poissons qui, des mers éclairées, sont amenés à vivre dans des grottes obscures; supprimez l'intelligence, vous supprimez un concept conscient; supprimez les êtres vous retranchez un des modes du beau : ce sera tout. Mais en dehors de tout cela, et indépendamment, tout existe dès le premier pas du cahos : l'intelligence avec les premières vies; la couleur, la lumière et le beau avec les premiers agrégats; tout cela encore confus, il est vrai.

Dans l'existence de ces choses l'homme n'y est pour rien autre qu'un récepteur, qu'un résultat, qu'un effet qui à son tour devient cause par ses facultés morales.

De même que le mouvement crée la chaleur et celle-ci le mouvement, le jeu des lumières et des couleurs créent la vision; le sentiment du juste, du bien et du vrai, forme l'intelligence. Et, à leur tour, l'œil saisit ces jeux de lumière et de couleurs, et l'intelligence, l'utilité des vertus ; et tous les deux se perfectionnent. L'espèce humaine ne peut pas plus se dispenser d'aller vers celles-ci à certaines périodes de son évolution, qu'une planète par elle-même de changer sa route. Les progrès de l'espèce s'opèrent en dehors de la volonté des individus. Ils sont soumis à des lois naturelles qui, tout en laissant à l'individu la libre disposition de ses facultés maintient celles de la collectivité dans certaines limites.

CHAPITRE XVII

Origine des lois.

Les forces morales, dont nous venons de parler, sont les lois naturelles du genre humain.

Au-dessous d'elles et à côté, dans chaque agglomérat, il s'en est créé d'autres que nous allons étudier.

Ce sont des lois particulières; lesquelles en rapport avec les causes qui les ont établies et aussi variées que ces causes, découlent d'une source commune : les passions des hommes.

C'est à ce point de vue général que nous nous permettrons de les envisager.

Vous comprenez, en effet, combien serait complexe et hors des limites que nous nous sommes fixées, l'étude de chacune de ces lois en soi.

L'homme ne varie que par des nuances, lesquelles ne sont que les degrés de la civilisation. Conséquemment ce sera le fond de la nature humaine qui nous guidera dans notre sujet.

Les lois particulières loin d'émaner de la conscience générale, n'ont été établies que dans l'intérêt d'un peuple, parfois d'une caste et bien souvent pour celui d'une seule famille.

C'est ce qui fait que ces lois sont démocratiques, ou oligarchiques ou dynastiques.

La nature humaine est composée d'éléments contradictoires : elle croit en ce qu'elle redoute; mais à ce qui ne lui inspire nulle crainte, elle y est d'abord indifférente sinon méfiante.

C'est pour cette unique raison, croyons-nous, que les premières lois sociales furent autoritaires et religieuses.

En effet, dans la période de basse barbarie, il dut exister une telle violence dans les appétits, un tel arbitraire dans la satisfaction des instincts, qu'il devint nécessaire de les neutraliser en leur opposant un épouvantail. De là, des divinités vengeresses, des supplices physiques dans ce monde et des supplices infernaux dans l'autre.

Ce fut cette violence des basses passions qui fit s'établir un pouvoir tyrannique, d'une oppression si forte, que la pensée même n'osait s'exprimer si elle était en contradiction avec lui.

*
* *

LOIS RELIGIEUSES

Chez beaucoup de peuplades on ne constate pas trace de religion.

Il en est ainsi chez les Esquimaux, selon le capitaine Ross; chez quelques tribus canadiennes, selon Hearne; chez les Californiens, d'après les voyages de Lapérouse et ceux de Baegert; dans la plupart des tribus Brésiliennes, selon Spix, Martins, Botes et Wallace.

Le Paraguay, les Polynésiens, l'île Damood au nord de l'Australie, diverses autres îles, ainsi que certaines tribus de l'Indoustan et quelques nations de l'Afrique Orientale, ne connaissent pas non plus de religion.

Ce qui semble indiquer que le sentiment religieux est un grand progrès, c'est que l'intelligence de ces peuplades est toujours restée dans un niveau inférieur.

Chez d'autres, d'une intellectualité supérieure aux précédentes, l'extrême misère qui les asservit est telle qu'elle ne leur permet d'avoir des notions que d'un esprit malfaisant; ainsi sont les Abipones de l'Amérique du Sud, les Coroados du Brésil déjà nommées et beaucoup d'autres dans la Virginie, la Floride et les Antilles.

La plupart des sauvages croient aux songes. Lubbock, qui nous livre ces divers renseignements, nous dit que l'idée de religion s'associe toujours à l'état de l'homme pendant le sommeil et surtout aux rêves.

D'après Burton, les Yorubans de l'Afrique occidentale croient que les songes sont des révélations faites par les mânes des morts.

Nous lisons dans A. Maury, que la religion des esprits était celle des antiques tribus de l'Asie Orientale et Australe. Elle fait le fond de la religion nationale des Chinois et des Japonais.

Elle paraît également avoir constitué en majeure partie, la religion des populations italiques (Latins-Sabins-Ombriens), et celle des Celtes et des Germains.

C'est elle qui fait le fond de la religion domestique des premiers Aryas ; religion qui des Hindous passa en Grèce et de là dans toute l'Italie.

Le sentiment de la peur est général. Mais chez les peuplades sans religion elle est instinctive, subjective et pour ainsi dire inconsciente ; tandis qu'à mesure que les progrès font intervenir la religion des esprits, elle s'éclaire, devient objective, ce qui fait que conjointement avec elle naît le sentiment du courage.

La crainte de la mort a servi, chez d'autres peuples, pour établir la suprématie d'une caste.

C'est ainsi que dans certains pays, comme à Tonga et à Nouka-hiva, on croit que, seuls, les chefs sont immortels.

A Sumatra, les habitants ne croient à l'immortalité que pour les riches, de préférence aux hommes pauvres et vertueux.

C'est à un appétit immodéré de domination s'exerçant dans un milieu inculte, conjointement à l'idée que les richesses et l'autorité viennent des dieux, que se trouve la cause de cette supercherie.

Ces chefs et ces riches peuvent être considérés comme les précurseurs des hommes qui s'arrogeront, dans la suite des temps, un droit divin ; et des religions qui accorderont l'immortalité à leurs seuls adeptes ; ou qui exclueront tous ceux qui n'auront pas d'ancêtres dans la cité, qui n'auront pas d'autel de sacrifice dans leur famille.

****

Les sacrifices qui font la base de presque tous les rites religieux, se contentèrent d'être d'abord expiatoires, et eurent pour causes les troubles de la conscience.

Mais ces sacrifices ne donnant pas toujours le résultat attendu, il devait persister dans l'âme du sacrificateur un doute sur l'efficacité de son sacrifice, et par suite une persistance du remords qui lui faisait appréhender la non-réussite de ses futures entreprises.

. Cette crainte fit s'ajouter aux sacrifices expiatoires, d'autres qui furent propitiatoires.

Seulement, comme la chance favorisait inégalement les hommes, la crédulité ne tarda pas à conclure en faveur des privilégiés, qu'ils étaient ou plus parfaits ou plus habiles, et qu'ils avaient à leur service une divinité supérieure.

De là à leur attribuer la révélation de secrets spéciaux, la possession d'un pouvoir occulte pour apaiser ou se rendre favorables les mânes, les esprits ou les dieux, il n'y eut qu'un pas.

Dès qu'il fut franchi on n'hésita plus à avoir recours à leur expérience et à leurs mérites, pour les charger de la direction des sacrifices.

Les bénéfices moraux qu'ils retirèrent d'abord, auxquels vinrent s'ajouter par la suite des bénéfices matériels, les déterminèrent à faire des efforts pour conserver cette prérogative. Ce fut dans ce but qu'ils créèrent des rites, en compliquèrent les conditions, les entourèrent de mystère et, finalement, fondèrent une caste sacerdotale ; laquelle ne trouva rien de mieux que de créer un grand nombre de dieux, afin de multiplier les occasions de sacrifice et augmenter ainsi ses ressources.

Le fait qu'on trouve cette caste presque toujours unie aux puissants et aux riches, semble malheureusement indiquer qu'elle n'a jamais eu que ses intérêts exclusifs pour seuls guides. Dans la Rome antique elle était formée par les patriciens et, à Athènes, par les eupatrides, avant que Servius et Pisistrate eussent démocratisés les dieux.

Ce ne fut qu'avec Christ que la religion, rompant avec tout le passé, se tourna vers les petits, les humbles et les déshérités. Elle se fit en un mot démocratique et internationale, en renversant les autels des foyers et des cités, et en substituant à la divinité nationale le Dieu du genre humain.

Il serait pourtant injuste de méconnaître les services, que furent certainement appelées à rendre les premières castes religieuses.

L'autorité spirituelle dont elles jouissaient, dut en en effet leur permettre d'être souvent choisies comme arbitres dans les différents, d'en modérer la violence, quelquefois même d'intervenir entre un chef et ses subordonnés.

Nous remarquons toutefois que dans les grandes

conflagrations, ces castes, oublieuses de leur devoir, ne regardent que leurs intérêts dans leur soumission aux vainqueurs, si ceux-ci ont la bonne politique de les respecter.

Nous avons de ce fait un exemple frappant dans nos riches annales. Les druides, à l'époque de la conquête de Jules César, se désintéressèrent en effet de la lutte, se dérobèrent constamment à leur mission en ne donnant aucune impulsion à l'énergie de nos ancêtres.

Nous devons également faire observer que cette classe fut toujours contre le peuple tant dans l'ancienne Italie que dans la Grèce ancienne; et le peuple n'arriva à l'affranchissement qu'avec le concours des rois.

L'évolution religieuse paraît avoir à sa base le fétichisme, car avant le culte des images et des amulettes, les peuplades furent sans religion. Celle-ci devint ensuite totémiste, tout en restant fétichiste.

A la longue un choix se fit parmi les objets d'adoration. Les hommes adorèrent les éléments, et, après, des abstractions; telles que la bonté, la fécondité, les esprits, etc.

Une nouvelle sélection réduisit encore cette théogonie en un dualisme qui s'établit dans un Dieu du Bien et un Dieu du mal : Ormuzd et Ahrimane.

Mais la mentalité des hommes allant toujours progressant, l'évolution religieuse eut sa fin dans l'acceptation d'un Dieu unique.

Ce Dieu unique fut pendant longtemps le Dieu d'une race : le Dieu des Juifs ; le Jupiter capitolin des Romains, la Pallas athénienne des Athéniens. Mais avec le christanisme ce fut le Dieu de l'humanité, planant au-dessus des races, établissant pour la première fois, entre les hommes, une unité morale.

DES LOIS POSITIVES

Les lois positives dont nous allons parler, sont celles ayant pour objet les intérêts généraux de la société.

Avant l'établissement des lois, la propriété n'existait pas. Un homme, arrivait-il qu'il cultivât un champ, il retirait les produits de son travail : tout s'arrêtait là.

La terre étant comme l'eau, l'air et le feu, un des éléments, il semble que sa nature eût dû la faire échapper à toute acquisition.

Cependant, si les trois premiers éléments sont restés relativement libres à l'usage de l'humanité, il n'en a pas été ainsi pour le quatrième.

Diverses circonstances — parmi les Aryas elles furent religieuses — amenèrent cette transformation ; ce qui fit que la propriété agricole s'établit ; et qu'il découla des lois positives, civiles et commerciales de cet établissement.

La propriété agricole a été, en effet, l'origine des lois dont nous allons parler.

Dès que les hommes se réunissent en société, il s'établit inconsciemment, *ipso facto,* par le fait même, une hiérarchie.

A l'origine ce dut être les pères de famille qui furent à la tête du corps social. Mais par la suite, les conditions de l'existence s'étant modifiées, cette autorité déclina et fut remplacée par une autre répondant à un besoin plus immédiat.

Ainsi, par exemple, en cas de danger, celui qui avait rendu le service le plus important ou qui s'était distingué par de grandes actions, dut exercer une influence suprême.

Dans le principe, les conditions de la vie furent les mêmes pour tous les individus d'un même groupe.

Le besoin de se mettre à l'abri des intempéries, poussa l'homme vers la construction d'un habitat. Et si les circonstances avaient développé en lui le goût de l'agriculture, le besoin de nourrir sa famille lui fit cultiver une partie du champ qui environnait son habitation. Il est même probable que cette partie fut limitée aux productions nécessaires à l'existence du ménage.

Permettez-moi, en passant, de vous faire remarquer une chose : c'est que le simple fait d'édifier n'importe quoi sur le sol en dénature le principe d'inacquisition.

En effet, si la terre peut être considérée comme

étant commune à tous les hommes, cette qualité cesse dès que le produit du sol n'est pas naturel, dès qu'il y a eu une somme d'intelligence ou de travaux d'art, qui s'y est substituée. Dans ce cas il a fallu une succession d'efforts, une dépense d'initiative de la part de l'individu : ce qui consacre en sa faveur la légitimité de la surface sur laquelle s'est dépensée son intelligence; sans pour cela donner à cette légitimité une durée indéfinie, mais seulement déterminée.

Ceci dit, reprenons notre entretien sur les inégalités sociales.

Parmi les premiers hommes celles-ci ne durent point exister, mais elles se développèrent dans la période de barbarie, allèrent en s'accentuant pour s'effacer ensuite à mesure que les forces morales se substituaient à la force brutale.

Chez un peuple barbare, l'intérêt d'un petit nombre consiste à laisser la masse croupir dans une ignorance crasse, afin qu'il lui soit permis de s'élever et de se maintenir au pouvoir.

Dans ce peuple, des courants d'influence se forment; des centres d'attraction s'établissent qui exercent, chacun, une part d'autorité dans le sens de leur intérêt exclusif.

Cet intérêt finit par créer dans le groupe un état d'âme qui le porte à ne regarder que la fin sans s'occuper toujours de la qualité des moyens. Et comme dans ce cas c'est celui qui a le plus d'audace et le moins de scrupule qui est le mieux armé, c'est à lui en premier qu'appartient la victoire.

Il est vrai que le progrès des forces morales finit par faire disparaître ces anomalies mentales ; mais les sociétés primitives ont encore une conscience générale trop rudimentaire pour que les individus aient une parfaite notion de leurs devoirs.

L'autorité établie en violation des lois de la conscience, ne put s'imposer qu'avec le concours et l'appui d'une collectivité.

Elle fut obligée, après son triomphe et ce sous peine de tomber, d'intéresser à son avénement ceux qui l'avaient aidée : de les y attacher, de les en faire même dépendre par des bénéfices qui auraient disparu si un renversement du pouvoir était survenu.

Or les profits qui retiennent le mieux auprès d'une autorité, qui la font défendre, sont ceux qui ne peuvent changer de place, qui ne peuvent se transporter, tels que les terres. Aussi voyons-nous tout pouvoir arbitraire procéder aussitôt par une distribution territoriale.

Nous ne voulons pas dire par là que les causes qui établirent la grande propriété foncière furent partout absolument les mêmes; mais certainement l'origine de celle-ci fut due à un acte de népotisme d'un pouvoir despotique.

La petite propriété, parmi les Aryas tout au moins, découle de la religion domestique : C'était le champ où s'élevait le foyer et qui servait de sépulture aux ancêtres. Chaque champ, entouré de termes, est inviolable, nous dit Fustel de Coulanges.

***

La propriété étant constituée, il fallut accorder au possesseur le droit de la louer, de l'exploiter, d'emprunter dessus et finalement de la vendre.

Dès lors il devint nécessaire que cette prise de possession reçût une sanction de l'autorité centrale ; et des lois civiles furent promulguées pour en garantir les prérogatives ; c'est-à-dire les titres de ces propriétés et les moyens de transmission y afférents.

Et enfin pour rendre la successibilité évidente, on dut par la suite tenir registre des unions, des naissances et des décès : afin d'établir la filiation et l'incontestabilité des droits des successeurs.

Mais comme cette propriété pouvait susciter des convoitises, un sentiment de prévoyance fit décréter des lois pénales pour l'en sauvegarder.

C'est la distinction du tien et du mien, nous dit Goguet dans son ouvrage sur l'*Origine des lois*, qui a nécessité des règlements qui ont donné naissance au droit civil.

Ces diverses lois furent au début sans doute simples. Ensuite elles prirent de l'extension, s'étendirent sur des faits d'ordres d'ordre divers, englobèrent peu à peu tous les actes de la vie des citoyens.

L'établissement de la propriété, non seulement fut l'origine des lois dont nous venons de parler, mais encore des lois commerciales que nous allons étudier.

*
* *

LOIS COMMERCIALES

Le surplus provenant des produits agricoles ne pouvant être indéfiniment conservé, il fallut le troquer.

Dans les sociétés primitives les transactions ne s'opérant que par échange de produits en nature, il n'y eut nul besoin d'une grande réglementation.

Mais la production allant sans cesse en augmentant à mesure que l'outillage se perfectionnait, elle ne put trouver des débouchés suffisants qu'à la condition de rendre les échanges plus faciles.

De là, découla la nécessité d'avoir recours à des intermédiaires placés entre le producteur et le consommateur, autrement dit aux commerçants, et de leur accorder certains délais pour les paiements.

L'institution de ces délais fut le crédit commercial; et celui-ci ne put s'établir que dans la cité ou le canton.

En effet, avant l'avènement de ce dernier groupe social, l'individu avait un habitat trop rudimentaire, de même une existence trop incertaine et trop précaire, pour inspirer la moindre confiance commerciale.

Tandis que dans la cité, il eut un domicile; ce qui permit facilement le contrôle de sa solvabilité et de sa moralité.

Indépendamment de cela, les moyens défensifs dont disposait la cité étant autrement puissants et

18

efficaces que ceux du campement, augmentèrent la sécurité des citoyens, rendirent les lendemains plus assurés et affermirent les bonnes dispositions du crédit.

Dès que ce dernier fut devenu coutumier, il devint indispensable de créer une monnaie fiduciaire ; de prendre des engagements, et, pour être dans l'obligation de les tenir, on fit des règlements à cet usage : réglements qui furent les lois commerciales.

. Les sujets que nous venons de traiter sont ingrats, aussi je crains qu'ils ne vous aient pas grandement intéressés.

Dans nos études nous sommes un peu comme des voyageurs autour du monde, qui ne sauraient raisonnablement exiger que leur itinéraire traversât constamment des sites pittoresques. Et, en fin de compte, le charme de la beauté ne résulte-t-il pas du contraste et de la variété ?

La beauté, si parfaite soit-elle, ne peut se suffire indéfiniment à elle-même. Il n'y a que la beauté morale qui ait ce privilège ; ce dont il ne saurait être question quand nous parlons de lois issues des imperfections humaines.

Ces lois dérivent des besoins d'une collectivité. Leur but n'est point de développer ou de perfectionner la mentalité des peuples, mais de mettre des bornes aux passions malfaisantes des individus.

Quand les lois naturelles, les forces morales positives, seront seules guides de l'humanité, celle-ci n'aura besoin d'aucune loi coercitive. Mais si elle revient à les abandonner, il sera encore nécessaire qu'une force conventionnelle intervienne pour la préserver.

Tout progrès social ne se fait pas sans mêler aux vertus rédemptrices un contingent de vices; mais comme en définitive celles-là l'emportent sur ceux-ci: l'humanité s'améliore.

Les hommes sont nés avec des droits égaux à ce qui est juste. L'acte violent qui substitua un pouvoir tyrannique à un plus humain rompit l'équilibre de ces droits.

Dans la cité il ne fut plus possible à l'homme d'exercer les divers métiers utiles à ses besoins. Il ne put plus être à la fois son tailleur, son cordonnier, son boulanger, son maçon, etc., etc. Il fut obligé de se confiner dans une spécialité; cette obligation établit la division du travail et fut la source des progrès industriels.

Les aptitudes de l'homme qui s'étaient éparpillées sur divers genres à la fois, se concentrèrent, chacune, sur un seul, qui par ce fait fut porté à un degré plus parfait.

Il se forma ainsi plusieurs classes sociales, qui se groupèrent en corporations et dont les membres prirent des choses, à la longue, une vision exclusive à l'intérêt corporatif.

Il en résulta une compréhension spéciale qui leur

façonna, lentement, des principes ne concordant pas toujours avec ceux de morale universelle.

Ainsi les hommes chargés d'interpréter les lois; ceux qui les appliquaient ou les exécutaient; ceux à carrières libérales tels que les médecins, les ingénieurs ou les architectes; ou enfin les fabricants, les ouvriers, les commerçants et les employés, subirent tous l'effet de ce daltonisme de la conscience.

Il s'établit des tourbillons divers d'intérêts; ceux-ci souvent trop exclusifs pour être conformes à l'intérêt général.

S'il est vrai que ce dernier soit le résultat ou la totalisation des intérêts particuliers, comme un agrégat est la réunion de diverses molécules, on se tromperait si on y attachait un sens autre que celui d'intérêts individuels.

Car dès que l'intérêt revêt une forme de collectivité restreinte, qui n'est autre que celui d'une caste ou d'une classe d'individus, l'exagération et l'âpreté qui en font le fond nuisent à l'intérêt de tous.

Heureusement que dans tous les peuples, se distinguent des hommes d'une personnalité assez puissante, d'une volonté assez forte, pour s'affranchir de leurs milieux et diriger ces intérêts vers le plus grand profit de la masse.

C'est aux hommes de pensée, aux législateurs, qu'est dévolue cette mission d'utilité générale.

CHAPITRE XVIII

Origine des Arts.

Le sujet que nous allons traiter est un de ceux où l'intelligence a le plus de part.

Les beaux-arts sont des réflexes de ce que la nature humaine contient de supérieur : la conscience du Beau.

Il y a toujours une intelligence de cachée sous le Beau; intelligence sentie par diverses natures douées d'adptitudes spéciales, qui la présentent sous ses divers aspects et la propagent à travers les foules, faisant remplir ainsi aux beaux-arfs leur rôle éducateur.

Les arts, comme le premier langage, furent à l'origine confus et rudimentaires et, de même que celui-ci, ils eurent la nature pour source commune d'inspiration.

Les arts primitifs n'eurent pas plus de ressemblance avec ceux émanant d'une haute mentalité, que le langage guttural des hommes primitifs n'en avait avec la douceur d'une langue moderne.

Toutefois, tels qu'ils étaient, ils furent les embryons, les ancêtres, des beaux-arts actuels.

Les artistes possèdent tous, quels que soient leurs genres, une supériorité d'acuité sensoriale.

A cette faculté de sentir profondément, qui révèle d'abord un tempérament artistique, vient s'ajouter la science du métier, l'habileté professionnelle qui permet à l'artiste d'exprimer la vision et l'entendement qu'il a des choses. Vision et entendement qui sont la consécration de sa personnalité.

C'est ainsi que tout chef-d'œuvre renferme un juste sentiment de l'harmonie, joint à une imagination vive et à un penser profond.

Mais avant de parvenir à ce degré de supériorité, l'art est purement imitatif.

C'est pour cela que les premiers artistes, malgré la prodigiosité de leurs efforts, ne furent que d'habiles artisans.

Peut-être bien que celui qui traduisit sa première pensée musicale sur la flûte, ou celui qui sculpta la première idole ou dessina la première image, dépensa tout autant d'énergie qu'un Berlioz ou un Wagner, un Phidias ou un Carpeau, un Raphaël ou un Puvis de Chavannes.

L'imitation que tous les arts firent d'abord de la nature, se porta, ainsi que nous allons le voir, sur ce que celle-ci offrait de plus facile à reproduire : la ligne principale des formes; la dominante d'un ton, etc.

*
* *

ORIGINE DE LA MUSIQUE

Au nombre des arts qui eurent les premiers leurs praticiens, il convient de placer la musique.

En effet, cet art est en relation on ne peut plus étroite avec la nature, et surtout on ne peut plus immédiate avec l'âme humaine.

La nature n'est qu'un composé d'assonances et de dissonances. La vie, dès qu'elle se manifeste, que ce soit par le vagissement d'un nouveau-né, la germination d'une graine; ou qu'elle s'épanouisse dans le cri des animaux, le chant des oiseaux, le bruissement des insectes ou le frémissement des feuilles; ou enfin qu'elle s'éteigne dans un râle ou dans l'arrêt de la sève, ne le fait qu'au moyen d'un rythme. Il n'est pas jusqu'au silence qui n'ait le sien.

C'est à l'union intime de l'âme humaine avec celle de la nature que le sens de l'ouïe dut son développement hâtif, le langage articulé sa précocité, et la musique d'être les prémices des facultés artistiques.

Celle-ci balbutia également à ses débuts. Les sons que percevait l'ouïe inéduquée de l'homme se présentaient sans modulation; la voix pour les reproduire le faisait en une seule émission.

Quelques rares modulations s'ajoutèrent par la suite, et formèrent ces mélopées monotones que font entendre les sauvages.

L'art musical ne contint tout d'abord nulle pensée; et quand celle-ci exista, lors de la création d'une langue musicale, nuls organes ne furent là pour la rendre dans toute sa richesse. De là ce long sommeil qui dura jusqu'à l'avènement de bons facteurs ou habiles luthiers.

Mais le fait qu'on ne découvrit pas tout de suite l'utilité de ces professions, fit qu'on les négligea; et il en résulta que leurs produits restèrent longtemps imparfaits.

Si les progrès artistiques trouvent des stimulants dans la satisfaction morale d'y avoir coopéré, il n'en est pas de même des progrès industriels. Dans ceux-ci l'intérêt en est le seul mobile. Mais la musique, s'appliquant de plus en plus fréquemment aux usages ou plutôt aux besoins de la vie, ces artisans trouvèrent profits à perfectionner leur industrie, à créer toute une instrumentation qui permit à la pensée musicale de s'extérioriser, de se développer dans toute son ampleur.

La voix humaine fut d'abord seule employée pour l'interprétation de la conception musicale; et celle-ci était simple.

Il n'est pas admissible, nous disent David Ernest et Mathis Lussy dans leur *Histoire de la notation musicale*, que dans les temps préhistoriques, alors que l'humanité cherchait sa voie, bégayait des vocables plûtôt qu'elle n'exprimait des mots, les hommes aient conçu l'idée d'un arrangement systématique des sons.

Aussi trouvons-nous, dans les premiers assemblages, des sons d'une mélodie peu étendue. Ce sont quelques notes, deux, trois, quelquefois quatre, qui reviennent continuellement dans les chants primitifs.

A mesure que l'humanité progressait, son langage

se perfectionnait; ses sens s'éduquèrent et parmi eux l'auditif qui finit par saisir dans un son diverses tonalités.

A une époque reculée, chez les Hindous, le son était divisé en trois quarts de ton, tandis qu'actuellement il est divisé en demi-ton. Il arrivera peut-être, dans un temps plus ou moins prochain, que des quarts de ton se substitueront à la méthode moderne. Cette évolution sera logique, car elle permettra à l'exécution de donner une impression encore plus complète de l'harmonie.

La musique instrumentale suivit de près la musique vocale; et celle-ci ne dut ses progrès qu'à ceux de l'alphabet qui permirent de marquer les diverses notations du langage musical.

Comme instruments on ne rencontre à l'origine que la flûte et le tam-tam. Celle-là que l'on fabriquait avec des roseaux ou d'écorce de jeunes pousses et qui simulaient les sons aigus; celui-ci consista d'abord en deux morceaux de bois que l'on frottait l'un contre l'autre ainsi que l'on fait des castagnettes ou des crotales, avant que l'idée vînt de se servir d'un corps creux.

La musique fut un des premiers besoins de l'âme humaine, et comme la danse qui en devint inséparable, on en fit usage dans toutes les occasions solennelles de manifestations joyeuses ou douloureuses.

Les hommes furent si heureux de connaître cet art, qu'ils n'hésitèrent pas à lui attribuer une origine divine. C'est ainsi que les Hindous en font remonter la création à Brahma, les Egyptiens à leur dieu Thaut, les Grecs à Mercure ou Hermès Trymégiste.

Les Juifs lui donnent une paternité humaine en la personne de Tubal Caïn, fils de Lamech, 4.000 ans avant J.-C.

Les premières traces de l'art instrumental se rencontrent dans le Vina, instrument à cordes des Hindous.

Les Egyptiens qui bénéficièrent de ces traditions créèrent la harpe et le psaltérion, qui n'est autre qu'une harpe renversée sur une caisse sonore.

Les Grecs se servirent de la harpe et de la lyre à trois cordes, fixées entre deux cornes de bouc. A cette dernière succéda celle à quatre cordes.

Avant la lyre à huit cordes, qui eut Pythagore pour inventeur, Arion de Lesbos avait construit celle à six cordes et, Terpandre, celle à sept.

Une chose nous étonne : c'est que les Grecs, au dire des auteurs spéciaux, furent les plus mal partagés, en ressources propres à la culture de la musique.

A quoi peut-on bien attribuer cette infériorité chez un peuple si éminemment supérieur, à tous les autres, dans la généralité des arts ?

Peut-être à la crainte que la musique n'amoindrit la virilité nécessaire pour lutter contre les barbares dont ils étaient constamment menacés. L'art de la musique étant, en effet, considéré comme efféminé, les Grecs, peu nombreux, purent redouter un affaiblissement dans leur énergie ; tandis que les Orientaux, fort nombreux, n'éprouvaient pas cette crainte. Aussi voit-on ces derniers possesseurs d'un plus grand nombre d'instruments.

Quoi qu'il en soit, l'instrument à cordes rendant des sons très mélodieux, presqu'humains, permit au compositeur de rendre sa pensée avec plus d'expression.

Comme pour les autres arts, les Romains furent pour la musique les tributaires des Grecs ; mais ce ne fut que dans le seizième siècle que des grands progrès se firent, avec Claude Goudimel de Besançon, Roland de Lassus de Mons, et surtout avec Palestrina, de Préneste, qui fut le créateur du grand art musical.

Il fallut, pour que ces intelligences pussent se produire et se faire comprendre, qu'aux neumes ou signes primitifs, seuls en usage jusqu'au IXᵉ siècle, succédassent les neumes à hauteurs respectives et enfin ce qu'on appelle neumes guidonniens, lesquels étaient tracés sur des lignes parallèles.

Ces lignes apportèrent une telle clarté dans la valeur des notes et dans leur lecture, que dès lors rien ne fut impossible à l'artiste.

La science de l'art musical au seizième siècle, ne se contenta pas seulement de reproduire les symphonies de la nature : telles que sanglots et gémissements, sifflements et plaintes, fureurs et caresses des vents; le mugissement, le crépitement ou le bercement des eaux, etc.; mais elle s'éleva jusqu'à l'abstraction.

Elle chercha à rendre tangible l'expression du beau et du laid, du bonheur et du malheur, de l'amour et de la haine, etc. Elle devint philosophique et put, de nos jours, s'épanouir dans toute sa puissance dans les œuvres des Berlioz et des Wagner, des Gounod et des Mendelssohn, des Mozart et des Verdi.

Haydn, dans les *Merveilles des six Jours*, fut un précurseur de la musique moderne. Il présageait Berlioz et Wagner quand il voulait faire rendre à l'orchestre le sourd fourmillement des insectes, la confusion du cahos, le triomphe de la création.

Cependant une limite est imposée à l'art. Il ne peut-être réaliste qu'autant qu'il est idéaliste, sous peine de déchoir, de n'être plus lui-même : car tout art qui ne concourt pas aux progrès moraux de l'humanité manque à sa mission, n'a plus sa raison d'être.

D'ailleurs il serait faux ; et l'art doit être toujours vrai.

C'est pour cela qu'un artiste — musicien, peintre, sculpteur ou littérateur — s'il l'est profondément, génialement, ne pourra représenter le cahos qu'associé à une dominante : l'idée des harmonies prochaines de la création ; de même la mort sans laisser deviner la vie qui s'organise, ni le laid et le mal sans le triomphe du beau et du bien, ni la haine sans l'amour, le malheur sans le bonheur, etc.

Sans ces pendentifs qui maintiennent la pensée musicale ou autre en équilibre, cette pensée est tronquée, fausse, hors les lois naturelles qui ne laissent jamais une force unique agir sans lui en opposer aussitôt une autre qui lui fera équilibre.

Aussi le Vrai en art est toujours un composé d'idéal et de matière, de nature et de symbole.

Il est évident que cette haute mission des beaux-arts en général et de la musique en particulier, puisque c'est d'elle qu'il est question ici, ne put être comprise que par une époque de mentalité supérieure.

La Perse et l'Inde, qui constituèrent le premier noyau de l'art musical, paraissent en avoir ignoré la portée. L'Egypte et les Hébreux qui en héritèrent en eurent le pressentiment. Mais il fallut le ciel de l'Italie pour lui donner cette inspiration et cet élan qui la firent rayonner sur l'univers.

*
* *

La Danse

La danse étant fille de la musique, nous commettrions une omission de ne pas en parler.

La danse est unique à ne point être issue d'une imitation de la nature.

Ce ne fut qu'après l'existence de sons chantés, sifflés ou joués, que la cadence des gestes, des mouvements et des pas put s'établir.

On trouve la danse employée par les peuplades les plus primitives. Robertson nous dit qu'elle est une occupation sérieuse et importante, qui se mêle, chez les sauvages, à tous les actes de la vie publique ou privée, dans les relations entre tribus, dans la paix ou la guerre.

On danse s'il s'agit d'apaiser la colère des dieux, de célébrer leurs bienfaits, en signe de réjouissance de la naissance d'un enfant ou en signe de tristesse pour la mort d'un ami.

Il n'est pas jusqu'au médecin ou au magicien qui n'ordonne la danse comme cure à son malade; et si celui-ci, trop gravement atteint, ne peut s'y livrer, une tierce personne ou le magicien lui-même l'exécute en son nom.

La généralisation de cet art n'eut pour cause que sa facilité d'exécution. Il suffisait en effet, pour cela, de lever les jambes sans que l'intelligence eût besoin d'y participer le moins du monde.

Mais ensuite quand la musique eut acquis une certaine science, la danse devint chorégraphique, les pas furent rythmés et les mouvements harmonieux.

Les philosophes la définissent l'art des gestes; et selon Cahusac, dans son *Traité de la danse ancienne et moderne*, ceux-ci ne tireraient leur origine que des différentes affections de l'âme.

C'est à une même pensée que répond Pythagore, quand il trouve la cause de la danse sacrée dans l'idée qu'on s'était faite de la divinité.

Les danses furent en général religieuses. Chaque peuple eut ses danses particulières et, quelles que fussent les idoles auxquelles il sacrifiait, la danse fut toujours la forme principale de son culte.

Elles abandonnèrent peu à peu ce caractère et

devinrent profanes, quand l'humanité, ayant une plus.
parfaite conception de la divinité, eut reconnu la
puérilité de cette façon de prier.

ORIGINES DE LA SCULPTURE

Il est difficile d'établir la filiation des arts qui vont
suivre, tellement ils paraissent s'être manifestés
simultanément.

De Mercy, dans ses *Etudes sur les beaux-arts*,
accorde la priorité à l'architecture, ensuite à la sculpture pour finir à la peinture.

Goguet nous dit que tous les arts paraissent avoir
pour origine, le désir de transmettre le souvenir des
faits importants.

Parmi les divers besoins que l'homme éprouva, un
les domina tous, celui de se nourrir. Par conséquent
nous croyons raisonnable d'admettre que l'art qui se
développa d'abord fut celui qui correspondit à cette
première obligation, c'est-à-dire la fabrication de
flèches, de poinçons, de piques et divers autres instruments utiles tant pour la chasse que pour la pêche et
pour se défendre. Instruments qui furent les embryons
de l'art sculptural.

A eux vinrent s'ajouter par la suite, les ustensiles
nécessaires à la cuisson des aliments.

Ces ustensiles faits quelquefois de peaux de poisson ou, comme dans les îles occidentales d'Ecosse, de

peaux d'animaux récemment écorchés, étaient le plus souvent composés d'écorces d'arbres ainsi que chez les Ostiakes, ou de noix de coco chez les petits peuples du Siam, ou encore de bambou creux ainsi que cela se pratiquait chez les habitants d'Amboine et de Ternate.

Les Australiens creusaient leurs chaudrons dans le bois et, pour les préserver du feu et permettre aux aliments de cuire, ils les revêtaient extérieurement de terre grasse.

La sculpture, suivant nous, nous paraît, en effet, avoir pour origine la nécessité de s'alimenter et de faire cuire les aliments.

Cette cause ne fut point la seule à faire naître l'art sculptural, le besoin de donner une forme plus tangible aux conceptions théogoniques y contribua puissamment.

En effet, les dieux ne sont présents à l'intelligence obscure des sauvages qu'autant qu'ils sont visibles : de là les sculptures de ces idoles fantastiques qui frappaient leur imagination.

Dans tous ces travaux d'art le bois fut d'abord seul employé. Mais la terre grasse qui revêtait les ustensiles de ménage, se durcissant en allant au feu, suggéra l'idée de la substituer au bois, devint l'origine de la poterie et du moulage.

Dès lors l'emploi de la terre cuite devint d'un usage plus fréquent, et par l'habitude on parvint, sans le concours du moulage, à fabriquer divers objets.

C'est ainsi que le moulage s'éleva au modelage et ce dernier jusqu'aux formes plastiques.

Selon Praxitèle, d'après Pline, l'invention de modeler la terre serait la même qui aurait enfanté l'art de faire des figures de marbre et de bronze.

Les idoles n'eurent d'abord que la couleur naturelle du bois ou de la terre. Mais comme on jugea sans doute quelles manquaient de prestige, on essaya de les peinturer de diverses couleurs.

Pour les rendre plus vivantes et leur donner un aspect plus terrible, on coloria les organes et on les recouvrit d'un tatouage.

La poterie fut également coloriée de divers motifs empruntés à la flore et plus tard à la faune.

Mais comme ici nous empiétons sur le dessin, nous allons passer à celui-ci.

***

ORIGINES DU DESSIN

L'art du dessin également, ne fut d'abord qu'une ébauche grossière des produits de la nature.

J. de Lery dans ses *Relations de voyage* et Lescarbot dans une *Histoire de la Nouvelle France*, auteurs cités par Goguet, nous disent que les nations les plus sauvages, celles qui ont le moins de relations et de commerce avec les peuples policés, ont cependant une idée de l'art de dessiner.

Chez les peuples qui vivent enfermés, l'art du dessin arrive à un degré assez parfait. Notamment chez les hommes des cavernes, cet art se révèle d'une façon supérieure.

Ces hommes après la disparition du renne, furent, ainsi qu'il a été déjà dit, trop absorbés par les difficultés de la vie, par les besoins matériels, pour retrouver les loisirs nécessaires pour s'en occuper.

Les Esquimaux dessinent assez bien leurs scènes de chasse et de pêche, tandis que les Polynésiens, quoique beaucoup plus avancés sous d'autres rapports nous dit Lubbock, ne savent dessiner ni les animaux ni les plantes.

Le fait que les premiers restent de longs mois enfermés dans des huttes tandis que les seconds sont très instables dans leurs habitats, nous confirme que l'art du dessin, en dehors des dispositions naturelles et communes à l'humanité, eut surtout l'oisiveté pour stimulant.

A l'origine il fut caricatural. On n'en comprit le sens qu'en apportant une grande exagération dans les parties.

C'est ainsi qu'un Australien ne reconnaît un homme dans un dessin, qu'à la condition de lui faire une tête énorme.

Il en est de même pour les Kibalans de Fermosa et pour les indigènes de l'Afrique centrale.

Les Cafres éprouvent également une grande difficulté pour comprendre un dessin.

L'art de dessiner est le seul moyen, après la tradition, que les peuples aient d'abord connu pour exprimer leurs pensées et transmettre leurs connaissances à la postérité. C'est pour cela que l'origine de l'écriture est si unie à cet art.

Le dessin fut d'abord linéaire : une silhouette indiquait seule la forme de l'objet que l'on voulait représenter.

Ce ne fut que très lentement que la myographie vint un peu corriger la sécheresse de ces contours, et que le mouvement anima ces muscles.

La couleur dut venir ensuite rehausser l'art du dessinateur.

L'emploi qu'on en fit consistait en des *aplats*, sans modelage, qui donnaient du ton au dessin.

Par la suite, l'usage fréquent de la couleur ayant permis de se rendre compte de tous les avantages qu'on en pouvait retirer, elle se substitua aux traits. Le modelage linéaire disparut sous le chromatique : l'art pictural fut créé.

La peinture est une des plus hautes expressions de l'art ; c'est pourquoi elle ne put se développer que dans un milieu de grande culture, possédant une langue assez riche pour permettre aux hommes l'échange de leurs impressions.

Indépendamment de la corrélation qui existe entre le développement mental et la richesse d'une langue, il semble en exister également une entre les beaux-arts et son euphonie.

On peut remarquer en effet combien les progrès artistiques furent considérables dans les pays aux parlers doux, et de préférence parmi les habitants des plaines de ces pays : Tels en Asie, Ninive,

Babylone et Suse; en Egypte, Memphis, Alexandrie et Thèbes; en Grèce, Athènes; en Italie, Rome et Florence; en France, Paris, la Provence et les plaines du Languedoc; pour nous en tenir qu'à quelques exemples.

Les pays de montagnes bons pour l'industrie sont plus réfractaires aux beaux-arts : la vie y est trop rude et trop exigeante pour permettre à l'imagination de suivre sa fantaisie, et au goût de s'épurer. Aussi le parler y est-il heurté; et les arts y sont-ils incompris.

De sorte que l'on peut admettre l'harmonie d'une langue comme étant un facteur aussi indispensable que sa science pour l'éclosion du sentiment artistique.

Sans elle les arts restent purement imitatifs, décoratifs et ornementaux, sans aucune philosophie, parce qu'une langue sans harmonie révèle des tempéraments frustes, fermés à l'intelligence des beaux-arts.

Nous avons dit que l'écriture était intimement unie au dessin, c'est un motif suffisant, n'est-ce pas, pour qu'elle trouve ici sa place.

**

ORIGINES DE L'ÉCRITURE

L'écriture, de même que la gravure, paraît être descendue du dessin; et pendant très longtemps elle se servit des mêmes procédés que lui.

Les traits que l'artiste traçait sur un vase ou une

idole, n'eurent, en principe, aucune signification. Ensuite ils cherchèrent à imiter les choses usuelles, les objets qui s'offraient le plus fréquemment à la vue.

Mais l'idée devenant lourde à porter au cerveau humain, celui-ci s'ingénia pour la répandre.

La musique, le dessin et la peinture, déjà cités, y contribuèrent en même temps que la sculpture, la gravure et l'écriture.

Ce qui distingua cette dernière des autres, hors la musique, fut le sens que l'on attacha aux objets gravés, dessinés ou peints.

Jusqu'à l'écriture, le dessin et la gravure ainsi que la peinture ne représentaient que le sujet en soi; mais un état plus avancé de sociabilité montra l'utilité d'attribuer un symbole à cette représentation. Dès lors le caractère de ces arts étant changé, ils devinrent de l'écriture.

C'est pour cela, que nous voyons cette dernière, dans ses débuts, être toujours symbolique.

Ce sont des hiéroglyphes figurant les événements à transmettre ou les nouvelles à communiquer.

C'est ainsi que les Mexicains des côtes, pour aviser Montézuma de l'arrivée des Espagnols, ne trouvèrent rien de mieux que de lui envoyer une toile sur laquelle se trouvait dessiné ce qu'ils avaient vu.

Les Indiens, pour informer les autres tribus d'un événement susceptible de les intéresser, le dessinent sur l'écorce d'un arbre. Et tous indistinctement comprennent la signification de ces dessins.

Les Peaux-Rouges se servent, pour les tracer, de

graisse d'ours à laquelle on mélange de la poussière de charbon.

L'emploi des hiéroglyphes fut d'abord général, et l'usage en a été constaté chez les Phéniciens, les Ethiopiens, les Etrusques, chez les sauvages de l'Afrique et de l'Amérique, chez les Egyptiens et les Chinois.

Néanmoins, avant l'avènement de Fou-III, 2950 ans avant J.-C., ces derniers se servaient de cordelettes chargées d'un certain nombre de nœuds, qui, par leurs distances et leurs divers assemblages, rappelaient les idées dont ils voulaient conserver le souvenir et leur servaient encore à communiquer leurs pensées (Martini).

Les Péruviens ne retraçaient les événements qu'au moyen du Quippu ou Quipou : corde à frange de fils de différentes couleurs, de deux pieds de long. Ces fils portaient des nœuds; ces nœuds servaient de chiffres.

Les différentes couleurs des fils avaient également une signification.

Les nègres de l'Afrique se servaient encore des mêmes moyens au siècle dernier.

Goguet, à qui nous empruntons ces divers renseignements, nous indique l'usage existant en Albanie et en Sibérie de faire des entailles diverses sur des morceaux de bois, pour passer les actes et les contrats. Usage que plusieurs d'entre nous ont pu remarquer dans divers villages, il n'y pas encore bien longtemps, où le fournisseur fait des entailles sur une baguette pour établir le compte du client.

Ce qui est à remarquer c'est que, d'une manière générale, l'humanité primitive se sert des mêmes procédés.

A quelque degré que nous la prenions, il y a toujours chez elle une identité dans les moyens au but; ce qui indique une unité psychique, une idée de logique commune au genre humain.

L'écriture a été le troisième degré du progrès dans l'art de perpétuer un souvenir.

Le premier fut la tradition ; le second les monolithes ou monticules ou simplement un morceau de bois planté pour rappeler un fait important, ou encore les cordes à nœuds et les bois entaillés; le troisième le dessin symbolique.

Comme tous les arts en général, l'art scripturaire n'eut à l'origine ni règle, ni style.

Il fallut une succession d'efforts ininterrompus pour donner à l'idée, dans son infinie variété, la possibilité de se formuler sous cette forme.

Les premiers hiéroglyphes furent compliqués, par la suite on les abrégea. Par exemple eût-on à représenter un foulon : après avoir dessiné un homme complet dans l'action de fouler on se contenta de deux pieds dans l'eau; et si c'était le feu qu'on désirât décrire, on le fit d'abord par un bûcher en flammes, tandis qu'ensuite ce ne le fut plus que par une fumée qui s'élevait.

Tout en étant d'une manière générale idéo-iconographique, l'écriture variait selon le parler des peu ples; et nous croyons que les causes qui différencièrent le langage, par celui-ci, produisirent les mêmes effets dans l'art d'écrire.

L'influence de la cité dans les progrès artistiques est prédominante, son rôle y est suprême.

C'est grâce à ce groupement social que les rapports entre les hommes se multiplièrent, qu'il se fit des échanges continuels et de fréquentes opérations commerciales. Dès lors le besoin de laisser des traces de ces diverses transactions entraîna celui d'écrire beaucoup.

Mais comme l'écriture iconographique exigeait un temps assez long pour l'établissement des actes et leur transcription, il devint indispensable d'en abréger les moyens et pour cela s'imposa l'adoption d'une écriture phonétique.

Cette simplification dut s'établir par convention, dans un groupe, avant que l'usage s'en répandît plus au loin.

On écrivit d'abord de droite à gauche, comme chez les Chaldéens, les Assyriens et les Egyptiens, de même chez les Hébreux, les Phéniciens et les Syriens, ainsi que chez les Arabes.

D'après certains auteurs ce seraient les Samaritains qui auraient, à une certaine époque, transmis aux Phéniciens, pour de là passer aux Grecs et aux Latins, l'usage contraire, celui, adopté actuellement par toutes les nations civilisées, d'écrire de gauche à droite; usage qui en augmenta notablement la rapidité d'exécution.

Les mots écrits n'étaient autres qu'une figuration conventionnelle des mots parlés. Parmi ceux-ci l'emploi abusif d'une lettre ou d'un son devait passer inaperçu à l'oreille, il ne dut plus en être de même quand ce son fut figuré par un signe présentant à l'œil un arrangement, où tout ce qui était superflu fut mis en évidence.

Tout progrès matériel consistant, pour un résultat à obtenir, d'y atteindre avec une dépense moindre de force, fit qu'on simplifia l'alphabet, qu'on lui fixa un minimum de lettres pour échanger un maximum d'idées. Ce qui rendit le mot plus précis et la phrase plus claire.

L'écriture phonétique exerça une heureuse influence sur le langage, car la lecture qu'on en fit rendit le parler plus euphonique, l'éleva peu à peu jusqu'à son niveau ; et par la suite le parler et l'écrit s'influencèrent réciproquement.

On écrivit d'abord sur des feuilles de papyrus, sur la peau d'animaux, l'écorce intérieure de certains arbres, la toile ; ainsi que sur des tablettes de bois enduites de cire, sur des lames de métal et sur la pierre comme en Babylonie.

On employait des liquides colorés pour tracer les caractères en se servant d'un pinceau en Chine, de roseaux taillés en Grèce, de stylets de fer à Rome, avant d'avoir les plumes d'oie ou de métal des temps modernes.

Grâce à l'art de l'écriture qui porta au loin la

pensée, l'esprit humain put se former, les mœurs s'adoucir et l'homme devenir plus sociable.

ORIGINE DE L'ARCHITECTURE

Les peuples sauvages, aux besoins restreints, se contentent d'habitations trop rudimentaires pour exiger le moindre art.

Dans les monuments mémoriaux qu'ils élevaient, il n'y en avait pas davantage. C'étaient des autels : deux pierres plantées et une troisième à plat par dessus, ou bien des monceaux de pierres, la plantation d'un bois, etc.

En Phénicie des pierres brutes et des poteaux furent les premiers monuments commémoratifs; et au dire de la Bible, les anciens habitants du nord conservaient le souvenir des faits extraordinaires en posant des pierres en certains lieux.

Nous avons donné autre part une description suffisamment détaillée de l'habitat des cavernes, des palafittes et des campements pour qu'il soit utile d'y revenir.

Ces trois modes d'habitation nous indiquent l'ordre du développement de l'art architectural, avant l'établissement définitif de la cité.

C'est dans celle-ci que l'architecture, au sens propre du mot, prit naissance.

Les sauvages n'ayant d'autres instincts que la reproduction et la conservation de l'espèce, d'autres connaissances que de vagues aspirations, n'éprouvaient que d'une façon très limitée et intermittente le besoin d'épargner et pas du tout celui d'amasser. De sorte que tout en ayant l'instinct du nécessaire ils n'avaient pas celui du superflu.

Leur vie nomade, leur existence du plein air, loin de les inciter à posséder d'intérieurs confortables tendaient au contraire à les en détourner.

Il fallut la cité pour habituer l'humanité à un habitat fixe. Ce qui lui donna le goût de demeures plus spacieuses, l'amena à élever des édifices publics appropriés aux diverses institutions qu'elle fondait.

Les inégalités se produisant dans les fortunes éveillèrent le désir de paraître.

On n'amassa plus dans un sentiment de sage prévoyance, mais surtout dans le but de satisfaire ses penchants.

Les riches voulurent tirer vanité de tous les avantages que l'argent procure. Ils recherchèrent non seulement par les honneurs, mais encore par des habitations vastes à se distinguer des moins fortunés.

C'est ainsi qu'à côté des édifices publics, s'élevèrent d'importantes demeures particulières.

La division du travail, en créant la corporation et la profession, créa également celle d'architecte. Cette profession se perfectionna par l'exercice de son art, donna des proportions élégantes aux constructions, en distribua savamment toutes les parties, les décora avec goût : ce fut l'architecture.

***

Les premières habitations de la cité furent des huttes, faites de boue et de paille comme chez les Abyssins.

On ne vit jamais dans la cité proprement dite, ces constructions dont parlent Strabon et Diodore de Sicile, en usage en Asie, sur les rivages nord-ouest de l'Inde et autour du golfe Arabique; constructions faites des ossements de baleine que la mer jette à la côte : les poutres et les piliers sont faits des côtes; et l'ouverture, des mâchoires.

Les vertèbres étaient par les habitants utilisés à l'usage de mortiers.

Les demeures construites en bois et torchis de certaines villes d'Afrique et de bien des villes en Turquie, en Perse et généralement en Orient, nous indiquent, rassemblées, ce que devaient être les premières cités.

Les premières maisons des Egyptiens et des peuples de la Palestine étaient de roseaux et de cannes entrelacés. Bien de demeures au Pérou n'étaient pas autrement construites; et au Monomotapa elles sont en bois.

En Islande les maisons sont construites avec des morceaux de roc ou de pierres liés avec de la boue et de la mousse. Elles sont couvertes de gazon.

Beaucoup de maisons, dans le centre de la France, ne sont construites qu'en terre grasse et un grand nombre n'ont que du chaume pour toiture.

Les premières habitations des Grecs n'étaient également que d'argile.

Vitruve nous dit qu'il est aussi possible que les premières maisons furent de troncs d'arbres, élevés les uns sur les autres et rangés en carré.

On devait abattre les arbres par le moyen du feu, en les minant avec des tisons entretenus enflammés et rapprochés du pied. Pour sectionner le tronc on plaçait des tisons de distance en distance, ainsi que cela se pratique encore chez les sauvages.

L'homme ne construisit donc son habitation qu'avec les matériaux bruts qu'il eut à sa portée ; ce ne fut que lorsqu'il eut découvert l'art de la poterie que l'idée lui vint de faire des briques pour construire, et des tuiles pour la couverture.

L'extraction de la pierre, son emploi ainsi que celui des autres matériaux ne vinrent que bien après.

La taille de cette pierre se faisait avec du silex, ainsi que les Aztèques et les Incas la font avec des cailloux noirs. Comme ces derniers, ils devaient, pour polir les pierres, les frotter les unes contre les autres ; et ils les voituraient sans se servir de charrettes, de traîneaux ni de bêtes de somme, mais à force de bras. Ils ne se servaient non plus ni d'échafaud, ni de grue, ni d'aucune autre machine.

Néanmoins, dans la plupart des pays, l'art de construire ne put faire de sérieux progrès, qu'en tant que l'art mécanique facilita l'élévation des fardeaux et le transport des gros blocs.

Ce fut en effet l'emploi de la pierre qui donna à l'art architectural les moyens de révéler sa grandeur.

C'est pourquoi le fer et le bois, pour si ingénieusement employés qu'ils soient, n'éveilleront jamais qu'une idée d'habileté; tandis que la pierre évoque un sentiment d'art et donne une impression du grandiose.

Aussi le moindre clocher ajouré, laisse en notre âme un plus durable souvenir que la plus grande des tours métalliques.

La beauté architecturale consiste en une association de l'idée de durée à l'élégance des formes, formes appropriées à un genre de construction.

Cette idée de durée et cette élégance constituent la difficulté vaincue dans l'emploi de la pierre, et donnent à l'œuvre son caractère de grandeur et de noblesse par *l'imaginer* que nous en avons.

L'imagination joue un grand rôle dans l'impression que nous fait le beau. Ainsi si les pyramides d'Egypte étaient en métal, ou le Parthénon d'Athènes en bois, ou N.-D. de Paris en pisé, il est probable que la contemplation de ces œuvres nous laisserait plus indifférents qu'elle ne le fait.

La colossale proportion des premières et la pureté des lignes des autres seraient insuffisantes pour nous émouvoir, s'il ne s'y ajoutait les souvenirs que ces monuments évoquent.

De sorte que toute beauté est autant subjective qu'objective, c'est-à-dire autant par l'opinion qu'on s'en fait que par ce qu'elle est, autant en idée qu'en réalité.

GROTTES SÉPULCRALES

Nos origines de l'architecture seraient incomplètes, si nous ne parlions des grottes sépulcrales qui, par leur genre de construction, participent également de l'art architectural.

Ces grottes remontent à la plus haute antiquité, à l'âge de pierre.

Les premières furent naturelles, mais ensuite elles furent artificielles. Elles servaient à y placer les os desséchés à l'air.

Les grottes artificielles étaient composées d'un trou d'aération, de cloisons verticales avec, comme bas-reliefs, des sculptures.

Une avenue y conduisait ; mais avant d'entrer dans l'ossuaire on était obligé de traverser une anti-grotte.

Ces travaux dénotent que leurs auteurs avaient une profonde connaissance de l'art de construire, par la science qu'ils possédaient des forces des matériaux employés. On ne peut en effet, admettre que ce soit le hasard qui a permis à ces constructions de traverser les crises géologiques, pour se présenter presque intactes à notre insatiable curiosité.

Beaucoup de ces tombeaux étaient surmontés de monuments qu'on a cru, bien longtemps, avoir servi à des sacrifices.

Ce sont les dolmens, allées couvertes, pierres levées

ou plantées, maisons de fées ou de lutins, tombe de géants, palets du Diable, de Gargantua ou de Roland, cabanes de César, et enfin les barrows, les galgals et les menhirs, ainsi que les cromlechs, lichavens, roulers et tumuli qui servaient à ces décorations.

Les cryptes sépulcrales mégalithiques, nous dit Cartaillac, se voient aux Indes, chez les Khasias, dans le coude du Brahmapoutre : ce sont des pierres verticales et sur le devant un banc horizontal.

A Madagascar, chez les Vazimbas ; en Afrique ; en Crimée, en Danemark, en Suède, à Guernesey, à Sartène, en Angleterre, dans toute l'Europe l'usage de ces cryptes était connu.

Dans le Pérou il se trouve aussi des monuments ayant une certaine analogie avec les cryptes mégalithiques.

Selon Alexandre Bertrand, la distribution géographique des monuments funéraires serait la preuve d'une pensée religieuse maîtresse et d'une origine commune.

ORIGINE DES ARTS ET DES RITES FUNÉRAIRES

Les grottes sépulcrales nous entraînent à parler des arts et des rites funéraires.

Les arts funéraires paraissent également avoir une origine commune : la croyance en une survivance ou résurrection, après la mort.

C'est pour cela que les grottes funéraires sont une

répétition de la demeure des vivants, et que le mobilier funéraire se compose des objets que le mort avait l'habitude de se servir quand il vivait.

C'est ainsi que l'on trouve des pointes de flèches de silex posées à côté du mort, de même des perles de cuivre, des perles de pierre qui lui servaient comme ornements, des colliers de coquillages, de dents, jusqu'aux objets d'importation qui constituaient son luxe : les vases caliciformes et la Callaïde en Gaule.

Les nègres mettent des flèches sur le tombeau des hommes, et des mortiers avec leurs pilons sur ceux des femmes ; indiquant ainsi les sexes par leurs fonctions à l'état de vie.

Dans nos régions on incinérait les corps, on en rassemblait les produits mêlés aux charbons incandescents et le tout était ensuite jeté dans les fosses funéraires. Celles-ci contenaient plusieurs corps.

Mais dans les cryptes mégalithiques, les corps ont la position qu'ils avaient au repos.

Une coutume assez étrange consistait à perforer les crânes. On a en effet découvert des crânes à perforations posthumes dans les tombes, et dans les palafittes au pied du pilotis.

Les opinions diffèrent sur le but de ces trépanations.

Les Drs Gross et Virchow croient que c'était pour s'en faire des coupes ; Broca, pour se faire des amulettes que l'on établissait en rondelles ; d'autres supposent que le but était d'enlever la matière cérébrale pour éviter la putréfaction du crâne.

La coutume de dessécher les corps avant l'inhumation, tendrait à nous faire admettre cette dernière opinion : que l'on pouvait fort bien pousser les précautions antiputrides jusqu'à vider les crânes.

Par un sentiment de coquetterie, le squelette, paré de divers ornements, était recouvert ou plutôt saupoudré de parcelles brillantes de fer oligiste, qui lui communiquait une coloration rouge foncé.

L'usage des populations primitives, au lieu de placer dans les cavernes les ossements de leurs morts, consistait à les laisser au grand air sur un rocher ou suspendus dans les arbres. Ce ne fut guère que vers l'époque mésolithique, celle de la pierre taillée, que l'inhumation des ossements devint d'un usage fréquent.

Dans le Thibet il existe plusieurs modes de sépulture. Elle se fait soit par combustion, soit par immersion dans les fleuves et les lacs. Quelquefois on expose les cadavres sur le sommet d'une montagne; mais si le mort était, de son vivant, un homme de grand talent et de beaucoup de mérite, on lui réservait la plus flatteuse de toutes les inhumations, celle d'être coupé en morceaux qu'on donne à manger aux chiens.

Les riches Thibétains sont dévorés par les chiens sacrés, nourris *ad hoc* dans les lamaseries; tandis que les pauvres le sont par des chiens vulgaires des faubourgs.

Les vautours remplissent l'office des chiens chez

les Parsis, à Bombay, qui portent leurs morts dans des tours, dites Tours du Silence.

En Sibérie, les anciens Euleuths attachaient les morts aux arbres, pour les faire dévorer par les corbeaux, avant d'en conserver soigneusement les os.

La coutume de décharner les cadavres remonte à la plus haute antiquité. Elle paraît avoir existé dans les temps préhistoriques. D'après les découvertes effectuées dans les Baoussés-Roussés, près Menton, il résulterait, en effet, que les corps humains, de même race, installés de la même manière, avaient été décharnés avant d'être l'objet des derniers soins funéraires.

Malgré l'incertitude de savoir si ces squelettes. appartiennent à l'époque néolithique, on est cependant convaincu qu'ils remontent à la préhistoire.

En France ce fut une prérogative royale d'être décharné après la mort. Les « hanouards » porteurs de sel, possédaient le privilège de saler et de faire bouillir les rois de France. C'est ainsi que Louis le Débonnaire, Charles le Chauve, saint Louis, Philippe le Hardi et sa femme Isabelle d'Aragon, furent traités. On enterrait séparément les chairs et les squelettes, nous apprend Legrand d'Aussy dans ses « Sépultures des rois de France. »

Plusieurs causes peuvent être attribuées à ces bizarres coutumes. La première, d'éloigner des dépouilles mortelles et des habitats les fauves, entr'autres l'hyæna spelœa, que l'odeur des chairs putréfiées aurait attirés immanquablement ; la seconde, pour raison d'hygiène ; la troisième, de permettre aux fosses funéraires de contenir un plus grand nombre de corps.

Celle des rois de France ne paraît être dûe qu'à un sentiment de dignité, qui voulut que le squelette royal fût à l'abri de la souillure des chairs corrompues.

*
* *

ORIGINE DE LA POÉSIE

La tradition ayant été la première employée à la transmission des souvenirs et le moyen le plus usité étant de composer d'odes, la poésie aurait peut-être dû trouver sa place avant l'écriture.

La crainte de rompre l'enchaînement des arts nous a fait réserver pour maintenant l'occasion de dire quelques mots sur ce sujet.

L'usage de la poésie pour transmettre les faits fut employé, d'après Goguet, chez les Egyptiens, dans la Phénicie et dans l'Arabie, par les Mexicains et les Péruviens, en Grèce et dans les Gaules.

On retrouve la chanson historique jusque chez les peuples les plus sauvages et les plus barbares.

Son rôle a été de maintenir vivace ou d'éveiller un sentiment de solidarité parmi les individus d'un même agrégat social. Elle fut une espèce de ciment qui retint dans une pensée commune les cerveaux frustes d'un groupe.

L'histoire naît de la collectivité, car il ne saurait

exister une forme collective sans l'existence des faits préalables.

Les anciens habitants du nord du Brésil, de même que ceux de l'Islande, du Groenland, de Saint-Domingue, de la Virginie et du Canada, avaient consigné dans des poëmes que les pères expliquaient aux enfants, les événements dont ils avaient cru devoir conserver le souvenir.

Les hymnes, composés à la louange des dieux, constituèrent la poésie sacrée, également seule employée à la propagation des mythes religieux. On les chantait dans des assemblées pour célébrer les bienfaits ou pour implorer la clémence des divinités.

Mais lorsque furent survenus des faits assez importants pour frapper l'imagination d'un poète, qui fut en même temps un historien, l'épopée prit sa place dans l'art poétique.

Celle-ci fut la poésie de l'âge héroïque. Celui où la guerre est considérée comme étant la plus noble et la principale des occupations de l'homme.

Elle traitait des faits spéciaux à un groupe. Aussi a-t-elle toujours pour caractère d'être nationale et parfois religieuse en même temps qu'héroïque.

Son origine se trouve dans un fait légendaire existant déjà dans l'esprit d'un peuple, qu'un inspiré va colporter de tribu en tribu, de clan en clan, de château en château.

Cet inspiré est un aède en Grèce, un ménestrel dans la Grande-Bretagne, un skalde en Scandinavie, un barde dans la Gaule druidique, un troubadour en langue d'oc et un trouvère en langue d'oïl.

Les bardits, les cantilènes, les chansons de gestes, furent les poésies primitives qui eurent pour source commune d'inspiration, des hauts faits de guerre à raconter.

*
* *

LA MÉTALLURGIE

Notre but n'étant pas d'étudier chaque genre dans ses embranchements mais de le faire d'une manière générale, nous nous en tiendrons là pour les arts.

Cependant nous ne pouvons terminer les origines de ceux-ci sans parler de la métallurgie.

A l'exception de la musique, les beaux-arts furent d'abord industriels avant d'être purement esthétiques.

Nous avons vu que l'art de construire nous a fait parler de divers matériaux, la sculpture de la poterie, le dessin et l'écriture des outils et matières diverses employés dans leur exécution ; c'est pour ces divers motifs que nous n'avons pas cru utile de consacrer un chapitre spécial aux arts industriels.

Malgré cela la métallurgie a joué un rôle si important dans la marche des progrès, que nous croyons nécessaire, quoiqu'il en ait été question dans divers chapitres, de revenir sur elle.

Les auteurs s'accordent tous pour en attribuer l'origine aux peuples agriculteurs.

Il fut en effet indispensable d'avoir des instruments en métal pour pouvoir se livrer aux travaux agricoles, car la pierre, ne pouvant se prêter aux dimensions de ces instruments, ne put être employée à cet usage.

Pline accorde aux Gaulois l'invention de la charrue à roues.

La métallurgie fut introduite en Occident par la Chaldée et la Phrygie.

Selon Bataillard, ce seraient les Syginnes, se disant descendants des Mèdes, ancêtres des Tziganes actuels, qui auraient peut-être apporté le bronze en Occident.

Les Grecs connaissaient le fer 1400 ans avant notre ère ; on fabriquait des armes à Athènes dès le v⁰ siècle.

Numa fonda à Rome les premiers collèges d'*Œrarii* où l'on ne fabriquait que le bronze, nous dit A. Bertrand.

Le bronze servait chez les Massagètes, habitants du Caucase, pour les piques, les pointes de flèches, les haches ; tandis que l'or ornait les casques et les baudriers.

Ce dernier métal, l'argent et le cuivre, se montrant purs à l'état natif, durent s'introduire les premiers dans les usages : leur éclat assez vif devait les faire remarquer facilement.

L'argent fut très commun en Gaule avant la conquête de Jules César. Les chefs arvernes étaient montés sur des chars en argent massif ; aussi quand César eut envoyé à Rome les dépouilles des Gaulois, il s'y produisit une grande baisse dans la valeur de ce métal.

« Les anciens opéraient l'épuration des minerais aurifères en les mettant dans des pots de terre, mêlés à du plomb, des grains de sel, un peu d'étain et de la farine d'orge. Le tout versé dans des vases couverts et lutés exactement, était tenu 5 jours et 5 nuits consécutives dans un feu de fonte. Quand les vaisseaux étaient refroidis on les délutait et on y trouvait l'or épuré avec très peu de déchet. »

En Gaule l'âge de bronze paraît avoir été de courte durée, il fut suivi très rapidement par l'âge de fer.

D'après A. Bertrand, les métaux y auraient fait leur apparition dans la période de la pierre polie, en plein développement de la civilisation dolmenique.

CHAPITRE XIX

Evolution politique et sociale.

DE L'ORIGINE DES PEUPLES ET DE CELLE DE LEURS GOUVERNEMENTS

Une lacune existerait dans nos interprétations, si nous terminions sans rien dire de l'origine des nations et de celle de leurs gouvernements.

L'attention que vous avez bien voulu nous prêter jusqu'ici, voudra bien encore se continuer au peu qui nous reste à explorer.

L'individu, d'abord errant sans lien ni appui, ne put ensuite évoluer socialement, qu'après avoir été rendu plus sociable par le groupe familial.

De la famille sortit le premier noyau d'intérêts communs, qui alla, dans le temps et l'espace, s'élargissant, augmentant, pour former ce qu'on appelle une nation.

Nous avons vu qu'il existe une période dans l'évolution de l'humanité, où la parenté n'existe pas, où les enfants ignorent leurs géniteurs comme ceux-ci leurs génitures.

C'est celle de ce groupement vague, formé par les circonstances qui eut à la longue la brutalité pour unique loi : groupement que nous appelons la horde.

Dans cette période, la femme, considérée comme une bête de somme ou de plaisir selon les besoins du mâle, se trouvait dans un tel état de misère, qu'en elle l'instinct maternel devait tressaillir à peine.

La horde ne fut jamais une association mais une réunion d'êtres indisciplinés, ayant une cérébralité intermédiaire entre celle de l'homme, enfant libre de la nature, et celle de l'homme façonné par la famille et la tribu.

Mais de même qu'une goutte d'eau tombant indéfiniment au même endroit pénètre le roc le plus dur, les événements divers s'abattant sur les humains sans peu de trêve ni de merci, joints aux phénomènes physiques dont ils étaient témoins secouèrent leur mentalité en éveillant leur conscience.

Ce fut par infiltration lente que s'introduisit en l'homme le sentiment du devoir.

Le temps que dura cette période de basse barbarie, où les biceps et la ruse étaient seuls roi et reine, dut comprendre de nombreux siècles.

Il fallut pour donner au caractère de l'homme plus de douceur, que son cœur s'ouvrît aux titres qu'avait sa compagne à son affection.

Mais de l'époque où il fut pénétré des beautés morales de la femme, date l'aurore de la sociabilité humaine.

Cet amour n'existe que très rarement dans les civilisations primitives ; on constate chez celles-ci un grand mépris de la femme bien qu'elle soit seule, par son dévouement et son industrie, à remplir un rôle utile.

C'est ainsi que les Bihils, les Koukis, les indigènes du Loango et de la Côte-d'Or, en Afrique, mourraient tous de faim si la femme, par son intelligence et son travail ne suppléait à tout.

Le mâle dut se dépouiller de sa rudesse, quand il eut la perception des mérites de celle qui partageait son destin. Et sous le choc de cette impression le mâle devint un homme émotionnel : il aima la femme et l'estima.

Ce n'est que la servitude séculaire où elle a été maintenue, qui lui a donné une cérébralité inférieure à celle de l'homme.

Parmi les sauvages, son intelligence est toujours égale, sinon supérieure à celle de lui.

Aussi le jour où l'homme abandonnant la force s'inclina devant la grâce, en lui reconnaissant des droits, s'annonça une génération de types supérieurs.

*
* *

Dans la partie qui traite de l'origine des groupements humains, nous avons indiqué les causes qui firent évoluer l'homme vers la famille et celle-ci vers la tribu et la cité.

C'est cette dernière étape qui nous servira de point de départ, pour l'évolution politique que nous allons essayer d'esquisser.

L'individu étudié au point de vue génétique ou

génératif n'est qu'une simple opération, ou plutôt le produit d'une simple opération arithmétique et encore de la plus élémentaire : une addition.

Tout se résume en lui en une totalisation des diverses propriétés d'ascendants ayant collaboré à son individuation, depuis l'origine des êtres.

Dans tout descendant se trouvant des éléments du générateur, il s'ensuit que tout homme porte en soi, accumulées, les aptitudes des millions de générations qui se sont succédés depuis des millions de siècles.

L'homme qui est bon sent cette parentée lointaine avec tous les êtres de son espèce, et en lui se développe le plus noble en même temps que le plus naturel des sentiments : l'altruisme.

Toute passion n'est qu'une intégration d'affections homogènes de degré inférieur.

C'est ainsi qu'à mesure que l'altruisme croît en intensité il absorbe tout ce qui, de même ordre, est moindre.

Les sacrifices de Jephté, d'Agamemnon et de Brutus sont des effets d'une exaltation d'altruisme patriotique ayant absorbé le sentiment familial.

De même chez Jésus et Cakya-Mouni, l'amour de l'humanité a fait disparaître non seulement celui de la famille mais encore celui de la patrie.

L'altruisme ne peut tourner qu'au profit de l'espèce, aussi est-il de tous les sentiments celui qui participe de ce qu'il y a en nous de meilleur.

Tout ce qui tend à l'utile est intelligent, c'est pour cela qu'il n'y a que les natures supérieures qui puissent s'élever jusqu'à la hauteur du sacrifice d'un Christ.

Au début des civilisations, les passions violentes n'étant éclairées que par une intellectualité faible et ne comprenant pas la fécondité de l'esprit de sacrifice, ne tournèrent qu'au profit du moi contre le nous.

C'est ainsi que les sauvages, tout en ayant un amour effréné de la liberté, sont les uns à l'égard des autres, les plus esclaves des hommes.

L'amour de l'indépendance porté à un certain degré n'est autre qu'un instinct de domination.

Un égoïsme en exacerbation, mal entendu, faisant le fond de cet instinct, produit le plus honteux des despostimes : celui de la force brutale.

C'est pour cela que les Mantras de la presqu'île de Malacca, les peuplades indigènes de l'intérieur de Bornéo, et les Boschimans ainsi que les Indiens du Brésil et les Caraïbes qui ont, au dire des explorateurs, un appétit d'indépendance au-delà de toute expression, ne sont en définitive pas plus libres que les Kamtschadales qui méprisent, selon Grière, ceux qui les traitent avec douceur et respectent ceux qui les brutalisent — ou encore les Damaras, au dire de Galton, qui n'ont d'autres sentiments que l'admiration de la crainte.

C'est que l'anarchie et la servilité découlant d'une même source — un développement intellectuel imparfait — conduisent au même résultat.

Les progrès sociaux ne sauraient se développer

dans de semblables milieux : le premier empêche toute organisation ; le second n'a pas assez de sens critique pour améliorer.

Il devint donc nécessaire qu'un nouveau facteur s'ajoutât à ceux existant pour déterminer un perfectionnement.

Et chose qui peut paraître invraisemblable si l'on n'y réfléchit sérieusement, c'est la notion de propriété individuelle qui fut ce facteur, en montrant à l'anarchisme des uns, l'utilité d'une organisation ; et au servilisme des autres, l'existence d'un droit naturel.

Cette notion dut s'introduire dans la cité alors que l'habitat fut stable.

L'insécurité de l'Avoir empêche l'idée de prévoyance de germer parmi les peuples nomades. Et ces peuples eurent à l'origine une existence si malheureuse, que la pensée d'accumuler les produits des efforts n'entra que dans le cerveau de quelques rares exceptions.

Tandis que la cité, en faisant disparaître chez l'individu l'appréhension de son isolement, lui donna une confiance dans le lendemain, lui permit, avec le développement des arts industriels, d'espérer en conserver les produits.

La cité dut également, dans une certaine mesure, protéger l'agriculture, tout au moins dans sa périphérie.

L'instinct de la propriété individuelle varia selon les natures. Chez certains individus il fut très vif et par cela même poussé très loin, sans nulle considération des moyens à employer ; chez d'autres, de conscience plus délicate, les scrupules tempérèrent ce désir et l'empêchèrent de prendre des proportions anormales ; enfin il y en eut qui ne ressentirent que très faiblement cette appétence.

Indépendamment d'autres causes, il s'établit à la suite de ces différences des inégalitésdans les fortunes. Il se forma alors une classe de riches qui introduisit dans les mœurs l'amour du luxe et du plaisir.

Si la simplicicité eut fait la base de la vie — peut-être que l'instinct d'acquisitivité ne s'étant pas transformé en passion il n'y aurait pas eu de grandes fortunes — les individus qui étaient dépourvus des richesses n'auraient pas porté une grande envie à ceux qui en possédaient beaucoup.

Mais le besoin de paraître, l'ostentation, la vanité des riches alors que dans la cité on connaissait les sources de ces fortunes, exaspérèrent les passions de la classe pauvre contre eux, au point de leur faire courir certains risques.

Pour conjurer le péril et contenir les haines, les gens fortunés s'unirent, prirent des mercenaires ou des gens de la cité à leur solde, instituant ainsi une force qui devint le soutien d'une oligarchie.

L'orgueil que cette classe éprouva du fait de pouvoir se faire protéger, dut la rendre plus impitoyable plus autoritaire et l'incita à s'emparer de la direction des destinées de la cité.

***

LA CITÉ ET LE GOUVERNEMENT OLIGARCHIQUE

Nous ne voulons pas inférer de ce qui vient d'être dit, que les oligarchies eurent toutes indistinctement l'inégalité des fortunes pour cause. Non, car il y en eut d'ordre religieux et militaire. Mais il en dut être ainsi pour les cités commerçantes.

Ce qui est certain, c'est que la première organisation politique qui s'esquissa dans le groupement citadin fut oligarchique.

Cette conviction est non seulement confirmée par les gouvernements primordiaux des antiques cités de Jérusalem, de Carthage, Sparte, Athènes et Rome, lesquels, malgré leur aristocratie, leur démocratie ou leurs rois, furent avans tout oligarchiques ; mais elle est conforme à la nature de notre espèce. Nature qui veut que plusieurs individus ne puissent vivre côte côte sans qu'il s'établisse entre eux un courant d'influences.

Dans un milieu barbare, comme celui dont il est question pour les origines, où les forces morales sont encore faibles, ce courant se change invariablablement en une domination au profit des plus rusés.

Le besoin de dominer fut si intense que tout groupe, et même tout individu, se croyant doué d'assez de force pour supplanter l'autorité établie, devait tenter de le faire.

Ce n'est que par l'expérience que la conscience de

l'homme s'éclaire; et il n'appartient qu'à une conscience éclairée de sacrifier son ambition au bien général. Toutes choses qui faisaient nécessairement défaut dans le principe.

C'est pour cela que les cités ont toutes des commencements traversés par une longue période de troubles.

La passion du pouvoir, impérieuse comme toutes les passions et plus peut-être que celle des richesses, suscita entre les familles riches des rivalités qui se transformèrent en animosités.

Alors chacune d'elles, par dons ou promesses, s'attacha un groupe de citoyens, de clients; et il y eut bientôt dans la cité autant de factions que de familles puissantes.

L'ère des coups de force, des surprises, des inimitiés et des haines féroces étant ouverte, les factions eurent à leur tour une tendance à se grouper autour de celles qui inspiraient le plus de confiance.

Cette sélection fut suivie d'autres qui concentrèrent de plus en plus ces rivalités, jusqu'à ce qu'il ne se trouva plus que deux factions en présence.

Il arriva un moment — la cité étant épuisée et les hommes devenus plus indifférents — où de la famille la plus ambitieuse surgit l'homme le plus audacieux qui plaça tout sous son unique autorité.

*
* *

LE PEUPLE ET LE GOUVERNEMENT MONARCHIQUE
FÉODALITÉ

Pendant la période du gouvernement oligarchique, l'intérêt de la faction dominatrice consista à diriger et à faire tourner à son profit — en y mettant même un frein si cela lui paraissait utile — les inimitiés entre particuliers.

Et quand une monarchie succéda à ce gouvernement, elle dut opérer de même à l'égard des factions.

De sorte que que la haine, prenant un caractère d'objectivité collective dut perdre de son objectivité individuelle et fut par là moins âpre, devint presque abstraite.

Dans une oligarchie religieuse, la cause qui l'aurait fait évoluer vers la monarchie se trouverait, croyons nous, dans une crainte de perdre le pouvoir; laquelle l'aurait poussée à reporter ce pouvoir sur une seule tête, espérant par là ou le fortifier ou continuer à en retirer des bénéfices.

Tandis que dans une oligarchie militaire, ç'aurait été l'obligation pour cette caste de nommer un chef pour la diriger dans les combats, lequel, ayant été heureux, en aurait profité pour conserver le pouvoir qu'une élection lui avait confié.

Mais quelles que soient les causes qui amenèrent à investir du gouvernement un homme seul, il nous paraît certain que la forme monarchique fut la seconde appelée à diriger les destinées d'un peuple. Elle constitue le deuxième degré de l'évolution politique.

Il ne serait pas en effet compréhensible que les hommes réunis en société, eussent accepté et se fussent soumis sans transition à l'autorité d'un seul ; tandis qu'il est on ne peut plus rationnel d'admettre qu'ils y furent amenés graduellement, en passant par la discipline oligarchique.

Pendant que s'accomplissaient ces révolutions politiques, la population de la cité, devenant plus nombreuse et les conditions économiques plus difficiles, il se produisit des exodes. Des colonies se fondèrent autour de la cité et ensuite bien au delà.

Si les causes de guerre offensive sont plus rares pour un petit pays, pour une cité par exemple, il n'en est plus de même si cette cité devient importante, si elle rayonne sur une vaste étendue.

Chaque individu habitant hors de son pays, porte en sa personne les motifs d'un *casus belli*. Et dans cette période de barbarie où le respect de la personnalité humaine n'existait pas, il devait survenir fréquemment des occasions pour déclarer ennemi, le peuple auquel appartenaient les individus qui avaient molesté des descendants de la cité.

Indépendamment de cela, l'intérêt d'un pouvoir qui n'est pas l'émanation de l'âme d'un peuple, est obligé de tenir celui-ci constamment en haleine par la peur.

Alors la guerre devient une condition de son existence, un mode de gouverner. C'est pour cela que les monarchies primitives furent toujours en guerre.

Dans les hasards des batailles, les cités s'agrandissaient, s'amoindrissaient ou disparaissaient ; mais quelqu'en fut le sort, il en résultait toujours pour le vainqueur un accroissement : soit en s'attachant les vaincus par la clémence, soit en se les incorporant de force, soit enfin en exigeant d'eux un abandon partiel de territoire.

Chacune de ces guerres victorieuses faisait s'étendre l'influence du gouvernement sur un territoire de plus en plus grand ; et ainsi le sentiment social s'élargissait, devenait régional.

Comme l'amour de l'indépendance ne saurait s'anéantir d'un seul coup, il devait très souvent surgir des révoltes dans les pays annexés.

D'un autre côté le monarque n'ayant pu s'emparer du pouvoir sans le concours des puissants, il dut leur céder une part de son autorité, aussi voit-on dans le principe tout pouvoir n'être que relatif.

Mais cette part d'autorité de certains chefs féodaux contrebalança maintes fois, par l'union de ces derniers, celle du roi, la mit même en péril.

Il se renouvela alors ce qui était arrivé à l'éclosion du gouvernement oligarchique : le monarque s'entoura d'individus dépendant exclusivement de lui et les chargea d'étouffer, par violence ou politique, la rébellion des pays annexés et la cabale des grands.

Et pour en prévenir le retour, il devint nécessaire,

pour le roi, d'empiéter sur ce qui pouvait exister
de liberté, et de substituer une autorité absolue
à l'autorité relative qu'il avait exercée jusque-là.

LE PEUPLE ET LA MONARCHIE ABSOLUE

Cette évolution de la monarchie fut on ne peut
plus heureuse pour l'agrégat. Elle comprima non
seulement les petites tyrannies locales qui se formaient de toutes parts sous le couvert de la naissance et à l'abri des prétendus services rendus au
pays ou au roi, mais encore elle extirpa celles qui devaient exister au siège même du gouvernement, car
les unes et les autres ne pouvaient que nuire à son
prestige.

Mais comme la tyrannie, odieuse dans une cité ou
un petit pays, est plus aisément supportée dans un
grand état, en ce que l'humiliation de la sertitude
paraît moindre par le grand nombre d'indivivus qui
y sont assujetis, et les guerres ayant accru et le nombre des sujets et les possessions territoriales, il en
résulta une grande facilité pour l'établissement et la
durée de ce nouveau pouvoir.

En se séparant des forces qui l'avaient porté à la
tête du gouvernement, le roi fut obligé de s'appuyer

sur une force encore plus puissante que les précédentes, qui ne put être parconséquent que morale.

C'est sur le sentiment religieux que l'autorité
absolue chercha son soutien. C'est pour cette raison
que l'on voit toujours exister une simultanéité entre
l'absolutisme politique et l'absolutisme religieux.

Mais de même que les civilisations ne sauraient se
développer ni aux pôles ni aux tropiques, la mentalité de l'homme ne pourrait s'accommoder longtemps
de la tyrannie morale, ni sa dignité d'un arbitraire
quelconque.

La caste sacerdotale pour maintenir l'individu
sous le joug du gouvernement absolu, dut inventer
un épouvantail.

L'idée d'un Dieu bienfaisant et pacifique fut remplacée par celle d'un dieu des batailles, terrible et
vengeur. Et l'homme qui s'était emparé du pouvoir,
établit sur cette croyance un droit divin à dominer
ses semblables.

Afin de donner à ce droit une puissance plus for-
midable, on créa des enfers dont on décrivit les tourments, on fit de Dieu un Moloch dévorateur.

Ce ne fut plus la crainte de la Divinité qu'on eut,
mais une terreur qu'on en éprouva: terreur salutaire
qui fut une barrière aux mauvais instincts.

Si nulle action ne saurait se produire dans l'univers physique sans réaction, dans le domaine moral
toute affirmation exagérée est suivie d'une négation.

De manière que si cette conception de Dieu fit
trembler les méchants, elle enfanta l'athéisme.

En effet, il ne serait jamais venu à l'idée d'une intelligence bien équilibrée de se soustraire à une influence consolante, qui ajoute à la somme de son bonheur sans nuire à ses besoins d'investigation.

Mais ce dieu persécuteur, bourreau de ses enfants, logique dans un milieu féroce, parut si contraire au bon sens d'intelligences plus éclairées, que certains hommes le suspectèrent d'abord pour le nier ensuite.

Et ces hommes furent malheureux, car ils ne crurent en rien et doutèrent de tout, même plus tard de Celui dont Christ annonça la toute-bonté.

La paix est ce qu'il y a de plus contraire à tout ce qui a été fondé sur l'arbitraire, conséquemment on ne peut plus dangereuse pour un gouvernement despotique.

La nature n'a établi l'autorité coercitive du père sur ses enfants, qu'autant que ceux-ci n'ont pas atteint l'âge viril.

Aussi un père qui voudrait continuer au-delà l'exercice de son pouvoir ne pourrait le faire qu'en violentant les lois naturelles, car la nature de cette autorité a évolué avec la raison chez ses descendants : de physique, elle est devenue morale.

Un pouvoir absolu n'eut sa raison d'être que parce que l'intellectualité du milieu où il exerçait son autorité était enfantine; et son intérêt consista à la maintenir en cet état, et pour ce faire il dut entreprendre de nouvelles guerres.

Le monarque dut appeler à sa cour l'élite des nouveaux peuples qu'il venait de conquérir; et une politique prévoyante lui conseilla de se l'attacher en lui accordant faveurs et bénéfices.

C'étaient des otages inconscients que le pouvoir gardait auprès de lui, intéressait à sa cause, pour se concilier et maintenir en sagesse les familles puissantes des vaincus.

Toutes les guerres ne furent pas heureuses, il y en eut de malheureuses. Une autocratie ne pouvant que difficilement durer après l'évanouissement de son prestige, elle chercha aussitôt les moyens de réparer ses défaites, et son règne ne fut plus qu'une succession d'entreprises à main armée.

Rien n'unit dans certaines circonstances les hommes comme le copartage d'une haine, d'un plaisir, d'une douleur ou d'un péril. De manière que les guerres de la monarchie absolue, auxquelles contribuaient tous les éléments de la nouvelle patrie, établirent une unité morale par la mise en commun des joies et des souffrances et par une même crainte de danger.

Communauté qui fut l'embryon de l'âme de la grande patrie.

Cette âme ne fut définitivement créée que lorsque les diverses provinces constituant l'agrégat national, eurent une claire conscience et de leur égalité devant le pouvoir central et de la solidarité qui les unissait les unes aux autres.

Cette perception ne put devenir tangible que

lorsque les secours accordés aux malheurs survenus à l'une d'entre elles, les eut toutes pénétré qu'elles pouvaient absolument compter sur la protection du bloc.

*
* *

Nous nous étendons un peu sur le régime absolu, car il joue un rôle très important dans l'évolution politique et sociale.

C'est grâce à lui, en effet, que les caractères perdent de leur rusticité, que les tempéraments s'assouplissent, que les consciences se recueillent, que la pensée mûrit, que l'homme se retrempe avant de prendre son essor vers un avenir meilleur.

Son rôle éducateur, pour discipliner et sociabiliser l'individu barbare, est on ne peut plus nécessaire.

Le roi absolu est un instrument de discipline entre les mains de l'évolution ; il est à peu près ce qu'était la férule entre les mains d'un instituteur.

C'est pour cela qu'arrivant l'époque où la raison du peuple entre en virilité, le gouvernement autocratique ne pouvant s'élever jusqu'à la hauteur de ses nouveaux devoirs, par sa constitution insuffisamment malléable, il n'est plus en harmonie avec son milieu.

Ce qui lui avait assuré une durée c'était avec la gratitude que dut lui garder le peuple de l'avoir tiré de la tyrannie des puissants, les moyens coercitifs employés et une crainte soigneusement entretenue d'un grand danger extérieur.

Mais à la longue tout s'oublie, tout s'efface, alors

que deviennent de plus en plus impérieux les besoins moraux qui font sentir la lourdeur et la honte des chaînes. Et le peuple sent malgré lui, car c'est la nature humaine qui se manifeste, sourdre en son tréfonds la nécessité de vivre d'une vie d'adulte.

Il n'appartient pas au pouvoir de l'homme d'arrêter le cours des choses. Le sage s'y résigne en tâchant de le faire tourner à son avantage moral; le fou, lutte. Mais quels que soient les moyens que l'autorité despotique emploie, les joies matérielles qu'elle accorde, l'homme sent qu'il est sur la terre pour d'autres fonctions que le boire et le manger : que son âme est autant assoiffée d'idéal que son corps affamé de nourriture; il sent également que la vie est trop noble pour qu'elle serve de jouet au caprice et à la puissance d'un autre.

Toutes ces aspirations vers un mieux, d'abord vagues, se précisent de plus en plus dans les temps.

La monarchie absolue croyant abdiquer en renonçant à ses prérogatives, ne se rendant pas compte de l'évolution mentale qui s'est faite, ignorant que le triomphe final dans l'espèce humaine appartient toujours aux forces morales positives, regimbe et est renversée : laissant la place à une monarchie constitutionnelle.

LE PEUPLE ET LA MONARCHIE CONSTITUTIONNELLE

De même que l'évolution en général, l'évolution politique et sociale ne procède pas par bond.

Elle se produit lentement par des modifications incessantes, qui s'ajoutent les unes aux autres, s'accumulent pour transformer sans qu'il s'en doute, les conditions morales d'un agrégat. Et celui-ci est tout étonné que ce qui avait plu à ses ancêtres ne lui plaise plus; de sentir en lui des convulsions, d'abord légères puis de plus en plus violentes.

L'évolution mentale est inégale parmi les individus composant un peuple. Elle varie dans ses degrés selon les facultés intellectuelles d'un chacun. Aussi tandis qu'elle est très avancée chez certains, elle est par contre très en retard chez d'autres qui s'assimilent plus lentement les idées. Mais tous, indistinctement, en subissent l'influence.

Si ceux qui sont en tête du mouvement ont la patience d'attendre ceux qui sont en arrière, l'évolution se produit naturellement sans révolution, telle une grossesse qui arrive à terme.

S'il en est différemment, c'est une révolution qui éclate.

La violence d'une révolution est en raison directe de la distance mentale qui sépare les avancés des arriérés, et également du nombre des intelligences moyennes qui relient ces deux fractions; lesquelles intelligences, sans posséder la vivacité intellectuelle des premiers, n'ont pas non plus la paresse d'assimilation des seconds, et servent ainsi de pondérateur et de stimulant à la fois.

Si cette distance est trop grande et que le nombre des moyennes soit restreint, la révolution est prématurée et les conséquences en sont désastreuses. S'il en est différemment, elle s'impose alors que le pouvoir ne veut pas se prêter de bon gré à l'évolution.

Une révolution prématurée détermine une réaction qui ramène sur le peuple un surcroît de mesures arbitraires. Et même si elle triomphe, les esprits n'étant pas assez mûrs pour qu'elle suive logiquement ses destinées, elle devient à son tour oppressive. Alors faisant reculer et écartant d'elle tous ceux qui avaient une tendance à s'en rapprocher, elle produit une régression.

Mais la révolution qui s'impose, elle est de droit naturel car elle est un faisceau des aspirations de la masse. Préparée depuis longtemps par l'élite du peuple, les esprits l'attendent; aussi est-elle bienfaisante et salutaire.

Se faisant avec un minimum de violences, elle est le coup de pouce qui achève l'accomplissement des destins.

Cette révolution rédemptrice est précédée de prodromes qui en indiquent, avec précision, l'opportunité. Ce n'est pas dans la classe des prolétaires qu'il faut chercher ces signes révélateurs ; non, ce n'est pas seulement dans celle qui n'a rien à perdre mais surtout parmi celle dont les individus risquent position et fortune.

Ce que l'individualité dit, toujours une collectivité plus ou moins nombreuse le pense; aussi rien que le fait de trouver dans les diverses classes sociales des hommes se rencontrant sur une même idée, indique que le grand nombre y communie.

Indépendamment de cela les hommes ayant une fortune ou une position à risquer, en se mêlant à un mouvement révolutionnaire, montrent par là que ce ne sont pas des appétits grossiers d'ambition et de pouvoir qui en sont les stimulants, mais un souffle plus large d'humanité.

C'est l'idée généreuse d'une somme plus grande de bonheur moral et par suite matériel pour l'espèce, qui justifie toute révolution et en est l'unique raison d'être.

*
* *

Cette digression nous a quelque peu retardé dans ce que nous voulions dire de la monarchie constitutionnelle.

D'ailleurs ce gouvernement n'étant que l'étape qui précède une forme encore plus en rapport avec les besoins de la nature humaine, quelques mots suffiront pour la traiter.

Le régime autocratique, avons-nous dit, fut un exercice d'assouplissement; il obligea en effet l'individu à se replier, à prendre de l'empire sur soi-même, à devenir ainsi plus judicieux.

Mais la force de ce progrès mental aurait été purement potentielle, si le gouvernement absolu n'eût pas été remplacé; de même que les individus auraient pu en faire une fausse application s'ils étaient passés sans transition à la République. Les lois de l'évolution leur imposèrent donc la nécessité, avant de s'adapter à ce dernier gouvernement, de s'y préparer par la monarchie constitutionnelle.

Ce n'est pas de leur plein gré, sans doute, que le pouvoir et le peuple s'arrêtèrent à ce stade politique : le premier n'aurait pas voulu marcher et le second aurait voulu courir. C'est pour cela que nous disons qu'il leur fut imposé, par la force des choses, de s'en tenir provisoirement à cette forme gouvernementale.

Sous cette constitution, il fut permis à une importante fraction du peuple de pouvoir manifester sa volonté; ce qui donna à l'opinion un plus grand prestige, une plus grande autorité et par ce fait réduisit les cas de guerre.

.Or, comme pendant la paix cette volonté put exercer ses divers droits, il fut donné aux hommes d'exercer leurs facultés aux choses de gouvernement. Peu à peu ils y montrèrent une telle aptitude que la masse eut conscience du parachèvement de son éducation politique.

Le parlementarisme se substitua de plus en plus à l'autorité royale ; le suffrage universel remplaça le suffrage restreint; le peuple s'achemina vers la forme républicaine.

Et la monarchie, après avoir rempli ses destinées utiles au bien général, après avoir atteint le plus fort coefficient de puissance sous la forme absolue, vit ses forces dépérir, s'en aller sous la forme constitutionnelle avant de disparaître, de se disperser, dans celles de la nation.

La Nation et la République

Une République ne saurait vivre sans esprit de sacrifice. Il est indispensable sous ce gouvernement, de faire toujours passer l'intérêt national avant l'intérêt provincial, c'est-à-dire le général avant le particulier.

Si les citoyens n'ont pas assez de désintéressement pour faire abandon de leurs préférences à la chose publique, c'est un indice que cette forme gouvernementale a été prématurément établie.

Le bien public, en somme, doit être pour tous la suprême loi : car chacun étant libre d'y apporter ses défauts ou ses qualités, le pays périclite si la somme des premiers dépasse celle des secondes.

Il est rare que la fondation des Républiques surprenne les hommes parvenus à ce degré de vertus civiques.

Ils avoisinent encore, généralement, de trop près à un passé de barbarie pour comprendre tout ce que contient d'obligations et de devoirs le mot de république.

Aussi voit-on dans toutes se former une nouvelle aristocratie, une noblesse républicaine, une espèce d'hérédité qui perpétue les charges et les fonctions dans une fraction du pays, et même souvent dans les familles.

Alors il se constitue des groupes d'individus persuadés de réunir en eux le faisceau des aspirations de la masse, comme sous une monarchie certaines castes croient, en dehors du roi, être tout le pays.

C'est pour cela que tout début de république a quelque chose qui se rapproche du premier groupement politique, l'oligarchie.

Comme dans celle-ci il se forme des factions plus ou moins importantes, qui cherchent, les unes, à ramener le peuple en arrière, les autres, à le pousser en avant. De sorte que la nation se trouve, pendant un certain temps, agitée par des mouvements régressifs et progressifs.

Il arrive nécessairement, pendant ces oscillations et peut-être grâce à elles, que l'individu acquiert une plus parfaite conscience de ses droits politiques, une notion plus exacte de la liberté, un respect plus profond de son semblable : tous progrès qui éclairent la nation sur ses vrais intérêts.

Le peuple s'étant ainsi peu à peu soustrait à l'influence des factieux et des politiciens professionnels, fait de son droit de vote un usage plus honnête et plus intelligent.

Alors si les lois organiques ont été établies par des hommes prévoyant cette évolution, la république, sans effort, sans heurt ni à-coup, devient démocratique.

*
* *

RÉPUBLIQUE DÉMOCRATIQUE

Un gouvernement démocratique est le seul à qui

il soit donné d'être en parfait rapport avec la dignité humaine.

A lui seul également est accordé une durée illimitée, car toutes les forces vives de la nation concourant à son amélioration l'empêchent de se cristalliser.

Ce gouvernement étant l'expression même d'un peuple, il rentre toujours, dans ses actes, quelque chose de profondément humain se rapprochant le plus de la loi naturelle, des forces morales positives.

C'est pour cette raison qu'il est infiniment plus disposé que toute autre forme gouvermentale, à la paix entre peuples.

Néanmoins deux choses sont à redouter dans les républiques : la première, qui est la plus grave, c'est la mauvaise interprétation que des esprits incultes ou intéressés peuvent faire du mot de liberté.

La juste valeur de ce mot, et par suite sa noblesse, ne peut s'entendre dans un sens absolu que dans le domaine de la pensée ; mais dès qu'on aborde à celui des actes et des appétits une signification restrictive lui est imposée par le droit d'un chacun.

Vouloir lui donner une extension illimitée dans la pensée et dans l'action à la fois, c'est en dénaturer le sens, c'est faire déchoir la démocratie dans la démagogie et celle-ci dans l'anarchie ou la tyrannie,

La seconde chose à craindre ,c'est la persistance de la centralisation excessive qu'une monarchie absolue à dû établir pour asseoir son autorité ; centralisation qui n'a pas pu disparaître sous la forme constitutionnelle.

Il arrive en effet, dans ce cas, que toutes les forces vives du pays affluant vers la capitale, se désintéressent de la vie provinciale, laissent l'Etat prendre un pouvoir discrétionnaire; pouvoir qui peut, inconsciemment, susciter un réveil de l'ancien esprit, qu'une anémie intellectuelle et économique — produite par l'abandon de ces forces —, dans les provinces, ne peut qu'entretenir.

Mais la République démocratique étant par essence infiniment plastique, peut se prêter à toutes les modifications, à toutes les combinaisons, à toutes les transformations, à tous les progrès de l'évolution sans révolution ; parce qu'à elle seule, en effet, il est donné de pouvoir sans danger, sans déchoir, accorder à l'homme les satisfactions morales et matérielles qui lui sont dûes.

Les individus ayant tout intérêt à la conservation de cette forme, il suffit que ceux de gouvernement aient des vues assez justes pour saisir l'opportunité de la transformation, et des idées assez larges pour comprendre qu'on ne résiste pas à l'évolution.

Dans le domaine socialo-mental, l'évolution a la famille pour base et la cité pour sommet. Elle va de celle-là à celle-ci en passant par la tribu, pour revenir à un esprit élargi de la famille.

L'évolution politico-sociale s'applique aux mêmes éléments plus éclairés, plus sociables et constituant des groupes plus importants.

Si la famille éduque l'individu en éveillant en lui un sentiment de solidarité, la province éduque de même la cité. Or, comme l'évolution socialo-mentale part de l'individu éduqué, celle politico-sociale ne peut partir également que de la cité éduquée, agrandie, c'est-à-dire de la province.

De sorte que tout paraît nous indiquer pour cette dernière évolution, que, s'étant dirigée de la province vers la nation républicaine, elle doit revenir à la province éduquée à son tour par la vie nationale; c'est-à-dire à une forme fédérative large et intelligente.

L'individu libre dans de libres provinces tout en étant unis : le premier à la société par un pacte social, la seconde à la fédération par un pacte fédéral, sera, selon nous, le dernier terme de la progression politico-sociale.

En deçà ce sera des modifications pour améliorer et développer la forme fédérative, de manière à permettre à un nombre de plus. en plus grand de citoyens et de pays, de profiter de la liberté et de la paix que cette forme est appelée à apporter à l'humanité.

CHAPITRE XX

Évolution régressive.

DES CAUSES DE LA DÉCADENCE DES PEUPLES

Ce que nous venons de dire des peuples et de leurs gouvernements, nous conduit, avant de terminer, à parler des diverses causes qui peuvent entraîner un peuple vers la décadence.

L'évolution progressive en général, ainsi que nous l'avons dit, dépend de diverses conditions parmi les quelles celles topographiques, atmosphériques ou climatériques; c'est pour cela que l'évolution politico-sociale ne peut parvenir à un degré élevé que sous des climats tempérés.

Il est certain que le pacte social fut faible et précaire, tant que les révolutions du globe n'eurent pas créé ces régions.

Il peut arriver cependant qu'une civilisation surgisse en dehors de ces pays de prédilection, mais ce n'est que par exception. D'ailleurs, semblable en cela à la beauté des femmes polaires, qui ne se développe pas, ou à celle des femmes tropicales qui se flétrit dès son éclosion, cette civilisation se confine dans d'étroites limites ou est de courte durée.

Les régions tempérées sont, en effet, seules placées

pour avoir une végétation ni trop stérile pour imposer à leurs habitants un travail déprimant, ni trop
luxuriante pour les disposer à l'oisiveté.

Là seulement, également éloignés de l'une et de
l'autre, les hommes peuvent se livrer, pour vivre, au
labeur modéré qui convient à la complète éclosion
de leurs facultés morales ; facultés créatrices des
individus supérieurs.

C'est pourquoi les peuples de ces climats marchent
à grands pas vers les progrès ; tandis que ceux qui en
sont exclus déclinent, tombent et disparaissent avant
d'y avoir atteint.

Malgré cela les peuples n'étant que des organismes, ils subissent comme tels, après la naissance et
la croissance, la loi générale de dégénérescence et de
mort.

Mais en raison de leur complexité et d'une très
grande malléabilité se prêtant à de nombreuses transformations, les forces régressives n'exercent contre
eux qu'une action lente, fractionnée, qui ne se manifeste que dans la suite des temps.

Si la majorité des individus constituant l'agrégat
est suffisamment éclairée pour comprendre ses devoirs,
il est rare qu'aux causes de décadence on ne puisse
opposer un traitement.

Les forces régressives s'accumulent chez un peuple
pour le faire déchoir, comme celles progressives pour

le faire avancer. Au lieu de permettre aux forces morales positives d'évoluer vers un sens plus large, elles les arrêtent ; ensuite, peu à peu, les font décliner et s'éteindre.

La décadence est parfois réversible. Dans ce cas, l'agrégat contaminé ne mourant pas tout entier, reparaît, soit sur un autre point du globe soit sur le lieu même de sa première évolution, dans un groupe moindre ayant conservé les principaux caractères des ancêtres.

Ce phénomène, après s'être montré chez les Phéniciens, s'observe de nos jours chez les Celtes ; et c'est lui qui se manifeste dans le principe des nationalités.

D'autres fois la décadence est mi-réversible, en ce sens que le peuple absorbé par un autre s'assimile à lui ou se l'assimile ; mais dans les deux cas, le peuple transformé ne représente plus que de loin en loin et chez quelques rares individus les types primitifs.

La plupart des nations modernes de l'Europe nous offrent des exemples de cette mi-réversibilité. La France, de même que l'Angleterre, l'Allemagne, la Russie, etc., en sont des effets. Ces deux modes de décadence de types particuliers sont généralement le point de départ de types nouveaux, moins définis partant plus génériques.

Enfin la décadence est complète et absolue; elle se poursuit jusqu'à la disparition totale des individus. C'est ce qui se remarque chez certaines peuplades : en Afrique, les Boschimans; en Océanie, les Maoris;

et chez les Indiens de l'Amérique, pour nous en tenir
à celles-là.

Les facultés sensoriales de l'espèce humaine, sont
douées d'une trop grande sensibilité pour rester au
repos. Le mouvement leur est imposé et s'il n'a pas
lieu en avant, dans un sens progressif, il se produit
en arrière et alors un peuple entre en voie de dégénérescence.

*
* *

Tout agrégat humain, en principe, qui n'a pu s'é-
lever à un degré supérieur ne le doit donc pas seulement à lui-même, mais surtout à l'opposition faite
par le climat au développement de sa mentalité.

Cette infériorité le met à la merci d'une force
venant de régions plus privilégiées, par cela même
mieux organisée ; laquelle s'intronisant chez lui se
l'assimile ou l'oblige à disparaître.

La force conquérante se désagrège à son tour sous
une troisième plus importante et mieux disciplinée ;
et cela se poursuit ainsi jusqu'à ce que l'évolution
mentale, qui marche parallèlement avec ce dévelope-
pement des appétits, apporte son contre poids.

Dès lors l'ère d'absorption s'arrête devant l'aurore
des civilisations. La voix de la conscience fait peu à
peu comprendre à l'homme la négation du bonheur
contenue dans l'acte injuste, et il s'en éloigne.

Si nous considérons l'influence des échanges —
tant commerciaux qu'intellectuels — sur l'élargisse-
ment des idées, elle nous paraît si prépondérante

qu'il n'y a rien d'absurde à avancer que c'est aux moyens de transmissions et voies de communication qu'incombe le rôle de hâter l'avènement de ce degré de supériorité morale, parce qu'il leur appartient de faire disparaître les trop grandes inégalités économiques et mentales.

Alors que nulle notion du juste n'existe, les difficultés de la vie arment aussi bien les bras d'un peuple que le bras d'un assassin.

Mais quand les hommes auront une compréhension à peu près égale des lois morales, avec des moyens de pro luction à peu près de même valeur, le sentiment de la conservation les obligera, impérieusement, à modérer leurs appétits, à revenir à des goûts plus modestes, à se faire de la vie une opinion autre qu'ils n'en ont. Ce sera l'ère d'une exigence intellectuelle et d'une simplicité matérielle, d'un maximum de sentiment et d'un minimum d'instinct, qui verra la venue de l'autorité ultime : la souveraineté de la conscience, autrement dit le triomphe du droit.

L'égoïsme revêt dans les peuples barbares un caractère si féroce et si exclusif, qu'il fait tout converger à l'exaltation de l'individu aux dépens de la masse. Dans les milieux qui ne se sont pas encore complètement dépouillés de leur état primitif, l'égoïsme opère pour le profit d'un agrégat aux dépens des autres agrégats.

Aussi est-ce l'égoïsme qui est le premier et le principal facteur de succès dans les luttes entre individus de mentalité inférieure.

A l'aube des consciences, c'est encore l'absence de scrupule qui est l'unique élément de réussite. Et cette oblitération du Juste et du Bien dut être si profonde, que même à notre époque elle est presque l'unique cause des guerres modernes.

Cet égoïsme mal entendu constitue, pour un certain temps, la supériorité qu'a le malfaiteur sur l'honnête homme. Mais comme à le pratiquer le peuple et ce malfaiteur acquièrent une vision de plus en plus fausse des choses, ils deviennent faibles et devant l'altruisme grandissant que cet égoïsme réveille et devant la coalition de dévouements qu'il fait naître. Alors comme c'est l'intelligence qui triomphe toujours de la brute, c'est l'esprit de sacrifice qui est vainqueur en dernier.

Les démocraties, de par leur nature même, faisant entrer dans leurs actes plus d'humanité que n'importe quelle autre forme de gouvernement, sont destinées à être maîtresses de l'avenir. L'espèce humaine est obligée de se tourner vers elles : par une sorte d'intuition elle sent que des destinées meilleures en dépendent.

Si le passé a vu l'apothéose de la force brutale ; la découverte de la poudre a fait intervenir l'intelligence et celle-ci la conscience dans les différents. Et plus l'humanité ira, plus la conscience du juste s'imposera ; aussi le futur est-il aux peuples bons et humains.

CHAPITRE XX. — ÉVOLUTION RÉGRESSIVE

Dans l'antiquité les peuples qui eurent le plus d'humanité de leur époque barbare, furent en même temps les plus civilisés; ceux qui tinrent le sceptre des arts et des sciences.

C'est ainsi que les Athéniens démocrates brillèrent constamment au premier rang parmi les Etats libres de la Grèce. Et même après que Rome l'eut engloutie dans son unité, alors qu'il ne restait plus rien de Sparte, Athènes garda son influence et sa splendeur par l'ascendant que ses lettres exercèrent sur les esprits.

*
* *

D'un Pouvoir en désaccord avec son milieu

Les causes de la décadence des peuples sont multiples, toutefois on peut les ramener aux quelques principales que nous allons esquisser.

Les découvertes paléontologiques, en nous révélant l'existence dans nos régions de l'homme du postpliocène, indiquent des populations infiniment plus anciennes que celles des grandes civilisations asiatiques.

Mais leur agrégation étant trop rudimentaire et trop peu connue pour servir de base à nos déductions, ce sera parmi les peuples d'Orient, aujourd'hui disparus, que nous chercherons un appui à nos assertions — quitte à nous rabattre sur d'autres plus rapprochés de nous si nous le jugeons utile.

Les lois de la décomposition agissant uniformément

dans des milieux homogènes, les phases de déclin sont les mêmes et presque identiques dans tous les peuples.

Quand nous remontons la filiation des civilisations pour en atteindre les sources connues jusqu'ici, nous pénétrons en Asie. Et là, dans la contrée arrosée par l'Indos ou Indus, l'Helmend ou Halmound, l'Oxus ou Amou Daria et l'Iaxarte ou Syr Daria, nous trouvons le noyau qui rayonna intellectuellement sur la plus grande partie du globe. Au delà tout reste encore plongé dans les ténèbres, quoiqu'il soit probable que d'autres civilisations contribuèrent à former ce foyer.

C'est sur le plateau de Pamir qu'il est convenu de placer le berceau du genre humain.

Entre 300 et 280 ans avant Abraham, Maspéro nous apprend que la Susiane était une sorte d'empire féodal, divisé en petits états.

Dans les derniers temps de la période antéhistorique, le même auteur nous dit que la classe sacerdotale dominait en Egypte.

Les peuples de ces régions vivaient de préférence dans des cités. Celles-ci étaient fort nombreuses : Ninive et Babylone en Assyrie, Suse en Susiane, Ecbatane dans la Médie, Persépolis en Perse et Bactres dans la Bactriane.

Dans la Chaldée, en terre de Chanaan, habitaient les gens de Pount d'où sortiront les Phéniciens. L'Egypte, ayant eu un réformateur, vit la domination sacerdotale disparaître et se fonder les villes de Memphis et de Thèbes.

De toutes ces contrées, jadis prospères et florissantes, il ne reste plus que des solitudes, avec, par ci par là, des ruines, des fragments divers, des inscriptions : squelettes de cités et lambeaux d'âmes qui nous révèlent la magnificence et la pensée de ces colosses disparus.

Ce ne furent ni les révolutions géologiques, ni celles atmosphériques qui exterminèrent ces centres de civilisation, mais l'homme lui-même. Attestant par là et ses grandeurs et ses misères; et son génie créateur et son ignorance destructrice.

En Egypte, la classe sacerdotale y étant devenue trop tyrannique, le peuple s'en désaffecta et accepta sans beaucoup de résistance, dans l'espoir d'améliorer sa situation, l'autorité de Menès originaire de Thenis en Haute-Egypte, que sa victoire imposa sur tout le pays et l'en fit le premier roi.

Thèbes et Memphis, fondées par lui, voulurent; chacune également, opprimer à leur tour le reste de la nation.

De là des guerres civiles qui durèrent jusqu'à la chute de l'une d'elles. Ce fut Memphis qui succomba; mais Thèbes en resta si affaiblie qu'elle fut impuissante à conserver son hégémonie.

Il se forma alors dans toute l'Egypte de petites principautés égoïstes, étroites, incapables de sacrifier leurs intérêts particuliers à l'intérêt général.

Les rivalités et les luttes qui résultèrent de cet

esprit mesquin les épuisèrent et les mirent à la merci de leurs envahisseurs : les gens de Pount en Chanaan.

Ceux-ci détruisirent Thèbes comme cette dernière avait ruiné Memphis; et il ne resta plus qu'un peuple soumis à une domination étrangère, inférieure à lui dans l'ordre moral et intellectuel.

C'est ainsi que disparut la suprématie de l'antique peuple d'Egypte.

Cet exemple n'est pas unique dans l'histoire. Ce fut aussi cet instinct de domination brutale, cet odieux appétit d'opprimer qui suscita les guerres civiles entre Juda et Israël, permettant ainsi au roi de Ninive, Salmanasar, de s'emparer de Samarie, prise qui entraîna la chute du royaume d'Israël.

Entre Ninive et Babylone le même vice de l'*ego*, égoïsme en quelque sorte endémique dans les premières civilisations, produisit une rivalité qui se termina par la destruction de celle-là.

Babylone, seule souveraine en Assyrie, asservit le royaume de Juda pour avoir prêté la main à Ninive lors de la dispersion de son frère Israël.

A son tour la Babylonie passa sous le joug des Mèdes et des Perses.

Ainsi la vengeance poursuivant le crime, la justice immanente des choses, un sentiment faux produisant des idées injustes font se déclarer, à travers les âges, les guerres qui font décliner les peuples et anéantissent les nations : les Perses sous les coups des Grecs, ceux-ci sous ceux des Romains, ces derniers sous ceux de l'univers barbare.

Ce sont les luttes fratricides, la guerre civile entre Memphis et Thèbes ; entre Juda et Israël, Babylone et Ninive, Sparte et Athènes, Sylla et Marius qui amenèrent la déchéance de chacun de ces peuples.

C'est toujours une cité, une caste, un individu voulant arbitrairement dominer les autres, c'est-à-dire exercer un pouvoir despotique, qui entraîne dans sa chute celle de l'agrégat tout entier.

Mais un gouvernement absolu n'étant autre qu'un état politique se trouvant en désaccord avec les aspirations de la masse, nous en conclurons qu'une des causes générales de la dispersion des peuples se trouve dans un gouvernement qui n'est pas en rapport avec son milieu.

Un gouvernement despotique ne suscite pas seulement que des guerres civiles ; d'autres causes aussi dépressives qu'il provoque également, viennent encore collaborer à la déchéance d'une nation.

Il se produit en effet entre les peuples, par une sorte d'endosmose, des émigrations et immigrations stimulatrices de leur activité.

Par les rapports pacifiques que les individus ont entr'eux, les échanges d'idées se font, les sentiments s'élargissent et acquièrent un sens plus généreux, plus humain ; car généralement l'homme qui quitte son foyer pour procurer un sort meilleur aux

sions, porte en soi non seulement des qualités d'énergie mais un esprit plus ouvert

Mais un pouvoir arbitraire, par la crainte qu'il inspire, nuit à cette immigration et même pousse vers l'exode les intelligences qui ne veulent pas s'y soumettre. Et si l'individu, abandonnant son pays pour procurer des avantages matériels aux siens, est d'énergie ; également et supérieurement celui qui renonce à ses coutumes, à ses mœurs, à tout ce qui lui est familier pour conserver intactes ses convictions.

De sorte que le pays ne bénéficie d'aucune compensasion alors qu'il s'affaiblit par ces forces vives qui s'en vont sans espoir de retour. Et les peuples à gouvernement plus humains s'enrichissant de ces fugitifs, les adoptant, obtiennent ainsi la suprématie qui par ce fait échappe à l'autre.

Il n'y a pas de peuples ne comptant parmi eux de ces victimes d'orages politiques ou religieux, devenues les meilleurs enfants de leur patrie d'adoption et jouant un grand rôle dans les destinées de celle-ci.

Les hommes préférant subir la tyrannie à l'abandon de leurs foyers, sont ceux n'ayant qu'une faible notion de la dignité humaine, ou bien encore ceux qui tout en éprouvant un vif sentiment de cette dignité sont dominés par l'amour de la patrie. Ce sont ces derniers qui tenteront plus tard la résurrection des forces morales positives; mais il est à craindre qu'un insuccès les porte à se désintéresser de la chose publique. Dans ce cas, le peuple déviant de sa route voit sa mentalité s'abaisser, sa conscience s'obscurcir, régresser et tomber dans le règne de la force brutale : le triomphe de l'égoïsme ou du chacun pour soi.

* *
*

DE VAINQUEURS INFÉRIEURS AUX VAINCUS, MORALEMENT ET INTELLECTUELLEMENT.

Un fait important attire notre attention. C'est celui que les peuples vaincus sont généralement supérieurs à leurs vainqueurs dans l'ordre moral et intellectuel.

Fait invraisemblable si l'on n'y réfléchit pas, mais dont l'évidence s'éclaire quand on en recherche les causes.

Sans avoir la prétention de donner cela comme une règle invariable, nous voyons néanmoins par de nombreux exemples, parmi des peuples de civilisations rapprochées, la victoire rester au peuple inférieur.

C'est ainsi, tout au moins, que furent défaits les Egyptiens par les Chaldéens, les Judaïstes et les Israélites par les Assyriens, les Grecs par les Romains et enfin ces derniers par les barbares qu'ils avaient élevés à un certain degré de leur civilisation.

Les causes de ces phénomènes sont de divers ordres.

L'un est politique, en ce sens que l'unité dans le gouvernement donnant à l'offensive une plus grande

23

unité de direction, lui permet d'obtenir un succès plus immédiat que ne l'obtiendrait un gouvernement de civilisation plus avancée, ayant par cela même une direction moins homogène.

La seconde est d'ordre moral, ce qui fait qu'un peuple inférieur ayant une conscience moins éclairée ne voit que le but sans envisager l'honnêteté des moyens pour y atteindre. De sorte qu'il agit et se place *ipso facto* dans une situation avantageuse alors que sa victime en est encore à réfléchir sur son bon droit. C'est pour ce motif d'ailleurs, que les peuples inférieurs sont toujours les provocateurs et les agresseurs.

Indépendamment de ces deux causes il en existe une troisième, celle que tout progrès intellectuel est associé à un esprit d'indépendance. De manière que les peuples avancés en civilisation supportant difficilement la discipline militaire, sont en faiblesse à l'égard de ceux plus barbares et par suite d'une obéissance plus passive.

Il serait donc nécessaire, pour éviter ce danger, qu'un peuple reçût simultanément à sa culture intellectuelle une solide éducation morale, afin d'associer la pensée à l'héroïsme et le pénétrer ainsi de cette oblition : Plus un peuple est avancé dans l'ordre moral et politique, plus il doit aux progrès de l'humanité l'exemple de sa force.

La destinée des peuples dont nous venons de parler n'a dépendu des guerres que précisément parce que les forces morales ne correspondaient pas à leur culture intellectuelle. De sorte que celle-ci a été plutôt une pomme de discorde qu'un lien de fraternité.

C'est pour cela que nous indiquons comme troisième facteur de décadence, une instruction mal dirigée.

DE L'INSTRUCTION

Il y a bien peu de peuples qui aient, pendant une même période, réuni à la suprématie de l'intelligence celle du militarisme.

En dehors de la Grèce et de Rome pour l'antiquité, nous ne voyons guère dans les temps modernes que l'Espagne de 1600 à 1660, et la France de 1660 à 1715 qui aient eu le privilège d'unir le sceptre des lettres au sceptre de la puissance militaire.

Il semble qu'il existe une antinomie entre ces deux forces, et que le progrès de l'une se produise aux dépens de l'autre.

Le rayonnement d'un peuple, à en juger par les Hellènes et par les Latins, ne paraît se manifester fortement que vers l'époque de son déclin.

Il en fut de ces derniers comme de ces cerveaux clairvoyants et créateurs à l'époque de leur extinction ; de ces génies qui ne sont admirés qu'alors qu'ils ne sont plus ; ou encore semblables au soleil qui ne se laisse contempler qu'à son couchant extrême.

Cette contradiction entre les forces intellectuelles et militaires ne résulte pas de leur nature même, mais plutôt d'un défaut dans l'instruction.

De même qu'un sage agronome varie sa culture pour permettre au sol de donner un plus fort rendement, de même doit-on dans l'instruction laisser subsister un grand nombre de degrés, afin que chacun ne s'assimile que ce qui convient à sa vocation.

La nature ne violente jamais ses formations, mais, au contraire, elle les laisse évoluer librement, selon leurs rythmes. C'est elle qui nous a appris à parler et nous a instruits, c'est elle que nous devons chercher à imiter dès que nous nous égarons et elle nous montre toujours la vraie voie.

Agir différemment dans l'instruction, uniformiser les degrés de culture, c'est contrarier les vocations et par suite c'est créer cette masse de déclassés toujours malheureux, toujours inquiets et toujours prêts à accorder leur appui au premier ambitieux venu : Ce sont des êtres désemparés que le souffle des désirs pousse de tous côtés.

Les classes moins instruites, parce que leur goût ne les a pas momentanément portées vers l'étude, sont des réserves d'énergie que le temps et les circonstances feront se produire — au moment opportun — pour pousser plus en avant l'agrégat; alors que les classes très savantes, épuisées, déclineront, disparaîtront ou reviendront par leurs descendants retremper leur cérébralité dans un repos intellectuel.

La liberté dans la nature produit l'éternel renouveau, la liberté dans les facultés humaines crée un fond de résistance inépuisable. Et tandis qu'on croit un peuple libre en décadence, il survient une floraison éblouissante de forces.

L'homme, pour ne pas être très instruit, doit néanmoins posséder une solide éducation, parce que cela lui donne le droit absolu de se considérer l'égal de tous : l'instruction sans elle n'étant rien.

Celle-ci est même nuisible et met l'individu dans un rang inférieur, en faisant tourner au mal sa science, en ne lui inspirant qu'indifférence et scepticisme pour ce qui est d'altruisme ; tandis que l'homme d'éducation forte est prêt à tous les dévouements ; aussi que l'instruction sans éducation soit répandue, le peuple ne tardera pas à déchoir dans une recherche de plaisirs raffinés qui l'énerveront, l'émasculeront, le feront dégénérer ; et son idéal se traînera dans un culte exagéré de l'argent.

Du Riche et du Pauvre

Les peuples possesseurs d'une maturité intellectuelle, assez virile pour leur montrer, à travers leurs sciences et leurs arts, la toute-puissance de la foi dans les lois naturelles du Bien, du Juste, du Beau et du Vrai, dont l'Absolu, ainsi que nous l'avons dit, forme l'Etre-Suprême, ne sauraient être atteints de dégénérescence définitive.

Ce n'est pas dire pour cela qu'ils n'éprouveront aucun revers, non, mais la persistance de leur foi en ces forces morales rendra ces chutes passagères; car elle produira, par la force des choses, une réversibilité dans la désagrégation. Dès lors ces peuples pourront se reconstituer dans un temps plus ou moins rapproché, plus forts et plus vivants que jamais.

Ces lois sont celles fondamentales de l'humanité. c'est pourquoi les peuples déchus les ayant méconnues ou oubliées, annoncèrent par là combien le mal était sans remède : Tels les Pharisiens en crucifiant le doux Jésus; les Grecs en empoisonnant le sage Socrate; les Romains, quoique les plus tolérants des peuples de l'antiquité, en étant injustes et cruels envers les inoffensifs néo-chrétiens.

La négation d'un Etre-Suprême quand elle vient d'un homme bienfaisant, est aussi respectable que son affirmation. Il appartient au Suprême Docteur et à lui seul de traiter cet état mental.

Malheureusement elle n'est employée la plupart du temps que pour débarrasser ses appétits d'une entrave; de même que la négation des sentiments nobles et altruistes, pour se parer d'une excuse de ne les pas comprendre.

Notre pauvre nature est ainsi faite que lorsqu'elle ne peut s'élever jusqu'à une idée, elle la nie, la persécute ou la tourne en ridicule.

Bien des cités et des peuples ont tenu la tête des civilisations; mais chez eux la flamme s'est éteinte avant de doter l'humanité du code de bonheur qu'elle attend depuis des milliers d'années.

C'est que tous ont été jaloux, fermés, exclusifs, en un mot égoïstes ; ce qui a éloigné d'eux les concours qui auraient pu leur permettre de triompher lors du danger.

C'est ceux qui ont aimé leurs semblables que l'humanité cherche à comprendre, qui l'intéressent ; que les esprits étudient et dans leurs pensées et dans leurs actes, par le pressentiment que tout le monde en a que le bonheur futur viendra d'eux.

Il convient de dire également que la plupart des peuples de l'antiquité n'étaient que des parvenus. Il n'y avait pas cette longue incubation des siècles qui fait que les peuples apprécient plus sainement les choses. Ils passaient trop brusquement d'un état précaire à un état florissant, ce qui les conduisait à accorder une importance éxagérée à la fortune.

De là une corruption hâtive qui faisait obstacle au développement graduel de leurs civilisations.

Par le fait qu'un peuple abandonne tout idéal, il donne une valeur outrée, sans mesure, à la matière.

Et logiquement, fatalement, il est entraîné à sacrifier l'homme de pensée à l'homme d'argent ; la conscience aux appétences.

Comme ce ne peut être que par l'effet d'une maladie mentale que l'homme méconnaît ce qui fait sa force pour apprécier ce qui en sera l'opposé : il régresse.

En effet, quoiqu'il semble à première pensée que l'homme riche doit de ce chef défendre le plus énergiquement l'hégémonie du peuple qui lui a permis d'édifier sa fortune, c'est tout le contraire qui se produit.

La richesse émousse en celui qui la possède tout sentiment qui ne s'y rapporte pas. — Nous parlons bien entendu ici des grandes richesses acquises par des procédés réprouvés par la conscience, comme cela se pratiquait dans les peuples de l'antiquité.

Aussi suffit-il à l'homme riche d'obtenir la certitude que son avoir sera conservé, pour qu'il se soumette, s'il ne les seconde, aux vues de l'envahisseur.

Il en sera de même chez l'homme trop pauvre, trop malheureux, qui ne verra pas ce qu'il pourrait perdre à changer de maître.

De sorte que les peuples trop riches ou trop misérables, n'ont pas la grandeur d'âme nécessaire pour triompher d'un agresseur.

César nous dit, dans sa *Guerre des Gaules,* que les Gaulois toujours supérieurs aux Germains, ne leur devinrent inférieurs qu'après avoir été amollis par les richesses de Marseille.

Nous pourrions appliquer aux Romains eux-mêmes la même remarque; ainsi qu'aux Carthaginois et aux Athéniens.

L'amour excessif du luxe, de paraître, de la table, des plaisirs — amours qui ne sont que des dérivés de celui de l'argent, sont les plus grands dissolvants d'une nationalité.

Sous leur influence l'homme ne croit plus aux douleurs humaines et par suite plus aux devoirs, mais à des droits sans sanction morale.

Et comme la famille est une charge qui peut le troubler dans son égoïsme, il s'en éloigne pour vivre dans le célibat.

Alors le noyau familial, qui a été jusqu'ici l'armature de toute forte organisation sociale, faisant défaut, un peuple passe sous le joug d'un autre ayant conservé ce stimulant des énergies.

*
* *

De la Classe moyenne

Nous avons dit un peu plus haut, que l'homme très riche de même que celui très pauvre étaient une cause de faiblesse pour un pays. Cela nous amène à parler de la classe moyenne.

La cité antique fut non seulement jalouse, mais encore haineuse. Elle partagea la haine qu'elle attribuait à ses dieux pour l'étranger.

Elle vivait isolée dans un farouche exclusivisme, et l'individualisme excessif qui en résultait créait un obstacle à la fusion des sociétés et des cités.

Indépendamment de cela, il n'existait pas de classe moyenne.

A Carthage, en effet, tout le monde était commerçant; à Athènes, ils étaient tous fonctionnaires ou guerriers; il en était de même à Sparte et à Rome.

D'après Pline le Jeune, ce serait les grands domaines qui auraient perdu l'Italie et les Provinces.

Le travail industriel, méprisé, était confié à des esclaves. Il n'y avait que l'agriculture qui trouvât grâce devant leur orgueil, et encore nulle loi n'existait pour suffisamment la protéger. Et même Athènes, de par sa position géographique, n'y attachait aucune importance; et Sparte la confiait à ses ilotes.

Cependant une classe moyenne, en attendant l'extinction de la misère, nous paraît indispensable à toute forte organisations sociale.

En effet, cette classe, formée par ce qu'on appelle la petite bourgeoisie, sert de barre d'équilibre aux éléments extrêmes.

Elle subit comme ceux-ci les influences progressives et régressives d'un mouvement; mais placée en un point pour ne pas en ressentir les à-coups, elle peut mieux se rendre compte de ses résultats.

Composée de fabricants, d'ouvriers, de commerçants, d'employés et surtout de cultivateurs, tous possesseurs d'une petite épargne, elle est instinctivement contre le pouvoir s'il devient trop centralisateur, et contre l'individualisme si celui-ci tend vers l'anarchie.

Sa nature l'éloigne également des séductions trop brillantes et des défaillances trop dépressives; car son ambition est modérée.

Insuffisamment riche pour devenir oppressive; elle n'est pas non plus assez pauvre pour tomber dans un excès de servilité.

Nul doute que si Rome eût possédé cette classe moyenne — n'ayant jamais renoncé aux efforts agricoles, industriels et commerciaux — elle ne se serait pas lancée dans les coups de force, préservée qu'elle en aurait été par le caractère conservateur de cette classe, et ainsi son ère de prospérité n'aurait pas été suivie d'un déclin aussi prompt.

Peut-être qu'elle n'aurait pas été non plus un véhicule aussi puissant de civilisation; mais un progrès introduit par la violence et non par la force des choses est plutôt une cause de corruption que d'amélioration. Certains peuples y auraient sans doute perdu une légère avance dans leurs progrès, mais par contre ils y auraient gagné que ceux-ci, s'adaptant mieux à leurs milieux, ne seraient pas rentrés dans une décadence aussi rapide.

La petite épargne n'étant en somme qu'un triomphe de la circonspection, de la prévoyance sur des désirs quotidiens, décèle, chez ceux qui la possèdent, des qualités d'ordre et d'économie qui sont la principale ressource financière d'un peuple.

Si la classe moyenne n'a pas de grandes envolées, elle n'en possède pas moins, inconsciemment peut-être, une philosophie qui lui montre les choses un peu à l'étroit c'est vrai, mais d'une façon assez juste et assez droite pour lui donner de la persévérance et de l'esprit de suite; en même temps qu'elle la tient éloignée de la corruption.

Elle est le mortier social; aussi un gouvernement sage doit tendre tous ses efforts pour la protéger, s'il a la chance de la posséder; et pour la créer si elle n'existe pas.

Différemment on aurait à craindre de voir le peuple retourner aux mœurs de la cité antique; mœurs qui faisaient que les salariés de l'État composaient la totalité des citoyens, ce qui les rendait vaniteux, paresseux, amollis en attendant qu'un conquérant les rendît esclaves.

****

DE LA RÉGLEMENTATION ÉCONOMIQUE

Voici maintenant une dernière cause qui peut faire perdre à un peuple sa suprématie, sinon sociale du moins économique.

Dans la cité une réglementation uniforme peut avoir son utilité; il n'en est plus de même si elle doit doit s'appliquer à un pays de quelque étendue, tels que les nations modernes.

Chaque province ayant ses mœurs, ses coutumes, ses usages, quelquefois sa croyance, il convient de les respecter ; car le devoir pour l'individu de ne pas opprimer son semblable s'impose à l'Etat central à l'égard des provinces.

Mais ce n'est point de cette réglementation que nous voulons vous entretenir, c'est de celle qui se rapporte au travail.

CHAPITRE XX. — ÉVOLUTION RÉGRESSIVE

L'Egypte qui fut si prospère sous le rapport des arts industriels, ne vit déchoir sa supériorité industrielle qu'à cause d'une loi qui imposait aux enfants l'obligation de suivre la profession des parents. De manière que si cela fut utile pour les enfants présentant des dispositions naturelles à continuer la carrière paternelle, il en fut tout autrement lorsque le contraire se produisit.

C'est pour cela qu'il se forma dans le pays des Pharaons, grâce à cette loi, toute une génération de mauvais ouvriers qui furent nuisibles à la réputation de ses produits.

Encore que cela ne soit pas à craindre à notre époque, ce nous permet néanmoins de remarquer combien toujours la liberté est nécessaire aux progrès, même industriels, d'un peuple; et avec quelle prudence on doit éviter d'y porter atteinte.

C'est pour ce motif que nous croyons dangereux pour l'avenir d'un grand pays, l'application uniforme d'une réglementation dans les conditions de travail; car les conditions économiques variant selon les régions et les corporations, il est impossible d'éviter que ce qui est profitable à l'une ne soit préjudiciable à l'autre.

Il convient donc que cette réglementation soit laissée libre selon les besoins de ces régions et de ces corporations. Toutefois le pouvoir central doit veiller à ce que ni les unes ni les autres ne deviennent oppressives pour la masse, par des accaparements soit du travail, soit des produits de ce dernier que ces régions ou ces corporations pourraient faire si nulle limite ne leur était imposée.

L'excès de concentration ou de liberté dans l'ordre économique deviendrait alors aussi nuisible au bien-être de tous, que l'absolutisme ou l'anarchie dans l'ordre politique.

L'aisance d'un pays ne consiste pas dans l'abondance du numéraire, mais dans la mise en valeur des ressources du sol et en second lieu dans la fabrication des objets de première nécessité.

De sorte que tout peuple qui peut se procurer facilement et à bon marché les choses strictement indispensables à la vie, telles que l'habitat, la nourriture et les vêtements, est un peuple riche.

Et cela est si vrai — indépendamment du rôle démoralisateur de l'argent dont il a été parlé — que les Espagnols ne furent jamais aussi pauvres que lorsque leurs colonies d'Amérique les eurent gorgés d'or. Le travail agricole ayant disparu à la suite de cette importation aurifère, il s'ensuivit que les choses de première nécessité devinrent rares et par suite furent hors de prix; ce qui fit qu'un homme se trouvant à l'aise avec neuf fois moins de fortune alors que les choses étaient dix fois moins chères, se trouva malheureux avec neuf fois plus d'or quand les prix eurent décuplés.

Le travail uniformément réglementé ne produirait peut être pas une hausse aussi exagérée dans les objets de consommation courante, mais les effets en seraient certainement très graves pour certaines régions.

Dans les cités exclusivement industrielles, les résultats en seraient peut-être heureux et encore cela dépendrait de la nature des industries. En effet, si telle mesure est bonne lorsqu'il y a excès d'offres dans dans la main-d'œuvre, elle est mauvaise si celle-ci fait défaut.

Si tel fabricant peut mettre le nombre d'ouvriers qu'il veut à un travail, la réglementation des heures de travail est salutaire en ce qu'elle permet l'emploi d'un plus grand nombre d'ouvriers. Mais par contre s'il lui est impossible de se procurer la main-d'œuvre, la mesure est injuste en ce qu'elle met ce fabricant en infériorité vis-à-vis de son concurrent.

Dans une communauté où il est de règle pour le maintien de sa prospérité de diviser le travail en le centralisant sous une direction uniforme, une réglementation étroite est possible; mais elle ne l'est plus dès qu'il s'agit d'un peuple de quelque importance.

Ensuite, logiquement, toute réglementation de travail impose celle de la répartition des produits. Or, l'ouvrier inhabile ou accomplissant une besogne facile et qui de ce fait ne reçoit qu'un salaire minime et insuffisant, a le droit de se rattraper par le nombre d'heures pour arriver aux mêmes profits que l'habile ouvrier. A moins que malgré son infériorité on lui alloue une part des produits égale à celle de ce dernier.

De sorte, sauf que le machinisme supprime une partie de la main-d'œuvre, qu'il est difficile de sortir du dilemme suivant : ou les heures de travail seront uniformes et alors certains ouvriers ne gagneront plus leur vie; ou par contre il y aura égalité des salaires et dans ce dernier cas on tuera les progrès de la main-d'œuvre et par suite l'hégémonie industrielle.

Le machinisme, intervenant dans la production, réduit la main-d'œuvre; celle-ci passe au second plan. Mais son droit à la vie et au travail étant imperscriptible, il devient nécessaire non pas seulement de lui réglementer ses heures mais encore de la faire participer aux bénéfices de l'outillage; de façon que les heures de travail augmentent ou diminuent selon la puissance et la perfection du facteur mécanique.

Qu'une forte éducation morale pénètre le capital et le travail de leurs devoirs respectifs, la pacification entre les deux frères ennemis se fera par la force des choses.

Tout système centralisateur tendrait à n'accorder ses encouragements qu'à ceux qui s'inclineraient devant son autorité, et par suite à laisser dans la misère les hommes indépendants, aux idées libres, ayant un caractère individuel.

On arriverait ainsi à créer une autocratie productive, étroite, du travail manuel, qui étendrait son absolutisme sur la valeur des produits et entraînerait une élévation dans le prix des choses nécessaires à la vie.

L'ouvrier sentirait à la longue que comme producteur il a des droits sur ses produits en raison de ses capacités; qu'en tant qu'homme il a le droit de défendre ses aptitudes ; et enfin que son intelligence doit pouvoir manifester librement son initiative.

Les efforts individuels étant menacés par ce nouveau pouvoir n'éprouveront pas le désir de s'unir à d'autres aussi menacés, et l'on se gardera d'entreprises de longue haleine.

De sorte que surviendrait en même temps qu'une période de luttes pour obtenir les desiderata individuels ou corporatifs, des exodes qui éloigneraient les ouvriers habiles ; ainsi que le pouvoir politique absolu avait pousser vers l'émigration les hommes de pensée. Ce serait encore une fois l'éternelle résurrection des appétits, la domination d'une force arbitraire.

Dans notre essai sur la formation des peuples, nous avons expliqué l'utilité du régime absolu alors qu'il s'établit sur un milieu barbare. Peut-être bien qu'une canalisation dans la production aurait les mêmes résultats sur les conditions économiques.

Il s'agirait de savoir avant de l'appliquer et pour éviter la décadence qu'un pareil système ne manquerait pas de produire, si la main-d'œuvre se trouve dans un état d'ignorance, sur ses intérêts, si complet que la nécessité d'établir une réglementation aussi étroite s'impose. Dans tous les cas elle ne saurait être que transitoire, afin de préparer l'avènement d'un système fédératif ou syndicataire, par région, des corporations similaires.

Pour terminer nous répéterons, en changeant les mots, ce que nous avons dit de l'évolution sociale :

L'ouvrier libre dans une libre fédération corporative régionale — le premier en respectant le lien qui
l'unit à la corporation et la seconde celui qui la relie
à la fédération corporative — sera, croyons-nous,
l'évolution économique ultime, en ce qui concerne le
travail, qui donnera à celui-ci la place qui lui revient.

—

CONCLUSION

Nous voici parvenus à la fin de nos études. J'ai l'assurance, malgré l'écourté des sujets, de n'avoir pas complètement démérité de l'effort que vous avez bien voulu faire, en m'accordant votre attention jusqu'ici.

Je conserve l'espoir qu'il résultera pour chacun de nous, de l'exploration qu'ensemble nous venons de terminer, un plus grand respect pour la vie et pour le passé, en même temps qu'une plus large tolérance pour les idées et une indulgence plus grande pour les faiblesses.

L'utilité du rôle que remplissent les individus les plus infimes, nous les fera entourer de plus de bienveillance.

Et enfin si le bonheur veut que nous ayons des facultés qui ne soient pas accordées à tous, nous en userons sans chercher à nous en prévaloir pour en abuser.

L'organisation des forces qu'est la vie, s'est présentée à nous sous divers aspects.

Semblables à ces voyageurs qui ne peuvent voir les beautés du Nil, sans éprouver le besoin impérieux de le remonter jusqu'aux sources; frappés par celles de la nature, nous n'avons pu résister au désir d'essayer d'en connaître les causes-mères. — Sources, également, d'où jaillissent les causes secondes qui se répercutent dans les générations, s'y précisent, s'y amplifient pour devenir à leur tour génératrices d'autres effets.

C'est ainsi que les causes efficientes ne sont que des effets d'autres causes qui se confondent dans une Cause-Initiale : l'Absolu, comme dans un océan les gouttes d'eau.

Mais de même que les mers n'existeraient pas sans l'innombrable quantité des atomes liquides, l'univers ne serait pas sorti du cahos si des causes infinies ne s'étaient manifestées.

L'harmonie des mondes se compose d'un trinôme parfaitement hiérarchisé, dans lequel la matière obéit à la force et celle-ci à l'intelligence.

C'est d'abord le principe inintelligent, la matière, qui s'est organisé sous la poussée des forces. Celles-ci, d'abord faibles, devinrent peu à peu créatrices ; surtout alors que l'intelligence, venant en dernier, eut éclos de ce milieu, telle une fleur d'un ferment.

L'incarnation de cette intelligence tient du mystère. Pour si générale que nous la découvrions dans la série des êtres organisés, son principe dynamique nous échappe toujours.

La matière, brassée par les forces cosmiques, s'amalgame, se modifie et se divise, formant un nombre infini de combinaisons, jusqu'à ce que tressaillent les germes de vie qu'elle contient.

La vie apparaît d'abord confuse, pour ainsi dire

craintive dans des types divers, variés et infiniment petits.

Ensuite, elle se dirige vers des formes plus parfaites; vers des agrégations plus importantes qui font passer, par voie d'intégration, la matière à travers le crible de leurs cellules pour la rejeter après en avoir retiré les éléments nécessaires à une nouvelle ascension.

La marche des microcosmes vers la formation des espèces ultimes dura des millions d'années, et ne s'opéra qu'au milieu de luttes incessantes. Mais le rythme existait pour chaque espèce; et il n'appartenait à aucune puissance de l'arrêter, dès que les milieux eurent permis à ce rythme de manifester son action.

La route ne fut pas d'égale longueur pour toutes les espèces.

Quelques-unes disparurent dès certaines conditions atteintes dans les formes; d'autres conservèrent plus longtemps leurs caractères primitifs et les dépassèrent de fort peu avant de régresser; enfin il y en eut douées d'une plus grande plasticité, qui évoluèrent en se différenciant pour s'unir dans des variétés nouvelles, s'adaptant mieux aux milieux; fournissant ainsi une étape beaucoup plus grande.

Mais toutes les espèces, indistinctement durant une certaine période, virent leurs forces se diriger vers des types supérieurs aux ancêtres.

Celles qui furent les plus terribles, les plus dangereuses, les plus nuisibles, disparurent, laissant la place à celles plus pacifiques, plus timides, plus fécondes et plus utiles.

Beaucoup plus lentement que les molécules se juxtaposant à d'autres molécules, ou les cellules se développant en d'autres cellules, pour former, les premières le monde inorganique et les secondes les êtres organisés, les notions s'intussusceptèrent dans la cérébralité d'une espèce pour lui donner la suprématie sur les autres.

L'humanité après être restée, — confondue avec l'animalité, longtemps asservie par la matière, subit une phase de dédoublement.

La matière continua en elle comme par le passé, ses fonctions physiques et physiologiques ; tandis que l'intelligence s'en affranchissant eut pour ainsi dire une vie à part qui devint prépondérante dans la direction de l'agrégat.

Ainsi qu'un aigle s'élevant de l'abîme, plane dans l'espace ; la mentalité de l'homme s'échappant de la matière aborda l'Idée, pénétra dans l'Infini.

Mais de même que l'œil de l'oiseau royal reste un instant clos dans le passage subit de la nuit au soleil ; l'intelligence humaine, éblouie, se replia sur elle-même.

La conscience fut si longtemps rivée aux appétits matériels, que ce ne fut qu'en tâtonnant qu'elle arriva à prendre sa dernière envolée; tel un captif ressent bien après sa libération le contact de ses entraves.

C'est pourquoi les progrès mentaux de l'espèce humaine sont si lents.

Par ci, par là, un éclair déchire les ténèbres qui encerclent les consciences : Un homme se dégage des autres hommes, qui n'a de la matière que le nécessaire à la tangibilité des formes et sur qui l'esprit de l'Absolu a soufflé.

Synthèse vivante de toutes les souffrances et de toutes les aspirations humaines, il va apaisant les premières et creusant le sillon des secondes.

Il est le Verbe que l'humanité appelle dans ses convulsions et qui lui apparaît sous les noms d'Abraham, Cakya-Mouni, Confucius, Christ, etc., etc.

Et à sa vue, à son contact, à sa parole, les esprits s'agitent, les consciences s'éveillent et la matière, domptée, n'est plus seule à stimuler l'homme dans ses actions.

Alors, tel le Gulf-Stream par les mers océanes, l'amour du semblable, l'altruisme, se répand dans l'humanité, réchauffant les cœurs, secouant l'indifférence, dissolvant l'égoïsme, communiquant à tous le pressentiment des approches de Chanaan.

Cependant tout s'enténèbre encore : Des hommes troublent les eaux pures de ces sources de vie, et les font dériver vers leur soif inextinguible de domination.

Déguisant la longueur de leurs incisives sous les mots de race, de caste, de droit, d'intérêt supérieur de la civilisation, ils se livrent à leurs bas instincts de lucre et oppriment les consciences.

Mais celles-ci progressent ; leur niveau général s'élève ; d'autres hommes aux pensers libres démasquent un à un les épouvantails, font tomber peu à peu les droits divins, les droits de race, sèment la bonne parole. Et l'humanité prête l'oreille, ouvre les yeux, — et se recueille.

Elle voit partout l'intelligence : alors elle croit en l'Être-Suprême, — et elle a foi en ses destinées.

Elle entend la vie dans tout et discerne dans toute vie une souffrance : alors elle a pitié de ce qui vit, — et brise les tyrannies.

Elle pénètre l'immensité des espaces et l'éternité des temps : alors comprenant la petitesse de l'orgueil et la noblesse de la modestie, elle devient tolérante.

Elle remarque la nature dans un continuel labeur : alors elle sent que l'oisiveté est un mal, — et elle se tourne vers l'effort.

Cette vision des choses, nouveau chemin de Damas, lui fait voir dans une croyance, dans la bonté, la modestie et le travail, les routes du bonheur.

C'est alors que l'homme, qui doutait de ne jamais pouvoir pénétrer en cette terre promise, goûte aux délices du dévouement, s'il est bon ; éprouve une grande quiétude, s'il est modeste ; et s'il travaille, la joie de se sentir utile à ses semblables.

Les souffrances et l'adversité qui font maudire les faibles, feront sortir de son cœur l'hosanna des forts et des vaillants ; car l'Intelligence-Suprême en laquelle il croit, lui en fait sentir l'utilité.

Sa vie, remplie selon la voix de sa conscience, sera

exempte de remords ; et si l'homme atteint à la vieillesse, il sera maintenu en félicité par le souvenir d'une existence dignement remplie.

Son âme, la substance du moi spirituel, toujours prête à se résigner à l'inévitable, pour si sensible qu'elle soit aux événements malheureux ne s'en trouvera point abattue.

Et lorsque la mort viendra, cette âme s'en ira en imprimant sur le visage qu'elle animait, le rayonnement de son ineffable sérénité.

Où ira-t-elle ? Que deviendra-t-elle ?

Etant nous-mêmes une émanation de l'Intelligence-Première, il n'est pas en notre pouvoir de connaître la fin fixée à toute chose.

Mais dans l'univers il n'y a rien, ainsi que nous l'avons vu, d'imprévu ou de fortuit ; tout y tend vers l'utile, en ce sens que les espèces ou les individus nuisibles disparaissent peu à peu ; tout également se dirige vers le beau.

Or, cette logique qui préside à l'évolution des êtres, qui donne à l'esprit une suprématie sur la matière, qui fait que rien ne se perd dans celle-ci — dans le domaine physique —, nous autorise à affirmer que rien ne doit non plus disparaître dans le domaine psychique.

De cette affirmation nous pouvons en inférer, sans pour cela être à même d'en déterminer les conditions, que nous allons vers d'autres destinées ; heureuses ou malheureuses selon que les actes de notre vie se seront rapprochés ou éloignés des lois morales universelles; que les hommes interprètent en étant bons, modestes, utiles, en un mot : bienfaisants.

FIN

TABLE DES MATIÈRES

Ère moderne.

Étude sur la Décadence des Peuples.

———

OBSERVATION : Ce manuscrit, déjà terminé depuis quelque temps, portait pour titre : *Causes et Origines.*

Ce titre m'ayant paru trop abstrait, j'y ai ajouté : D'où nous venons, qui a fini par devenir le titre principal.

Mais comme le chapitre XX ne s'accordait plus avec ce titre, j'ai dû compléter celui-ci en y ajoutant : *Suivis d'une Étude sur la Décadence des Peuples.*

Les chapitres XIX et XX, quoique empiétant dans leur fin sur un ouvrage en préparation : *Ce que nous sommes. Où nous allons,* ont été laissés tels quels afin de leur conserver un caractère plus complet d'unité.

ERRATA

Remarque. — Les préoccupations où les épreuves de cet ouvrage m'ont trouvé, m'ont empêché d'apporter à leur lecture toute l'attention nécessaire ; de là quelques négligences que je répare ci-dessous dans la mesure du possible.

Page 10 Ligne 13 — Au lieu de *Car, en effet, les...*, lisez : En effet, les...
— 23 — 9 — Mettez une virgule après *en effet,*
— 25 — 5 — Ajoutez après *avoir cet aspect :* c'est-à-dire être gazeux.
— 36 — 8 — Mettez deux r à *marronnier.*
— 41 — 27 — Supprimez l'accent circonflexe de fut.
— 45 — 11 — Mettez un point virgule au lieu d'un point après *assimilation ;*
— 55 — 20 — Au lieu de : *sensorielles,* lisez : *Sensoriales.*
— 58 — 1 — Mettez un point virgule au lieu d'une virgule après *êtres organisés ;*
— 61 — 28 — Ajoutez après... *générale dans l'individu :* tout en ayant son foyer rayonnant dans le cerveau,
— 68 — 19 — Mettez un point virgule après *doit donc être supérieure ;*
— 71 — 6 — Au lieu de : *il convient toutefois,* lisez : il convient également.
— 76 — 1 — Du paragraphe de Démocrite — mettez un point après *Jésus-Christ.*
— 92 — 1 — Lisez *désagrége* avec un é fermé.
— 97 — 6 — Mettez deux points après *sa cohésion.*
— 98 — 6 — Mettez un point virgule après *régression ;*
— 98 — 13 — Au lieu de : *...ils allèrent à eux aussi,* lisez : ils allèrent eux aussi.
— 101 — 7 — Au lieu de : la planète *se trouve écrasée,* lisez : ...se trouva écrasée.
— 101 — 13 — — les planètes *inclinèrent,* lisez : ... déclinèrent.
— 109 — 7 — Mettez un é fermé à *s'agrège.*
— 112 — 3 — Au lieu de : *ce qui dût,* lisez ce qui dut.
— 113 — 21 — Mettez un point virgule après... *acide carbonique ;*
— 116 — 21 — — virgule après... *dans l'air ;*
— 119 — 12 — Mettez empécha au lieu de : *empêchât.*
— 119 — 24 — Au lieu de : *dût se reconstituer,* lisez : dut se...
— 125 — 21 — Mettez rocheuse au lieu de : *rocheuses.*
— 127 — 17 — Mettez une virgule au lieu d'un point après... *trop étroit ;*
— 128 — 23 — Au lieu : *d'entrer maintenant,* lisez : d'entrer dès maintenant.
— 131 — 13 — Au lieu de : *eussent une identité,* lisez : eussent eu...
— 131 — 17 — Mettez un point virgule après... *plan,*
— 132 — 25 — Mettez une virgule après... *espèces inférieures.*
— 132 — 26 — Au lieu de : *il et évident,* lisez il est évident.

Page 135 Ligne 24 — Mettez un point virgule après... *certaines limites ;*
— 139 — 13 — Supprimer le point virgule après orocyte.
— 139 — 23 — Au lieu de : *existent des cas,* lisez : existe des cas...
— 145 — 5 — Mettez un point virgule après... *plus résistantes ;*
— 151 — 23 — Au lieu de : *dans le règne animal,* lisez : dans les règnes animal et végétal.
— 163 — 13 — Au lieu de : *tout ce qui fût,* lisez : de tout ce qui fut.
— 173 — 7 — Mettez une virgule après... *des autres animaux,*
— 174 — 22 — Mettez une virgule après... *à l'origine,*
— 176 — 28 — Il faut la supprimer totalement.
— 181 — 16 — Mettez un point virgule après... *timidité ;*
— 184 — 15 — Au lieu de ; *Il arrive parfois...* lisez : Il arrive encore.
— 188 — 28 — Mettez une virgule après... *parallélisme,*
— 190 — 10 — Au lieu de *sentiment du bonheur,* lisez : ... du plaisir.
— 195 — 4 — Au lieu de : *moralement inférieur,* lisez : moralement incomplet.
— 198 — 4 — Au lieu de : *Quoique que nous devions,* lisez : Quoique nous devions.
— 199 — 10 — Au lieu de... *attraction intelligente,* lisez : attraction morale.
— 199 — 15 — Mettez un point virgule après *facile ;*
— 200 — 7 — Mettez une virgule après *Or,*
— 210 — 12 — Au lieu de : *infractuosilé,* lisez : anfractuosité.
— 211 — 21 — Au lieu de : *coinjointement,* lisez : conjointement.
— 215 — 26 — Mettez ...*de cornes,* au singulier.
— 221 — 2 — Au lieu de : ...*car il,* lisez : parce qu'il.
— 222 — 13 — Au lieu de : ...*où n'entre,* lisez : on n'entrent.
— 224 — 12 — Au lieu de : *suffisamment exercés,* lisez : suffisamment exercées.
— 229 — 13 — Au lieu de : si nous savions... lisez : si nous avions.
— 233 — 2 — Au lieu de : *groupement humains,* lisez : groupements...
— 233 — 24 — Supprimez la virgule après ...*dissemblance.*
— 238 — 23 — Mettez un point virgule après *mentalité ;*
— 239 — 9 — Mettez un point virgule après *éclairée ;*
— 245 — 21 — Mettez un point virgule après *ressort ;*
— 260 — 8 — Au lieu de : *maintient,* lisez : maintiennent.
— 268 — 16 — Paragraphe Lois Positives, ajoutez individuelle après propriété.
— 272 — 3 — Ajoutez individuelle après *propriété.*
— 272 — 21 — Au lieu de : *d'ordres d'ordre divers,* lisez : d'ordres divers.
— 272 — 26 — Ajoutez individuelle après *propriété.*
— 274 — 25 — Au lieu de : *beur but,* lisez : Leur but.
— 274 — 27 — Au lieu de : *Lornes,* lisez : bornes.
— 276 — 16 — Mettez un point virgule après *individuels ;*
— 277 — 8 — Au lieu de : *d'adptitudes...,* lisez : d'aptitudes.
— 280 — 22 — Au lieu de : *plûtôt,* lisez : plutôt.
— 291 — 4 — Ajoutez *après objet :* ou du sujet.
— 298 — 7 — § Origine de l'Architecture. Mettez un point virgule avant ou bien.
— 316 — 4 — Au lieu de : ...*des diverses,* lisez : ...de diverses.
— 325 — 12 — § Le Peuple et la Monarchie absolue. Au lieu de : *Sertitude,* lisez : servitude.
— 325 — 13 — Même §. Au lieu de : *indivirus,* lisez : individus.